应用型高校管理类专业系列教材

# 团队激励与沟通

刘 昆 编著

中南大学出版社
www.csupress.com.cn
·长沙·

**图书在版编目（CIP）数据**

团队激励与沟通／刘昆编著. —长沙：中南大学出版社，2024.1（2024.8 重印）

ISBN 978-7-5487-5654-5

Ⅰ．①团… Ⅱ．①刘… Ⅲ．①团队管理－研究 Ⅳ.①C936

中国国家版本馆 CIP 数据核字（2023）第 233384 号

# 团队激励与沟通
**TUANDUI JILI YU GOUTONG**

刘昆　编著

| | |
|---|---|
| □出 版 人 | 林绵优 |
| □责任编辑 | 梁　甜　张　倩　谢贵良 |
| □责任印制 | 唐　曦 |
| □出版发行 | 中南大学出版社 |
| | 社址：长沙市麓山南路　　邮编：410083 |
| | 发行科电话：0731-88876770　　传真：0731-88710482 |
| □印　　装 | 长沙雅鑫印务有限公司 |

| | | | |
|---|---|---|---|
| □开　　本 | 787 mm×1092 mm　1/16 | □印张 20.5 | □字数 361 千字 |
| □版　　次 | 2024 年 1 月第 1 版 | □印次 2024 年 8 月第 2 次印刷 | |
| □书　　号 | ISBN 978-7-5487-5654-5 | | |
| □定　　价 | 68.00 元 | | |

# 编委会

主　编：刘　昆　曾平红　刘忠明
副主编：范双南　蒋澎涛　张明初
　　　　汤　赞　杨　柳　李　达

听闻爱徒刘昆《团队激励与沟通》新书出版，特此祝贺！

"团队激励""有效沟通"等均是我早期回大陆时就开设的课程，基于这些课程的《有效沟通》一书已经再版多次，累计印刷十余万册；我在各地授课的音频和视频也被网友们上传到互联网上，已经累计播放数亿次。回想起来，这些课程至今已二十余年，我也一直致力于深化和完善这些课程，以适应不断变化的市场需求和企业文化。

团队激励与沟通是组织成功的关键因素之一。进行激励和有效的沟通，可以激发团队成员的积极性和工作热情，提高工作效率和绩效，同时增强团队的凝聚力和合作精神，促进组织目标的实现。这些内容对企业管理至关重要，刘昆能将我的课程理念与自身实践经验相结合，以教材和课程的形式延伸至高校课堂，值得称赞，我也深感欣慰。

刘昆是一位非常出色的弟子，他一直奋斗在团队管理和课程教学的第一线，并且取得了显著的成就。他不仅是知识的传播者，更是知识的实践者。作为企业家，他不仅拥有丰富的管理经验，还具备实际应用的能力。他深刻理解团队管理的精髓，能够根据不同的情境和需求，灵活运用各种管理技巧和方法，帮助企业实现高效运转和持续发展。作为高校教师，他具备扎实的理论知识和教学经验，能够将复杂的理论知识以简单易懂的方式传授给学生，激发他们的学习兴趣和热情。他还能够结合实际案例和实践经验，帮助学生更好地理解和掌握知识，培养他们的实际应用能力。

刘昆的双重身份使得他既掌握了理论知识，又具备了实际应用的能力。这种背景让他成为团队管理和课程教学领域的佼佼者，也为他在业界树立了良好的声誉。我相信，在未来的日子里，他将继续发挥自己的优势，为更多的学生和企业带来更多的价值和贡献。

此次《团队激励与沟通》出版，是刘昆多年教学与实践经验的总结。这本教材深入浅出地讲解了团队激励和有效沟通的核心内容，并融入了实际案例，实现了理论和实践的完美结合，不仅对高校学生管理专业的学习有很强的指导意义，也将为更多的企业家和管理者提供实质性的帮助。

我为刘昆感到无比自豪，完成这本教材的编写是一项艰巨的任务，而他在阅读了大量原著和文献的基础上，找到了能抓住读者的视角，全面地将团队激励和沟通的思想展现给了读者，并通过丰富的案例和实用工具帮助读者将其应用于实际工作中。

衷心祝愿这本教材能够广泛传播，为更多人带来成功和成长的机会。

余世维

癸卯年冬月于上海

《团队激励与沟通》是一本独具专业性和丰富性的教材。它以当今竞争激烈的商业环境为背景，系统地讨论了团队的构建、激励、沟通及创新等一系列问题，不仅能帮助读者全面地理解企业团队管理，也能让读者更好地适应工作挑战。

本书作者是一位兼具企业家身份的高校教师。作为精力充沛的"斜杠"人士，刘昆在创业过程中积累了丰富的经验，深谙团队管理的要领，同时在课堂上倾囊相授，使学生受益匪浅。这种双重职业和身份，使得这本书写得很接地气、易于理解和实操。

我曾与刘昆合作开发教学案例"一块臭豆腐如何撬动亿级市场？黑色经典的战略更新之路"，亲身领略了他卓越的沟通能力和专业技能，也深刻感受到他身上敏于观察、勤于思考、善于总结的优点。这些优点从案例开发延续到这本书，他归纳和小结了团队管理中的概念、知识点和逻辑，结合易于应用的实践指南，为学生们提供了宝贵的策略和指导。

本书的亮点是将团队激励和沟通两者结合和融会贯通起来。在现代职场中，激励和沟通对个人和团队的成功至关重要。在书中，作者一方面用详细的篇幅论述团队激励，通过各种策略和方法激发团队成员的积极性、动力和才能；另一方面，作者展示了团队沟通的过程和有效性，特别着重于沟通训练和技巧培养，以促成信息共享和理解，建立信任，实现团队目标。

本书力求成为连接团队管理理论和实践的桥梁。作者结合自身实战经历，深入分析企业案例，融入一系列实用工具，帮助读者理解团队激励和沟通。理论指导实践，实践修正理论，像一个上升的螺旋，丰富和升华了此书的内容。

总之，《团队激励与沟通》是一本富有洞察力和实用性的教材，它提供了宝贵的团队激励和沟通技巧。无论是对大学生还是对工作中的职场新人，本书都能够做到开卷有益。

我衷心推荐本书，相信它将成为读者在学习和工作中的得力助手。祝愿读者在阅读本书时能获得丰富的知识和启发。

郑　馨
中山大学康乐园
2023 年 11 月

# 团队管理，是一场修行

**郭雄鹰**

（星童集团总裁　蓝天使星童口才创始人）

我一直坚信，优秀的领导者是可以促使人进步的，他们可以点燃团队的热情，激发我们工作中的最佳状态和自信心，他们是榜样、是管理团队情绪的向导，他们让人轻松，也让人充满斗志。我的合伙人刘昆老师就是这样的人物。

从事少儿教育 18 年，我们认识了 18 年，那时候他还在湖南卫视，我在一个小城市的电台。我们深度合作做全国少儿口才教育连锁，一起开公司 10 年，亦师亦友亦合伙人，他给我的印象，不是在校长峰会上给企业家上课、分享，就是在大学给学生教书、进行讲座。激情、励志、树人，对，刘昆老师的课堂，就是这样呈现的。幽默、风趣，一个个的案例、故事，欢声笑语，又哲学味道极重，发人深省。用怎样的词语来评价他呢？正如我的主题，他在用正确的价值观、世界观，用企业家的行动思维，去践行教育工作者的使命；他用企业场景中的许多实践案例去代替浮躁的、功利的理论和观点，拥有修行的状态。我觉得这样的教育、引导，才是更纯粹的、更接地气的，才会带给人无尽的激情与创造力，无论是高校还是社会大学，都能让年轻人有无穷的收获与成长。

我是一气呵成看完这本书的，看完让我震撼。这不仅仅是一本教科书，更是一本企业团队成长案例与方法论，是领导力与情商提升的周全篇章。在全社会都在热议理论水平、商业模式、盈利模式的今天，在过于热情聒噪的时代，本书像一本有趣的行动指南，更注重实践、方法论，注重引导年轻人沉淀、厚积薄发地量变与修炼。本书提供了深入骨髓的见解、适当的实际案例。为此，我感慨地深夜作序，希望年轻人都读一读这本职场激励与沟通的必读书。一本好书，会影响一生。

刘昆老师是一位务实的企业家，更是一位情商极高的老师。我们合作期间，他凭着超强的领导能力与沟通能力，带领团队打过无数次胜仗。比如疫情刚刚发生的 2020 年，正月初四我们就开动员会、全员上班，用时 3 个月不到做了一款面向全国的线上口才课程。那时候城市的其他人，都在安静等待；而我们公司干劲十足，深夜灯火通明。整个团队都在战斗，拍视频、录音、剪辑、做标准化，团结一致，最终拿下这款线上课程新产品。

和刘昆老师合作的这些年，也是对我影响最大、使我成长最快的创业年，让我彻底从一位普通的教育者，成功转型成具备商业思维的企业主。而我们公司，是十分有温度的教育集团公司。刘昆老师唤起并激发了小伙伴们对公司、对自己职业的热爱与奉献精神。

祝愿所有看到此书的年轻人：职场沟通优秀，未来事业有成、一帆风顺。

## 乌卡时代的挑战指南

团队合作、激励与沟通是任何成功团队的基石。在当今复杂、快速变化、竞争激烈和充满着不确定性的乌卡时代（volatile，uncertain，complex，ambiguous，VUCA），组织面临着前所未有的挑战，要求团队成员不仅要具备技术专长，更需要具备良好的团队合作精神、沟通技巧和激励能力，同时，也要求团队必须迅速适应变化、灵活应对挑战。

正是在这种背景下，我感到有责任和使命编写这本《团队激励与沟通》教材，旨在为应用型高校学生提供一份全面的资料，帮助他们理解、掌握并应用团队协作的要领；旨在使本教材成为组织应对乌卡时代挑战的有效工具，提高团队的凝聚力和工作效率。

本书不仅为学生介绍团队激励与沟通的基本概念，还将重点放在了如何激发团队成员的内在动力，如何应对变革并有效地传达信息，以及如何建立鲜明而有效的沟通渠道上。

本书涵盖了许多案例、实践和分析，以提供实际工作中所需的具体技能和战略。希望本书能够成为组织应对乌卡时代挑战的指南，不仅提供知识，更能启发思考、激发行动，使组织能够在这个充满挑战的时代中脱颖而出。

## 二十载教学与实践的结合

2004 年走上讲台，至今不曾松懈。这段丰富的教学经历横跨了不同层次、不同领域，涵盖了从 985 院校到高职专科院校的各类高校，从"创业创新"到"演讲与口才"的各门课程，从大型讲座到一对一竞赛辅导的各种方式，从"80 后"到"00 后"的各类学生，从讲座专家、客座教授到创业导师最终定位于现在的专任教师的各种身份。

作为一名融合企业家身份的教师，我始终坚持将课堂延伸至职场和商场，关注将理论知识与实际应用相结合，致力于将课堂所学内容落实于真实社会，深信将实践经验转化为学生所需的知识和技能，能够更好地满足他们的需求。在教学理念上，我认为课堂互动与实践案例并重，相辅相成，相互促进，这也是作为实战派教师的优势所在。

我深刻了解应用型高校学生所面临的挑战，尤其是在就业市场上所承受的压力。因此，我努力确保课堂教学内容与实际职场所需能力和策略相契合。这也是我选择致力于应用型高校教学的原因之一。我坚信，帮助学生从课堂中获取能应用于实践的能力，是教学工作的重要目标。

二十载教学与实践的结合，使我深深理解到教育的真正价值不仅在于传授知识，更在于点燃激情，唤醒学生的探索欲望。每一个课堂都是一个新的世界，每一个学生都是一本独特的书。我珍惜与他们共同成长的每一个时刻，愿意为他们铺设通向成功的道路。

## 课程与内容的新探索

团队合作与沟通是当今工作环境下至关重要的技能，是组织成功的关键所在。在团队协作的道路上，缺乏激励、沟通不畅和合作困难将对团队表现产生巨大的负面影响。因此，我希望通过本教材，为大家传授团队激励与沟通的技巧和策略，使学生能够更好地应对工作中的挑战，激发团队潜力。

经过长时间的调研，我们了解到现有的团队激励和沟通的教材与实际工作存在鸿沟，缺乏系统性和深度。因此，我们汇集了团队协作与心理学领域的专业知识和经验，希望通过本书，缩小理论与实践之间的差距，为读者提供一个全面而实用的学习指南。

在编写过程中，我们深入探讨了激励团队成员的心理机制，分析了有效沟通的重要性，并着力介绍了团队建设和领导力的关键要素。希望本书能够成为学生的指南，为他们提供技巧和策略，帮助其解决实际工作中的问题，打造高效的团队。

本书不仅是一次知识的传递，更是团队合作的见证。特别感谢所有参与本书指导、策划和编写的团队成员，尤其是我的两位老师——湘潭大学计算机学院欧阳建权院长和湖南交通工程学院电气与信息工程学院的范双南院长，是你们的辛勤付出和专业贡献，让本书拥有了深度和广度。对此我深表感激。

## 再次出发的起点

特别感谢我的恩师，华人管理教育领域的开拓者，被尊称为"华人管理教育第一人"的余世维博士。在我成长的旅途中，恩师给予了我无穷的动力和无数的帮助。恩师的管理学经典著作《有效沟通》不仅是本书的种子，更是其升级版教材，这部著作深刻地影响了我的教学理念和对团队激励与沟通的理解。

特别感谢我的导师，中山大学管理学院博士生导师郑馨教授。导师亦师亦友，除了传授知识，她还教会了我如何更好地教学、如何更加规范地科研等。在本书编写过程中，导师对于内容的严格要求让我受益匪浅。其一丝不苟、追求卓越的态度深深地影响了我，激励我在学术和教学道路上不断努力和进取。

感谢中南大学出版社的谢贵良老师，他拥有极高的专业水平和敏锐的洞察力。从本书的策划到撰写，再到最终的顺利出版，谢老师一直以其丰富的经验和卓越的指导为我提供宝贵的支持和帮助。感谢张情编辑和梁甜编辑，是她们的耐心与专业为这本教材增添了灵魂。我的学生蔡亚楠为本书的资料收集和最后的统稿花费了大量时间和精力，在此表示感谢。同时，也要向所有贡献案例和经验分享的专业人士致以诚挚的谢意，感谢他们的支持和贡献，他们为这本书的编写提供了丰富的案例和实践经验，为读者提供了更多宝贵的学习资源。

最后，感谢每一位同学，是你们的支持与信任，激励我们不断前行。希望这本教材能够为你们提供有益的知识和实用的工具，成为你们未来在团队协作和领导方面的得力助手。

我亦深知，本书出版并非成果的终点，而是再次出发的起点。在有限的时间内完成大量工作，难免会出现纰漏，敬请原谅。欢迎并期待各位读者的指正和建议，我们将不遗余力地予以改正。

　　愿每位同学在学习本教材的过程中，汲取宝贵经验，展翅高飞。

　　愿团队在沟通和协作中愈发默契，激发出更大的活力和创造力。

　　与广大师生共同努力，共同成长！

刘　昆

2023 年 07 月于长沙

# 目　录

# 第一部分

# 团队概述

# 第一章　概述

在开始探索团队的奥秘之前，让我们先借用一句经常在商业环境中听到的名言："团队就是 1+1>2。"这句话提醒我们，一个成功的团队的力量远远超过单个成员能力的简单相加。然而，什么是团队？团队是如何产生的呢？如何管理和建设团队呢？团队又是如何从一群个体演化为一个卓越的整体的呢？

在本章中，我们将全面了解团队的含义，从词语定义入手，深入分析团队的作用和基本特点。从管理的角度探讨团队建设的职能和过程，以理解管理学对团队建设的重要贡献。通过研究团队的角色和技能，我们能更好地理解团队的核心构成要素，以及它们与更大的群体的关系。

通过本章的学习，我们能深入理解团队的内涵和建设过程，为后续探讨团队发展历程与类型、团队构建、团队培训等主题打下坚实基础。每一个成功的团队，都是由相互理解、尊重和信任的成员组成的。但这仅仅是开始，我们将一起探索更多，以理解如何创造和维护一个高效、成功的团队。让我们一起开始这一段旅程。

## 第一节　团队概述

团队的含义和概念一直是学术界的讨论焦点。《麦克米伦高阶英汉双解词典》（*Macmillan English Dictionary for Advanced Learners*）中，"team"被定义为"一群人，共同工作以达到共同的目标"。这个定义虽然简洁，但概括了团队的基本要素：一群人，共同工作，共享目标。

从管理学的角度来理解，团队的含义更加复杂、更具深度，管理学者 Katzenbach 和 Smith 在他们的作品《团队的智慧》（*The Wisdom of Teams*）中给出了一个广为接受的定义："团队是由两个或更多的人组成，通过共享目标、共同承担责任、互相协作并互相依赖以实现目标。"这个定义强调了团队成员之间的互动和合作及共同承担责任和互相依赖的重要性。这些要素构成了团队的核心，为团队的成功提供了基础。

理解团队的定义是理解团队建设重要性的第一步。如前文所述，团队不仅仅是有一群有共同目标的人，它们还有一些核心特性，如互动合作、共担责任、互相协作和互相依赖。这些特性反映出团队成员的互动性、复杂性和动态性，进一步揭示了团队建设的重要性。

# 团队的重要性

团队在现代组织中起着至关重要的作用。通过协作和协调，团队能够完成个人无法完成的任务。通过互补技能和知识共享，团队可以促进创新和问题解决，提供社会支持，提高员工的工作满意度和促进员工作出承诺。因此，团队不仅可以提高组织效率和生产力，还可以增强组织的适应性和稳定性。

## 一、完成复杂任务

一些任务过于复杂，个人可能难以完成，但通过团队合作，每个人都可以专注于他们擅长的部分，共同完成任务。这种分工协作的模式不仅大大提高了效率，而且可以处理更复杂的问题。

## 二、促进创新和问题解决

由于团队成员具有不同的背景、经验和观点，他们可以共享知识，提出不同的想法和解决方案。这样有助于创新，提出新的解决方案，并从各种角度看待问题，从而提高问题解决的质量和效率。

## 三、提供社会支持

团队为其成员提供社会支持，可以增强员工的工作满意度和促进员工作出承诺。团队的存在可以让人们感到归属和认同，同时能在面对压力和挑战时获得必要的心理支持。

## 四、提高效率和生产力

当团队工作流程得到优化，且成员能有效协作时，团队的生产力通常会高于个人生产力的总和。有效的团队通常能比单个员工更快、更好地完成任务。

## 五、增强适应性和稳定性

团队成员之间的互动和协作可以帮助团队快速应对外部环境变化以提高其灵活性。同时，团队成员更愿意对团队作出承诺以提升其稳定性。

因此，团队的作用不仅仅局限于任务的完成，它们在促进创新和问题解决、提供社会支持、提高效率和生产力，以及增强组织的适应性和稳定性等方面都起着关键作用。

# 团队的基本特点

团队有几个基本特点，如共享目标、相互依赖、技能互补、相互信任和有效沟通等。这些特点提供了一个理解团队动态和管理团队的框架，强调了团队成员的互动和协作，以及领导者在塑造和维护这些特点中的角色。

## 一、共享目标

团队的核心是对共享目标的追求。每个团队成员都致力于实现这个目标，这是他们集结在一起的原因。共享目标赋予团队一个清晰的方向，从而能够团结团队成员，激发他们的激情和动力。

## 二、相互依赖

团队成员之间有明确的角色和任务，这些角色和任务通常是相互依赖的。每个成员的工作都影响着其他成员的工作，这就需要团队成员密切协作和协调。

### 三、技能互补

团队成员通常具有互补的技能和知识。这意味着他们各自在某一方面有专长且这些专长能配合起来以实现共享目标。这种互补性增强了团队的创新能力和问题解决能力。

### 四、相互信任

在有效的团队中，成员之间相互信任。他们信任彼此的技能、判断和诚信，并相信每个人都会履行他们的职责。这种信任可以促进开放和诚实沟通，降低冲突，提高协作效率。

### 五、有效沟通

有效沟通是团队成功的关键。团队成员需要清楚地表达自己的想法，听取和理解他人的观点，以及就问题和决策达成共识。这需要团队有良好的沟通氛围和足够的沟通技巧。

### 六、团队合作

团队合作是团队的基本特性之一。这意味着成员们愿意携手合作，共同努力达成团队目标。这种合作精神要求团队成员理解并尊重彼此的角色、意愿和需要。在这种环境下，团队成员会更愿意分享知识，提出想法，以及接受反馈，从而推动团队创新和改进。

### 七、成员参与

团队成员的参与是推动团队前行的关键动力。当团队成员参与决策过程，为实现团队目标提出创新的想法，以及参与到团队的日常活动中，他们会更有归属感，更有动力去完成任务。此外，成员的参与有助于提升团队的透明度，提高决策的质量，以及增强团队的凝聚力。

这些特点并非孤立存在，而是相互关联、相互影响。理解这些特点有助于我们更好地理解团队的动态，有效地建设和管理团队。

## 团队建设的意义

团队建设的意义深远，它不仅影响着团队的效率和生产力，还塑造了组织文化和价值观。下文将从上述团队特性来探讨团队建设意义的七个方面。

### 一、实现共享目标

团队的定义中强调了成员之间为了实现共享目标的协作。团队建设的过程，使得成员们能够共同制定和理解这些目标，从而提升达成目标的可能性。无论是短期的项目任务，还是长期的公司发展，团队建设都是实现这些目标的重要手段。

### 二、增进沟通与理解

团队建设可以促进团队成员间的沟通和理解，消除误解和冲突。团队成员能够更好地理解彼此的观点，提升工作效率，同时可以增强团队的凝聚力。

### 三、发展领导能力

团队建设的过程中，不同的角色和任务需要不同的领导风格和技巧，这对于团队成员的领导能力发展而言是一次良好的机会。同时，领导能力的发展对团队长期获得成功起着重要作用。

### 四、创建积极的工作环境

通过团队建设活动，成员之间可以建立信任，增强团队精神，创建一个积极、开放、友好的工作环境。这种环境有助于吸引和留住人才，同时有利于提高员工的满意度和忠诚度。

### 五、提升效率和生产力

当团队成员理解并尊重彼此的角色，愿意分享知识，提出创新想法，以及接受反馈时，团队的高效的协作方式可以显著提高其工作效率和生产力。对团队建设的重视和投入，无疑会在实际的工作结果上得到回报。

### 六、增强创新能力

团队建设也对推动创新具有重要作用。一个充分利用了成员的多元视角、经验和技能的团队，会比一个单一、一元化的团队更具有创新性。此外，通过鼓励成员参与和提出新想法，团队可以创造一个安全和开放的环境。这是增强创新能力的理想氛围。

### 七、塑造积极的组织文化

团队建设有助于塑造和强化积极的组织文化。一个注重合作、透明、参与的团队，会传递出相应的价值观和行为准则。这对于塑造组织的文化和氛围具有深远的影响。

团队建设的意义远超出完成某个具体任务的范围，它在提升工作效率、增强团队凝聚力、发展领导能力，以及建立积极工作环境等多个方面都发挥了重要作用。这也正是团队建设在现代企业管理中占据如此重要的地位的原因。

## 团队和群体的关系

"团队"和"群体"这两个概念在日常生活中经常被交替使用，但是在管理学和组织行为学领域里，它们有明显的差异。

### 一、目标一致性

团队成员具有共同的目标，并致力于实现这个目标，每个成员的工作都是为了推动整个团队向目标前进；群体的成员可能有不同的个人目标，他们的行为可能没有统一、明确的方向。

### 二、相互依赖性

团队成员通常存在高度的相互依赖关系，他们需要协作，共享资源和信息，以实现团队目标；群体的成员虽然可能需要进行一些互动和交流，但他们通常不需要紧密协作和配合。

### 三、互动频率和关系紧密度

团队成员通常会频繁地互动和沟通，他们的关系通常更为紧密和持久；群体的成员可能并不经常见面或者交流，他们的关系可能也不紧密和持久。

### 四、角色和责任

团队成员通常有明确的角色和责任，他们的工作和行为通常会受到明确规范和期待。群体的成员可能并没有明确的角色和责任，他们的行为更可能是自由和随性的。

简而言之，所有团队都是群体，但并非所有群体都是团队。这就是团队与群体的关系。理解这一区别对于理解团队的构成和运作方式至关重要。

### 【讨论】

1. 一对情侣或一对夫妻算不算一个团队？
2. 一个家庭或一个家族算不算一个团队？
3. 一个班级或一个学校算不算一个团队？
4. 一座城市或一个国家算不算一个团队？

# 第二节　团队的构成

一个高效的团队需要具备多重要素，包括共享目标、团队成员、团队规则与制度、团队文化及领导力等。同时，在选择团队成员时，需要具有充分特性、行为、态度和互动模式等要素，以确保团队具备实现目标所需的各种资源和能力。此外，团队成员之间的相互理解和信任是团队构成中不可或缺的要素。

## 团队的构成要素

团队的构成要素包括共享目标、团队成员、团队规则与制度、团队文化及领导力等。每个要素都有其特定的作用，它们共同塑造了团队的独特性和功能。深入理解这些构成要素对于理解团队的动态和效能至关重要。

### 一、共享目标

团队存在的首要原因是为了实现某一共享目标。这个目标可以是完成特定的项目、达成业绩目标，或者解决某一具体的问题。共享目标赋予了团队存在的意义，并且是推动团队成员共同工作的动力源泉。

### 二、团队成员

团队成员是组成团队的基本单元。团队成员的特性，如他们的知识、技能、经验，以及行为、态度和价值观等，都对团队的功能性和效能产生深远影响。

### 三、团队规则与制度

为了协调团队成员的行为并确保团队能够高效运行，团队需要制定一套适当的规则和制度。这些规则和制度可以涵盖如何决策、如何分配任务、如何评估和奖励团队成员的表现等方面。

## 四、团队文化

团队文化是团队内共享的价值观、信念和行为规范。强大的团队文化可以提升团队成员的归属感和认同感，增强他们的合作，并有助于塑造和维护团队的稳定性和连续性。

## 五、领导力

领导力是驱动团队向前发展的重要动力。优秀的领导者可以帮助团队设定和达成目标，调动和激励团队成员的积极性，解决团队内部的冲突和问题，以及推动团队创新和学习。

# 团队成员的构成要素

团队成员作为团队的基本单元，他们的特性、行为、态度和互动模式是影响团队效能的关键因素。团队成员的构成要素是多方面的，它们共同构成了一个团队成员的完整画像，同时塑造了团队的工作环境。

## 一、角色定位

角色定位指团队成员在团队中所扮演的角色。

### （一）工作角色

团队成员的工作角色主要取决于他们的职责，如设计师、程序员、项目经理、产品经理都是明确的工作角色。每个角色有其特定的职责和工作任务，而这些职责和工作任务构成了团队成员的工作角色。

### （二）社会角色

除了工作角色之外，团队成员还在团队中扮演各种社会角色。例如：有些人可能是团队的领导者，他们负责指导团队的方向和决策；有些人可能是团队的信息中心，他们在团队内部和团队之间传递信息；有些人可能是团队的情绪调节人，他们帮助团队管理和调节情绪。

### （三）角色期望

每个团队成员在扮演各自的角色时，都会面临一些期望。这些期望可能来自团队其他成员、上级领导，甚至他们自己。满足这些期望能帮助他们在团队中取得成功。

### （四）角色冲突

当团队成员需要扮演多个角色时，他们可能会遇到角色冲突。角色冲突会降低团队的效能，因此解决角色冲突是团队管理的重要任务。

总的来说，角色定位是团队动态的重要组成部分。理解和管理好团队成员的角色定位对于理解团队动态和改善团队表现非常重要——能够提高团队协作效率，提升团队工作效果。

## 二、技能和能力

### （一）技能

技能是通过教育和训练获得的特定能力，可以直接用于完成特定任务。在团队环境中，成员的技能通常决定了他们在团队中的角色。

技术技能：涉及使用特定工具、技术或方法来完成任务，如编程、项目管理、数据分析等。

人际交往技能：涉及与他人的交流和互动，从而建立良好关系及合作，如沟通、领导、谈判和冲突解决等。

认知技能：涉及思考、理解和解决问题，如创新思维、批判性思维、学习能力和适应变化的能力等。

（二）能力

能力是个体的内在特性，包括智力、情感、体质和其他个性特质，决定了个体潜力在特定环境中的表现。在团队环境中，成员的能力会影响工作表现及与团队其他成员的互动。

智力能力：包括分析和解决问题的能力、理解和学习新信息的能力、判断和决策的能力等。

领导力：包括影响和激励他人的能力、指导和协调团队工作的能力、处理冲突和压力的能力等。

抗压能力：指在面对压力和困难时，保持冷静、积极心态和有效性的能力。

自我管理能力：包括自我激励能力、自我控制能力、时间管理能力和目标设定能力。

团队成员的技能和能力互相影响，共同决定了他们在团队中的表现。理解和利用团队成员的技能和能力，可以提高团队效率和工作效果，建立高效能团队。

## 三、态度和价值观

团队成员的态度和价值观包括工作态度、对团队目标的接纳程度、对团队文化的认同度，以及职业道德等。当团队成员的价值观和团队的目标、文化相吻合时，团队通常能够更高效地工作。

（一）工作态度

工作态度指个人对工作内容、环境，以及他们在工作中的角色的观感和反应，如对工作的满意度、工作承诺程度，以及对自我能力的认知等。正向的工作态度能带来高效的工作表现，增强团队凝聚力。

（二）对团队目标的接纳程度

对团队目标的接纳程度反映团队成员对团队价值和使命的认同程度。当团队成员深入理解并接受团队的目标时，他们更大可能致力于实现这些目标，从而提高团队的绩效。

（三）对团队文化的认同度

团队文化是团队内部的一套规范和价值体系，它规定了团队成员应如何行事。对团队文化的认同是建立和维护积极、健康的团队氛围的关键。

（四）职业道德

团队成员的职业道德涉及对责任、公正和诚实等价值观的尊重。职业道德高的团队成员将对团队的诚信和声誉产生积极影响。

通过以上探讨可看出态度和价值观对团队的影响力。这些元素并非一蹴而就，而是需要通过有效的团队管理（包括明确的团队目标、积极的团队文化、公平的奖励机制和良好的工作环境等）来塑造和引导。

## 四、行为模式

行为模式是指个体在特定环境下的行为反应和处理方式，包括一系列习惯性的行为和反应。这些习惯性的行为和反应往往受到个体的性格、价值观，以及过去的经验等因素的影响。

### （一）决策方式

决策方式指团队成员在面临决策时的行为方式和思考模式，如：是更倾向于冲动行动还是倾向于深思熟虑；是更偏向于依赖直觉还是倾向于系统性分析；决策时是考虑多元观点还是偏好独立思考。

### （二）沟通风格

沟通风格指团队成员与他人交流信息和观点的方式，如：是更倾向于直接而开放地沟通，还是更偏向于委婉而含蓄地表达；在面对冲突和挑战时是愿意开放地表达自己的观点，还是倾向于避免冲突。

### （三）任务处理方式

团队成员在处理任务时的行为模式不同，如：是更倾向于单独工作，还是更喜欢团队合作；在面对任务压力时能否有效地应对和调整自己的情绪和行为。

### （四）压力和冲突应对方式

团队成员在面对压力和冲突时的反应模式不同，如：在面对冲突时是倾向于直面解决，还是倾向于避免；在面对压力时是能够保持冷静，还是容易情绪波动。

理解团队成员的行为模式，不仅可以帮助团队领导更好地理解和管理团队成员，也有助于团队成员之间建立更有效的沟通和合作关系，从而提升团队的效率和协作水平。

### 【案例】Spotify

Spotify 是全球最大的音乐流媒体服务之一，拥有数亿用户。为了保持其竞争优势并提供卓越的用户体验，Spotify 采取了一种独特的团队构成策略，称为"小队"（squads）。

#### 一、小队构成

每个小队通常由5～9名成员组成，包括开发人员、设计师、产品经理、数据分析师等具有不同专业背景的角色。每个小队负责一个特定的产品或功能领域，并拥有完全的决策和执行自主权。

#### 二、自主权和决策权

小队成员被赋予高度自主权和决策权，可以根据市场需求和用户体验来改进产品和促进产品快速迭代。这种自主权和决策权使得团队能够更灵活地应对市场变化和用户反馈。

#### 三、跨职能协作

小队成员紧密合作，共同制定产品战略、设计用户界面、开发功能并进行数据分析。

这种跨职能协作促进了信息的共享和沟通，提高了工作效率和创新能力。

### 四、目标和关键结果

每个小队都设定了明确的目标和关键结果（OKRs），以确保团队的努力方向与公司的整体战略保持一致。OKRs为团队提供了一个共同的追求方向，并鼓励团队成员为实现目标而努力。

### 五、支持与指导

小队不仅拥有自主权，Spotify还为其提供了必要的支持和指导。这包括技术基础设施、设计系统、数据分析工具等资源，以及定期的培训和分享会，以帮助团队提升技能和知识水平。

**[点评]**

Spotify的小队构成策略展现了几个主要的优点。首先，小队模式促进了跨职能协作和信息的共享，不同专业背景的成员可以共同解决问题和创新。其次，给予小队高度自主权和决策权，使得团队能够更快速地应对市场变化和用户反馈，从而提高了产品的竞争力和用户体验。最后，通过设定明确的目标和关键结果，确保了团队的努力与公司的整体战略保持一致。

然而，小队构成策略也可能面临一些挑战。例如，需要确保各个小队能协调和合作，以避免重复工作和冲突。此外，对于较大的组织来说，实施小队模式可能需要更多的资源和支持。

总的来说，Spotify的小队构成策略为其他组织提供了一个有益的参考，展示了如何通过授权和跨职能协作来打造高效、创新和应对迅速的团队。这种策略可以帮助组织更好地适应快速变化的市场环境，并提供卓越的服务。

# 第三节  团队管理的职能与过程

进行有效的团队管理需要对管理的本质有深刻的理解，并根据团队和组织的具体环境和需求灵活应用各种管理理论和方法。

## 团队管理的职能

管理是企业运行的核心，而团队管理作为其中的重要部分，对组织的成功运行至关重要。团队管理可以定义为利用特定的知识和技能，通过交流和合作，达到共享的目标。它涉及规划、组织、指导和控制团队的各种活动，以实现组织的目标。团队管理的职能主要包括以下四个方面。

### 一、规划

规划涉及确定组织或团队的目标和目标实现的策略。这需要对内外部环境进行分析，了解当前的趋势和挑战，以便制定有效的计划。如：团队管理者可能需要确定团队的长期和短期目标，并考虑如何最有效地分配资源来实现这些目标。

## 二、组织

组织涉及建立内部的组织结构和角色分配，以实现团队的目标。团队管理者需要确保团队中的每个成员都明确自己的角色和职责，有适当的工具和资源来完成工作，以及有有效的协调机制来促进团队的协作。

## 三、领导

领导涉及引导和激励团队成员，以实现团队的目标。有效的领导需要建立信任和相互尊重，激励团队成员积极参与并贡献他们的技能和知识。此外，领导包括确定并维护良好的团队文化，以提升团队的生产力和士气。

## 四、控制

控制涉及监督团队的进度和绩效，以确保团队的目标能实现。这通常涉及建立明确的性能指标，定期评估团队和个人的绩效，以及根据需要进行调整。

这四个方面的职能的履行是一个连续的过程，通常需要反复进行。管理者需要不断地规划、组织、领导和控制，以适应环境的变化和应对新的挑战。

# 团队管理的过程

团队管理的过程是循环的，从规划开始，到组织、领导和控制，再回到规划。在这个过程中，团队管理者需要持续地与团队成员进行有效的沟通和交流，理解他们的需求和期望，激发他们的潜能，以提高团队的效率和生产力。

## 一、规划

规划是管理的第一步，主要包括确定团队的方向和目标，并确定实现这些目标的最佳策略和手段。规划时需要团队管理者具备前瞻性的思维，能够识别机遇和威胁，以及明确团队的使命和愿景。

规划是管理的基本职能之一，涉及制定组织或团队的目标及达成这些目标的策略。这需要对组织内部和外部环境进行详尽的分析，以便了解当前的趋势和挑战，并据此制定切实可行的计划。如：团队管理者可能需要确定团队的长期和短期目标，并认真思考如何最有效地利用和分配资源以达成这些目标。规划需要清晰、明确，以便所有团队成员都能理解和执行。另外，规划是动态的过程，需要不断地对现状进行评估和调整。

## 二、组织

组织是团队管理的另一个关键环节，涉及人力资源的分配和协调。一个有效的团队需要有清晰的角色分配和协调机制，以确保每个团队成员都能在最适合他们的地方发挥作用。

组织涉及建立内部组织结构、角色分配及工作流程。在进行组织的过程中，团队管理者需要保证团队中的每个成员都对自己的角色和职责有所了解，且可以获得完成工作所需的适当工具和资源。有效的组织还需要协调机制以促进团队成员间的合作，防止冲突和混乱。

### 三、领导

领导力是管理团队的一个重要环节。有效的领导需要将团队的目标清晰地传达给每个团队成员，并激励他们积极参与和贡献自己的技能和知识。这种引导和激励可能涉及建立和维护积极的团队文化，提供有价值的反馈，甚至进行冲突调解。

领导力在团队建设中的角色可以从不同的理论框架来理解。如：根据赫希·布兰查德的情境领导理论，领导者的行为应该根据团队成员的成熟度来调整。在团队成员的能力较低和动机较弱的情况下，领导者需要采取更有指示性的领导方式。而随着团队成员的能力和动机的增强，领导者应转向参与和授权的领导方式。这种灵活的领导方式有助于团队的发展和成熟。

### 四、控制

控制是管理过程中的最后一步，涉及评估和调整团队的工作以确保其达到预期的目标。控制通常涉及确定标准、测量和评估性能，以及采取必要的纠正措施。

一个有效的控制系统能够提供实时的反馈，使团队可以及时调整其行为以适应环境的变化。例如，根据诺伯特·维纳的控制理论，当人们发现自己的性能与目标存在差距时，他们会采取行动来减小这种差距。因此，为团队设定明确且可衡量的目标，提供定期的性能反馈，可以有效地指导和激励团队的行为。

## 团队建设与管理学

管理学提供了一系列的理论和工具，用来指导和优化团队建设。反过来，团队建设的实践经验又可以反哺管理学，促使其理论和模型实现不断完善和创新。

### 一、目标设定理论

这种理论强调了明确、具有挑战性且可衡量的目标对于提高团队绩效的重要性。在团队建设过程中，管理者应该与团队成员共同制定目标，并确保这些目标能够激发成员的积极性，从而提高团队的整体绩效。

### 二、调节器模型

这种模型强调了团队中各个成员在特定环境中的相互作用对团队绩效的影响。在团队建设过程中，管理者需要考虑团队成员的个性、技能、角色分配等因素，并以此来调整团队的组织结构和工作方式。

### 三、变革管理理论

这种理论为管理者提供了一系列策略和技巧，用来处理团队中的变革和冲突。在团队建设过程中，管理者需要使用这些策略和技巧来引导和推动团队的发展，同时处理可能出现的阻力和冲突。

### 四、交易成本理论

这种理论指出，团队成员之间的协调和沟通成本对团队效率有着重要的影响。在团队建设过程中，管理者需要努力降低这些成本，例如通过改善沟通渠道，优化工作流程，以提高团队的效率。

以上这些管理学理论在团队建设过程中的应用，使我们更好地理解了如何建立和管理一个高效的团队。然而，我们也应该注意到，每个团队都有其独特性，因此在实际应用中，需要根据团队的具体情况，灵活地运用和调整这些理论。

### 【案例】某软件企业

某软件企业迅速成长，两年时间内组建了一支四五十人的开发团队。这家企业的主要任务是作为海外总部的开发基地，完成大量海外软件项目订单。该企业的规模在迅速扩大，但总体开发能力却一直很弱，需要总部不断提供高成本的技术支持。海外总部对它并不满意。此外，它的人员流动也很频繁，近半年来，流失的员工高达员工总数的1/3。其原因在于组织系统不健全、中层管理者能力不足、人员快速扩张。

此时，该企业将改良的重点放在组织调整完善及培养中层管理者上。在整体组织角色定位上，海外总部与国内公司的关系分成三个阶段演进，并确定各自职责等。

阶段一：作为海外总部研发部门的延伸，充当技术支持中心的角色。

阶段二：作为独立的开发团队承接海外总部下包的项目，充当产品开发中心的角色。（12个月内完成）

阶段三：从成本中心制过渡到利润中心制，形成完全独立核算运作的研发中心。（24个月内完成）

经过8周的现场导入，以及小规模的试运行和参照对比试验，该企业重新设计了自己的组织结构，调整了组织制度，并培养了一批中层管理者，初步形成了一个高效、稳定的组织系统。

随后通过3个月的跟踪调查，运行状况显示，该企业已进入规划中的第二阶段，员工项目开发能力逐步提升，中层管理者的素质也呈现稳步提高的趋势，开发品质也得到了海外总部的肯定。企业开始步入良性循环阶段。这些成绩的取得，无不得益于高效、稳定的组织系统。

### [点评]

中层管理者是企业能够正常运行的关键，是组织连接的核心。因此，生产力较高的高科技企业应拥有一批优秀的中层管理者，并且建立起合理的中层管理者培养机制。

# 第二章　团队发展历程与类型

回顾上一章，我们对团队的定义、团队的构成，以及团队管理的职能与过程进行了详细的探讨，了解了团队的内在含义，以及如何对团队进行有效的管理。然而，这些知识仅仅构成了团队管理全貌的一部分。理解团队的发展历程及团队的各种类型，对于我们更全面、更深入地了解团队管理也有着至关重要的作用。

在这一章，我们将跳出静态的框架，从动态的视角来了解团队，进一步了解团队的发展历程。每个团队都会经历一定的发展阶段，这些阶段的特征、关键点及领导风格的变化，都将对团队的发展产生深远影响。同时，我们会介绍各种团队类型，认识团队的多样性，并了解不同类型的团队的管理策略。这样，我们无论面对的是刚刚建立的项目小组还是历经沧桑的组织团队，都能游刃有余。

最后，我们会深入探讨团队精神的内涵，探索如何通过培养团队精神来增强团队的凝聚力和战斗力。在团队的发展过程中，团队精神扮演着至关重要的角色，对团队的发展方向产生了深远影响。

在这一章的学习过程中，我们要牢记一点：团队并非静止不变的，而是在不断发展变化。作为团队的一员或者团队的领导者，我们需要有意识地把握这些变化，以更好地推动团队的发展，实现团队的目标。

## 第一节　团队发展历程

团队不是一成不变的，它会随着时间和经验的积累而发展和成长。

团队的发展理论主要来源于布鲁斯·塔克曼（Bruce Tuckman）1965 年提出的"团队发展阶段模型"，该模型对理解和分析团队的形成和发展具有重要意义。

布鲁斯·塔克曼提出，团队发展分为四个阶段：形成（forming）、风暴（storming）、规范（norming）和执行（performing）。

1977 年，布鲁斯·塔克曼和詹森（Jensen）添加了第五个阶段：解散（adjourning）。

### 形成阶段

在团队初期，成员们对团队的目标、任务、职责等不太清晰，个体面临的是一种"安全求生"的心理状态。这个阶段的主要任务是建立团队的目标，明确团队成员的角色和责任，并建立基本的团队规则。这个阶段的关键是建立互信和尊重，以促进团队有一个良好的开端。

## 一、阶段特征

在此阶段，团队成员首次聚集，尝试了解团队目标、自身角色定位和所期待的行为等诸多问题。此阶段的团队成员互动可能较为矛盾和紧张，但大多表现得较有礼貌、较少有冲突。这主要是因为每个成员都在尝试了解其他人，并对团队的目标、规则和结构进行初步探索。其特征包括组织方向不确定、成员角色模糊、决策过程混乱、冲突出现等。

## 二、阶段重点

团队形成阶段的重点在于明确团队的目标和期望，建立有效的沟通机制，以及确立团队规范和结构。此阶段的一个关键因素是成员之间建立信任，对团队成员个体之间的差异给予尊重和接纳，为团队建立良好的文化和氛围打下基础。团队领导者在此阶段需要高度参与，提供明确的指导和反馈，帮助团队成员了解团队的目标和期望，明确他们的角色和责任，以及如何与其他团队成员有效地沟通和协作。

## 三、领导风格

在形成阶段，领导者需要发挥主导作用，包括清晰地设定目标、定义团队规范、安排工作职责。这是因为在团队刚刚形成阶段，团队成员对团队的目标、规则和结构往往还不够了解。因此，领导者需要采取指令式的领导风格，向团队成员提供明确的指示和反馈，帮助他们理解团队的工作方式和期望。此阶段的领导者还需要关注建立开放和信任的团队文化，推动成员互动，鼓励他们分享信息和观点，以便更好地了解彼此的需求和期望，以及建立有效的沟通和协作关系。

# 风暴阶段

这一阶段是团队发展中最具挑战性的阶段。成员们开始对团队的目标、任务、角色、责任等提出质疑和挑战，可能会产生冲突和分歧。这个阶段的关键是适应和解决团队内部的冲突，通过有效的沟通和谈判来共同确定团队的方向。

## 一、阶段特征

风暴阶段的主要特征是冲突和不安。团队成员可能对团队的目标、工作方式、决策过程，甚至是领导权力分配等问题产生分歧。成员之间可能出现不信任和误解，工作效率可能因此下降。冲突可能体现为明争（明显的争吵）或暗斗（微妙的动态或行为）。在这个阶段，团队的建设可能会因为团队内部的矛盾而受到阻碍。

## 二、阶段重点

在风暴阶段，团队管理的重点在于积极解决冲突和矛盾，寻找共识，确保团队向着共同的目标前进。团队领导者和成员需要运用有效的沟通技巧来进行协商，理解和尊重他人的观点，寻求各方都能接受的解决方案。同时，这也是一个为团队成员提供支持，增强团队凝聚力的重要阶段。

### 三、领导风格

在风暴阶段，团队领导者的角色特别重要。一个有效的领导者可以通过建立开放、包容的沟通氛围，鼓励团队成员公开表达自己的观点和感受，从而更好地管理和解决冲突。此阶段的领导风格应当偏向于民主和参与式领导风格。领导者应当注重倾听，尊重多元观点，鼓励团队成员积极参与决策，并帮助他们解决可能出现的分歧和冲突。尽管这一阶段可能会带来一定的困扰和压力，但如果能够妥善应对，它也可以成为团队成长和进步的重要契机。

## 规范阶段

在经过风暴阶段的冲突和协商后，团队会逐渐形成一套共享的规范和有共同的期望。团队成员开始接受团队的目标和任务，对自己的角色和责任有了更清晰的认识。团队在这个阶段会建立更深的相互信任关系，从而更有效地协作。

### 一、阶段特征

在规范阶段，团队成员开始建立更为深厚的互相理解关系，互相尊重对方的观点，会有更高的默契和协作效率；开始接受并遵守团队的规则、制度和工作方式；开始对共享的目标有了更为明确的认识，团队的价值观和信念也逐渐一致。在此阶段，团队的工作效率会明显提高，团队成员的满意度也会有所提升。

### 二、阶段重点

在规范阶段，团队的重点是为团队成员建立稳定的工作环境和提供明确的工作指引。领导者应注重以下方面。

（一）维护和强化团队规范

领导者应确保团队成员接受并遵守团队的工作规范，并在必要时进行调整和完善。

（二）提供支持和指导

领导者应为团队成员提供必要的资源和指导，并对其工作成果给予肯定和反馈。

（三）加强团队凝聚力

领导者应鼓励团队成员建立更深厚的人际关系，提高团队凝聚力。

### 三、领导风格

在规范阶段，领导的角色职责从解决冲突转变为支持和指导。领导者需要满足团队成员的需求，为他们提供必要的支持和指导；应当扮演"服务型领导"的角色，为团队成员服务，帮助他们实现个人和团队的目标。同时，领导者需要为团队成员提供反馈，肯定他们的工作成果，以此鼓励他们继续遵守团队规范，提高工作效率。

## 执行阶段

这一阶段是团队发展的高潮阶段。团队已经有了清晰的目标、任务、角色和责任，成员们能够有效协作，高效完成任务。团队决策过程变得流畅，每个成员都能够贡献自己的专长和才能，共同推进团队发展。

## 一、阶段特征

### （一）任务高效执行

此阶段团队成员的主要关注点是完成任务。他们已经学会了如何一起工作、如何解决问题、如何决策，可以高效地执行任务。

### （二）团队合作良好

此阶段团队的合作和沟通通常是良好的。团队成员已经明确了各自的角色和职责，知道如何一起工作以完成任务。

### （三）成员高度参与

此阶段的团队成员参与度高。因为成员之间已经建立了信任，了解了团队目标，他们更愿意积极参与团队的工作。

## 二、阶段重点

### （一）任务完成

团队的主要任务是完成已经设定的目标。

### （二）持续改进

团队应该不断地寻找改进方法，提升工作效率、质量和效果。

### （三）保持团队的稳定和协调

团队的稳定性和协调性是执行阶段的关键因素。团队需要不断维护和加强自身的稳定性和协调性，以确保团队高效运转。

## 三、领导风格

在执行阶段，领导者的角色通常是参与者和协调者。在这个阶段，团队成员已经具备了完成任务的能力，已经知道如何一起工作以完成任务。因此，领导者的任务是参与团队的工作，协调团队成员，解决可能出现的问题，以确保团队能够高效地完成任务。领导者也需要继续鼓励和支持团队成员，让他们保持积极的工作态度。

### 【案例】 无印良品 （MUJI）

关于无印良品的理念，其设计总监原研哉在《设计中的设计》中曾这样描述："追求的不是'这样好'，而是'这样就好'。它将价值赋予可接受的质量：节制、让步以及超然的理性，可称之为'全球理性价值'，一种倡导以极端理性的视角使用资源和物体的哲学。MUJI 理念要指出的是日常生活的'基础性'和'普遍性'。"

这根源于历史。1978 年，第二次石油危机爆发，日本经济的高速成长被终结，消费者开始寻求性价比高的产品。这促使日本各大超市争相开发自有品牌。1980 年，日本西友株式会社设立自有品牌，无印良品就此诞生。其第一任社长木内政雄将其定位为除去一切花哨的形象包装和噱头，仅留存使用便利性和较优的质量。在金井政明看来，上述理念并未过时，是无印良品在物欲横流的社会中的立业之本。"世界上存在很多商品，并非为了更方便地使用，而是为了卖得更好、更流行。追求商品本质的做法使无印良品不会在来去匆匆中过时。"金井政明说。

作为良品计画株式会社第四任社长，金井政明曾多次见证无印良品的沉浮。1993年，已在西友工作17年的金井政明开始负责无印良品的商品开发，并跟木内政雄、田中一光、小池一子、山本耀司等人共事。"从他们身上我学到了很多关于设计与美的知识。"金井政明回忆说。

1990—1999年，无印良品的营业额由245.1亿日元攀升至1066.9亿日元，经营利润由1.25亿日元增至133.6亿日元。但辉煌并未持续太久。由于过度追求销售业绩，忽视设计开发理念，门店扩张过快，无印良品遭遇平价对手的阻击，2001年一度出现39亿日元的亏损。公司濒临破产，第二任社长有贺馨亦引咎辞职。

随后，第三任社长松井忠三进行了长达三年的改革，使其重回正轨。他破釜沉舟地将价值38亿日元的不良库存付之一炬。改革由此拉开序幕。担任良品计画常务董事的金井政明堪称松井忠三的左膀右臂，由此跻身决策层。松井忠三着重于公司管理，金井政明负责营业和商品开发。他曾陪同松井忠三走访无印良品全国门店，下班后将各店店长约至居酒屋聊天，以了解情况。起初，店长们对两人并不信任，两人耗时一年方令下属卸下"心防"。在了解症结之后，松井忠三开始内部改革。其改革核心是回归到商品品质上，松井忠三甚至邀请设计大师原研哉担任无印良品艺术总监，改进产品设计理念，重回"方便使用"的本源。

品牌重塑运动亦就此展开。2001年，无印良品开始通过网络与消费者沟通，制定企划方案，向网友募集意见，由此洞悉顾客心目中理想商品的基本特点。开发人员会将网友意见进行整理，从中挑选方案供其投票选择，得票数最高者则做出样品，待定好价格后，无印良品便接受预订，达到订单最小生产量即商品化。依照此法，无印良品曾在2002年推出形似大型沙袋的懒人沙发，一个月最高售出8万个，销售额高达10亿日元。两年后，无印良品业绩重回正轨。"我从松井忠三那里学到很多工作方法，也学会了柔软，而不再像过去那么粗暴行事。"金井政明面对《环球企业家》采访时说，其中最为重要的工作方法是消费者调研。2003年，无印良品实施名为"观察"的开发计划，开发团队会直接拜访消费者，观察其日常生活，并对房间内每一个角落乃至每件商品一一拍照，照片随后被提交以进行讨论和分析，以此挖掘潜在消费需求。此举颇为成功。例如开发人员在受访者家中发现圆形浴室换装瓶很难与浴室的墙壁、浴缸贴合，最终推出方形浴室换装瓶，结果大受欢迎。

## 解散阶段

这是团队生命周期的最后一个阶段，通常在团队完成其主要任务或目标后出现。团队成员可能会经历情绪的起伏，同时会开始准备面对新的挑战。这个阶段的关键是正确地结束团队的工作，包括回顾和庆祝团队的成就，以及对团队成员的未来进行规划。

### 一、阶段特征

在解散阶段，团队成员的关注点可能会从完成任务转向了解他们在团队中的经历及任务的结果。他们可能会开始反思自己的价值和对团队的贡献，可能会感到一种失落感，尤其是在长期一起工作的关系紧密的团队中这种失落感更甚。此外，团队成员可能会开始考虑他们的下一步行动，包括其他可能的项目或团队中的机会。

## 二、阶段重点

在解散阶段，主要的重点是确保所有的工作已经完成并且满足了预定的目标。此外，对团队工作进行反思和评估，以及确保所有的团队成员都已经准备好向前迈进，都是这个阶段的重要组成部分。一种有效的方法是进行"项目回顾"或"反思"会议，团队成员可以分享他们的经验、学习的教训，以及他们如何将这些应用到将来的项目中。

## 三、领导风格

在解散阶段，一个强有力的领导者会引导团队进行全面的项目回顾，并庆祝团队的成功。此外，领导者会提供一个机会让团队成员可以互相表扬，对团队的成功进行认可，并且提供反馈以改善未来的表现。这一阶段需要的领导风格通常涉及很强的人际交往能力和解决冲突的能力，以处理可能出现的不良情绪。

### 【案例】

谷歌（Google）团队的内部项目 Aristotle 根据布鲁斯·塔克曼提出的团队发展阶段模型，着眼于了解团队内部动态并提高团队的效率和合作性。

谷歌对其内部团队进行了研究，探索了如何构建和培养高效团队。通过对数百个团队的研究，他们发现团队成功并不仅仅取决于成员的能力水平，更重要的是团队之间的相互作用和动态。在这个过程中，他们将布鲁斯·塔克曼的团队发展阶段模型作为参考，提出了"心理安全感"（psychological Safety）的概念。

谷歌的研究表明，要想在团队内部取得成功，团队成员需要感受到一种心理上的安全感。这意味着他们能够自由地表达观点、提出想法，不用担心受到羞辱或负面评价。这种心理安全感对团队的协作性、创造力和生产力都有着积极的影响。

### ［点评］

这个案例展示了如何将团队发展理论应用到实际的商业环境中，并以心理安全感为核心，促进团队内部的合作与创新，提升团队的整体绩效。

# 第二节　团队发展类型

在研究团队的过程中，我们往往会根据团队的各种特性，将团队划分为不同的类型。这些特性可能包括团队的目标、任务、结构、规模、文化等各个方面。下面，我们将介绍几种常见的团队类型，以及一些新兴的团队类型。

# 常见团队类型

## 一、功能团队

功能团队是一种最常见的团队类型，通常是以特定职能或业务流程为中心形成的。功能团队通常由一位负责人（例如部门经理或主管）领导，团队成员都在相同的业务领域或流程中工作，具有相似技能或专业知识。

### （一）功能团队的特征

分工明确：在这种团队中，每个成员都有特定的角色和职责，且通常与其特定的技能或专业知识相关。例如，一个开发团队可能包括系统架构师、项目管理师、软件工程师等不同的角色，每个人都负责其专业领域内的工作。

具有稳定性：一般来说，功能团队的组成和结构都相对稳定，因为它们的工作通常与日常运营活动相关，如生产、销售、客户服务等。在这些领域，稳定的团队组成可以形成工作一致性，提高工作效率。

### （二）功能团队的优势

效率高：因为团队成员都专注于他们擅长的领域，他们可以共享资源、知识和经验，更有效地完成任务。

避免重复工作：通过清晰的角色定义和任务分配，功能团队可以避免重复工作，从而提高整体效率。

### （三）功能团队面临的挑战

然而，功能团队也面临一些挑战。首先，由于团队成员都在相同的领域工作，他们可能缺乏对其他职能或业务流程的了解，这可能导致团队与组织其他部分相隔离。其次，过于明确的任务划分可能会限制团队成员的发展，让他们缺乏在新领域发展的机会。

总的来说，功能团队是一个高效和稳定的团队类型，适用于日常运营和有特定职能的任务。然而，有效管理功能团队也需要领导者具备跨领域的视野和灵活的管理策略。

## 二、项目团队

项目团队是指在特定时间范围内，为了实现一个共享的、特定的目标（例如完成一个项目），由不同背景和专业领域的人员组成的组织结构。这些团队成员可能来自组织的不同部门或者组织分布的不同地点，但他们共同合作，共享资源，以达到项目目标。

### （一）项目团队的特征

任务目标明确：项目团队通常是为了完成一个特定的项目或任务而设立的。团队成员的工作目标非常明确和具体，即完成项目。

组织结构灵活：项目团队的成员可以根据项目需要进行调整。根据项目的规模和复杂性，团队规模可以从小型团队到大型团队，成员可以包括项目经理、专业技术人员、顾问等。

工作强度大：由于项目的完成时间受到限制和任务量大，项目团队的工作强度通常较大。

团队成员多变：项目团队的成员可能随着项目所处阶段和需要发生变动，一些成员可能在项目的某一阶段加入，或在项目完成后离开。

（二）项目团队的优势

高效率：项目团队通常比传统的固定团队工作更高效，因为他们的目标明确，专注于完成特定的任务。

灵活性：项目团队可以根据项目需要快速调整其成员和结构。

交叉学习：项目团队成员来自不同的背景和专业领域，这有助于团队成员之间的交叉学习和创新。

（三）项目团队面临的挑战

项目团队也存在一些挑战，如团队成员间的协作和沟通问题，团队成员变动带来的稳定性问题等。因此，项目团队的管理和激励策略也需要针对其特点来进行设计。

## 三、自我管理团队

自我管理团队是一种特殊的团队类型，它代表了一种团队管理和组织行为的进步。自我管理团队是一个组织内部的小团体，团队成员通常有着不同的技能和知识，他们共享责任，拥有更多的决策权和自主权，从而达到某个共同的目标。

（一）自我管理团队的特征

权力下放：自我管理团队通常由组织赋予较大的决策权和执行权，包括决定工作流程、任务分配、质量管理等。

任务多样性：团队成员常常需要执行多样的任务，这包括了他们自身的专业技能以外的工作，从而增加了工作的挑战性和满足感。

责任共享：在自我管理团队中，每个团队成员都对整个团队的绩效负责。这种责任感增强了团队凝聚力和执行力。

团队成员相互学习：团队成员通过团队内部的互动和学习，共享信息，提高知识和技能。

（二）自我管理团队的优势

更高的效率：团队的决策和行动更加迅速，因为不需要经过多级的审批和确认。

更高的满足感：团队成员对工作有更多的控制权，这使得他们的工作满足感更强。

更强的创新力：团队成员的多样性和自主性，更有利于产生新的思想和创新。

（三）自我管理团队面临的挑战

团队冲突：自我管理团队需要管理内部的冲突和压力，而且团队成员必须承担更多的责任。

需要时间：构建高效的自我管理团队需要时间，团队成员需要时间学习如何合作，需要时间建立互信和有效的沟通。

培训和支持：组织需要提供培训和支持，帮助团队成员发展新的技能，例如决策、沟通、领导等。

尽管自我管理团队有其独特的挑战，但它的诸多优势使得越来越多的组织选择实行。若要成功地实行，关键在于建立好的环境、流程和培训机制。

# 新兴团队类型

## 一、虚拟团队

虚拟团队,也称分布式团队,是一种特殊的团队类型,主要通过信息和通信技术将分散在不同地理位置的团队成员连接起来。它在全球化和技术进步的推动下,成为现代企业和项目的一种常见的组织形式。

### (一)虚拟团队的特征

地理分散:团队成员在地理上分布在不同的地点,可能在不同的城市、国家甚至大陆。

弹性工作时间:由于团队成员可能位于不同的时区,因此他们的工作时间可能会不同。

依赖技术:虚拟团队高度依赖信息和通信技术来维持协作和沟通。

多样性:虚拟团队的成员可能来自不同的文化背景,这为团队的多样性和创新提供了可能性。

### (二)虚拟团队的优势

人才获取:虚拟团队可以从全球范围内寻找、获取优秀的人才。

时间利用:通过跨时区的协作,虚拟团队可以实现"全天候"工作。

成本节约:节省了办公空间和旅行成本。

人员灵活性:允许团队成员在适合他们的时间和地点工作,从而提高成员满意度。

### (三)虚拟团队面临的挑战

沟通障碍:技术问题、不同的时区和文化差异可能会妨碍团队成员间有效沟通。

任务协调:由于成员在地理上分散,任务协调和管理可能更加困难。

团队凝聚力:缺乏面对面的交流,可能会影响团队的凝聚力,降低成员信任度。

绩效评估:远程工作可能使绩效评估更为困难。

## 二、全球团队

全球团队,也称为跨国、跨地域或跨文化团队,是由来自不同国家或文化背景的成员组成的,通过在线协作工具进行沟通和协作的团队。在这种团队中,成员可能居住在不同的时区,甚至在不同的国家或大洲。

全球团队的形成是全球化和信息技术发展的必然产物。全球化增加了各种跨国项目和活动的数量,而信息技术的发展使得人们能够无视地理限制进行实时交流和协作。

### (一)全球团队的特征

地域分散:全球团队的成员通常分散在多个国家或大洲,这使得团队必须依赖各种远程协作工具进行沟通和协作。

文化多样性:全球团队的成员有着不同的文化背景,这带来了理解和沟通上的挑战,但也为团队带来了丰富的视角和创新的思维方式。

时间差异:全球团队成员位于不同的时区,可能需要协调会议时间以适应所有成员的日程。

（二）全球团队的优势

多元化的视角和创新思维：全球团队的成员能够为团队带来多元化的视角和创新思维方式。

更好地满足全球市场的需求：来自不同地区的全球团队成员更能理解和适应不同地区的市场环境。

24 小时不间断地工作：全球团队可以充分利用地理和时区分布的优势，实现"跟随太阳"工作。

（三）全球团队面临的挑战

沟通困难：由于语言和文化差异，全球团队的成员可能在沟通上遇到困难。此外，由于成员在地理上分散，大多数沟通是在线进行的，这可能导致信息传递的延迟和误解。

协调困难：全球团队需要协调成员在不同地区和时区的工作，这可能增加协调的复杂性和困难。

文化碰撞：全球团队的成员有着不同的文化背景，可能有不同的价值观、行为规范和工作习惯。这可能导致文化冲突和误解。

**【案例】**

亚马逊公司（Amazon）内部的"两个比萨"（two-pizza）团队制度。这一制度体现了团队发展理论中的小团队和自主性原则。

亚马逊的创始人杰夫·贝索斯（Jeff Bezos）提出了"两个比萨"团队的概念，即一个团队的成员数量不超过能够吃两个比萨的人数。这种小团队的构想旨在鼓励更高效地沟通和决策、降低层级，以及增强团队成员之间的信任和责任感。

根据这个制度，每个团队都被要求小规模运作，以便成员之间更便捷地进行沟通和合作。这种小团队的结构有助于提高团队成员之间的协作效率，并鼓励创新和迅速应对市场变化。这一制度同时强调了团队成员的自主性和责任感，因为小团队需要成员充分发挥个人能力，共同为团队目标努力。

[点评]

这个案例充分体现了团队发展理论中小团队的概念，并且通过在亚马逊公司的实践中取得的成功，表明了小团队和自主性对于提高团队效率和创新力的重要性。

# 第三节　团队精神内涵

我们常常会听到"团队精神"这个词，但团队精神的内涵究竟是什么呢？在团队中，团队精神所扮演的角色又有哪些？如何培养团队精神？

## 团队精神的定义

团队精神，指的是团队中的每个成员共享的一种精神状态或态度，它包括对共同目标的追求，对团队任务的认同，以及对团队中其他成员的尊重和信任。

### 一、共同目标

在任何团队中，共同目标是至关重要的。它为团队提供了一个清晰的工作和努力的方向，并使所有团队成员的活动协同一致。在团队建设的初期阶段，确定一个明确、可衡量并被所有团队成员接受的目标是非常重要的。这个目标不仅需要具有挑战性，以激发团队成员的积极性，同时要可实现，以防止团队成员因为目标过于高远而感到沮丧。有了共同的目标，团队成员会有更强的合作意愿，从而共同努力去实现这个目标。

### 二、开放沟通

开放沟通是团队精神的另一个关键因素。这意味着团队中的每个成员都应该有机会、能力和自信表达自己的想法和观点。开放沟通鼓励团队成员分享他们的知识、经验和想法，以便于创新和解决问题。同时，开放沟通也包括对反馈和批评的接受，这有助于团队成员学习和成长。为了促进开放沟通，团队需要提供一个安全的环境，团队成员可以在不担心被贬低或批评的情况下表达他们的想法。

### 三、尊重多样性

尊重团队的多样性是推动团队进步和创新的关键。团队成员可能有着不同的文化背景、不同的教育经历，以及不同的工作和生活经验。这种多样性为团队带来了广阔的视野和丰富的知识储备。如果团队成员能够尊重并欣赏这种多样性，他们就能从其他成员身上学习到新的知识和技能，拓宽自己的视野，创新思维。同时，尊重多样性有助于形成开放和包容的团队文化，增强团队的凝聚力。

### 四、互相学习和帮助

团队精神还鼓励团队成员之间互相学习和帮助。每个人都有自己的优点和长处，通过分享这些知识和技能，团队成员可以互相学习，互相提高、比如，一个成员可能擅长数据分析，他可以教其他成员如何使用数据分析工具；另一个成员可能有出色的人际交往能力，他可以帮助团队建立更好的客户关系。通过这种方式，团队的整体能力将得到提高。同时，互助强化了团队的凝聚力，使团队成员更加团结一致。

## 团队精神的培养和运用

对于团队来说，团队精神的重要性不言而喻。一个具有良好团队精神的团队，其成员之间能够更有效地进行协作，更容易解决困难和冲突，从而实现团队的目标。然而，团队精神并不会自然产生，它需要通过团队领导者的努力及团队成员的参与，才能够被培养出来并得以维持。此外，团队精神的培养也不是一蹴而就的，需要持续不断地投入和维护。

### 一、明确共同目标与愿景

确保每个团队成员都理解和认同团队的共同目标与长远愿景。通过定期的团队会议或沟通渠道，强调团队的价值观和目标，让成员对团队未来发展有共同认知。

## 二、有效沟通和信息分享

建立开放和透明的沟通渠道，让团队成员自由表达想法和意见，确保信息传递透明度。激励团队成员分享知识、经验和资源，这样可以促进团队内部学习和成长。

## 三、建立相互信任关系并尊重

建立相互信任的关系是团队精神的基础。领导者和团队成员都要展现出可靠和诚实的态度。鼓励团队成员相互支持，尊重彼此的观点和贡献，通过团队活动或项目合作增进彼此的了解。

## 四、促进多样性和包容性

尊重并珍视团队成员的多样性和差异，创造一个包容的环境。鼓励团队成员分享不同的观点和文化，以促进创新和更全面地进行决策。

## 五、明确角色和责任

确保每个团队成员都清楚自己的角色和责任，避免混淆和冲突。并通过明确的任务分配和角色界定，提高团队效率，并使团队成员更专注于各自的任务。

### 【案例】美国太空探索技术公司（SpaceX）团队精神内涵

美国太空探索技术公司自2002年成立以来，一直致力于为太空探索提供创新的解决方案，包括设计、制造和发射先进的火箭和航天器。在团队精神方面，美国太空探索技术公司也独树一帜，通过培养积极的团队文化来推动公司的创新和发展。

美国太空探索技术公司的团队精神内涵主要包括以下五个方面。

#### 一、目标一致

美国太空探索技术公司的团队成员都明确公司的使命和目标，即推动太空探索技术的发展，并为人类的未来提供可持续的解决方案。这种目标一致性有助于团队成员在工作中保持高度热情和极强动力。

美国太空探索技术公司在招聘过程中注重候选人与公司使命和价值观的契合。通过面试和背景调查，公司可以筛选出那些与公司目标一致的候选人人选。此外，美国太空探索技术公司通过内部培训和沟通活动来加强员工对公司的使命感和对目标的理解与认同。

#### 二、跨学科合作

美国太空探索技术公司的团队成员有着不同的学科背景，包括工程、科学、管理等领域。公司鼓励跨学科合作和交流，以促进创新和问题的解决。这种跨学科合作有助于团队成员相互学习和借鉴，提高工作效率和创新能力。

美国太空探索技术公司鼓励员工参与跨部门的项目团队。公司还设立了内部论坛和交流平台，为员工提供跨学科的交流机会。此外，美国太空探索技术公司通过合作伙伴关系和其他组织建立联系，以促进跨学科的合作和创新。

#### 三、鼓励创新

美国太空探索技术公司鼓励团队成员创新和尝试。公司提供宽松的工作氛围和自由的实验环境，鼓励员工发挥自己的想象力和创造力。这种创新精神有助于公司在竞争激烈的市场中保持竞争优势。

美国太空探索技术公司提供了一个宽松的工作氛围和自由的实验环境,员工可以自由地提出新的想法和实验方案,并得到公司的支持和鼓励。此外,美国太空探索技术公司设立了创新奖励计划,表彰那些在创新方面取得突出成就的员工和团队。

### 四、团队协作

美国太空探索技术公司强调团队协作和合作精神。公司通过各种团队活动和培训来促进员工之间交流和合作,如团队建设活动、社交聚会和户外拓展等。这种团队协作精神有助于提高团队的凝聚力和合作效率。

美国太空探索技术公司经常组织各种团队活动和培训。这些活动有助于员工之间建立密切的联系和信任关系,提高团队的凝聚力和合作效率。此外,美国太空探索技术公司强调员工之间互相支持和帮助,鼓励员工在工作中相互协作和配合。

### 五、追求卓越

美国太空探索技术公司的团队成员都追求卓越和不断进步。公司提供各种培训和职业发展机会,帮助员工提升技能和能力。此外,公司鼓励员工参与决策过程,以提升员工的责任感和参与感。

美国太空探索技术公司提供了各种培训和职业发展机会。这些培训包括技术培训、领导力发展计划、项目管理课程等。此外,美国太空探索技术公司鼓励员工参与决策,并给予他们相应的权力和责任。这种参与感和责任感有助于激发员工的工作热情和动力,提高他们的工作绩效和质量。

[点评]

美国太空探索技术公司的团队精神内涵体现了三个重要的优势。

首先,目标一致性使得团队成员能够更好地协同合作,共同推动公司达成目标。

其次,跨学科合作和鼓励创新有助于公司在竞争激烈的市场中保持竞争优势,推动太空探索技术的发展。

最后,团队协作和追求卓越的精神有助于提高团队的凝聚力和合作效率,推动公司创新和发展。

然而,培养积极的团队文化需要投入大量的资源和时间。美国太空探索技术公司通过提供各种活动、培训和职业发展机会来培养团队精神,这需要公司投入大量的资源和精力。此外,对于其他组织来说,如何将美国太空探索技术公司的团队精神内涵成功地应用到自己的组织中仍然是一个挑战。总的来说,美国太空探索技术公司的团队精神内涵为其他组织提供了一个有益的参考,展示了如何通过培养积极的团队文化来提高员工的工作满意度和组织的整体绩效。

# 第三章　团队构建

团队是一个生命力旺盛的生态系统，其成长和发展取决于每个构建阶段的悉心策划和周全考虑。在深入探讨团队构建之前，我们需要回顾并掌握前两章的重要知识。我们已经了解了团队的基本含义、团队管理的职能与过程、团队发展历程与类型，而这些都是我们开始构建一个团队的基石。我们也了解了团队精神的内涵，这是我们创造一个积极、生产力强大的团队的文化基础。

构建团队就像筑起一座大厦。我们不能仅仅放置几块砖头，然后期待它们自动形成一座稳固、耐用的建筑。相反，我们需要用一块块砖头，一层层地建立，使用合适的工具和技巧，来确保每一层都牢固可靠。同样，我们不能期待几个人自然而然地形成一个高效、协作的团队。我们需要系统地选择合适的人员，培养他们的技能，制定适当的规则和程序，并整合资源来满足团队的需要。

本章我们将深入讨论团队构建的过程，包括团队的组建和团队资源的整合。我们将阐述如何选派合适的人员来形成一个多元化、互补的团队，探讨如何有效地整合团队资源以确保团队顺畅运作。在这个过程中，我们会用到很多前两章中学到的知识和理论，从而帮助我们在实践中更好地理解和运用这些理论。

## 第一节　团队构建概述

团队构建不只是将一群人聚集在一起的过程，而是通过一系列有意识、有策略性的活动，形成一个有共同目标、相互依赖、共享责任并具有协作能力的团队。这是一个复杂的过程，涉及人员的选择、角色的分配、目标的设定、规则的制定、文化的塑造、资源的整合及团队关系的管理等多个方面。

团队构建是一门科学，也是一门艺术。它涉及理解人性、动力、承诺，以及如何协调不同的个性和技能来达成共同的目标。作为一名团队领导者或者团队成员，我们必须对团队建设有一个全面而深入的理解，从而使我们的团队能够发挥最佳的性能。

### 开放的学习观

学习团队建设与管理需要我们拥有开放的学习观。团队的成功不仅取决于单个成员的技能和知识，而且取决于团队文化、沟通、冲突解决等诸多因素。因此，我们需要以系统的眼光来看待团队建设，需要理解和尊重团队中的多样性，并且要有耐心和决心来处理团队发展中面临的挑战和问题。

## 一、团队建设并非一个简单的线性过程，而是一个复杂的、动态的系统

这个系统不仅涉及团队的结构和成员，还包括团队的文化、沟通、冲突解决，以及许多其他复杂的因素。因此，我们需要用系统的视角，从全局的角度去考虑和理解团队的运营和管理。

## 二、团队建设需要尊重和理解团队的多样性

团队中的每个成员都有自己的能力、知识、经验和个性，这种多样性是团队创新和确保工作效率的重要来源。因此，我们需要学会理解和尊重团队中的差异，通过有效的沟通和协调，把团队中的多样性转化为团队的优势。

## 三、团队建设需要耐心和决心

团队的形成和发展是一个长期的过程，团队在这个过程中会遇到各种挑战和问题。如何解决这些问题，如何帮助团队从冲突中解脱出来，如何引导团队发展，这些都需要我们有坚定的决心和无尽的耐心。

# 正确的学习方法

团队建设与管理的学习过程中，确立正确的学习方法是至关重要的一环。这包括理论学习和实践应用两个部分，它们交相辉映，互相弥补，构成了完整的学习过程。

## 一、理论学习是建立团队管理知识体系的基础

理论学习包括阅读相关的学术文献、参考书、研究报告等，以深化对团队建设基本理论的理解和掌握。在这个过程中，我们需要明确学习的目标和计划，以系统化、结构化的方式进行学习。例如，《组织行为学》（*Organizational Behavior*）等权威出版物提供了丰富的理论知识和深入的案例分析，可以帮助我们理解和掌握团队建设的基本理论和方法。

## 二、理论学习只是基础，更重要的是实践应用

没有实践，理论学习就会变得空洞和无力。实践应用包括参与真实的团队活动，观察团队动态，反思和总结实践经验。这个过程是反复的、迭代的，我们需要根据实践反馈来调整我们对理论的理解和团队建设策略。实践应用旨在将理论知识转化为实际操作，从而实现团队建设与管理的目标。

总的来说，学习团队建设与管理需要我们找到理论学习和实践应用之间的平衡。我们应当努力理解和掌握团队建设的理论知识，同时要积极参与到团队活动中去，用实践经验来丰富和检验我们的理论知识。通过这种方式，我们才能真正成为成功的团队建设者和管理者。

# 批判性思考

在学习过程中，我们需要不断反馈和自我反思。反馈可以帮助我们了解团队建设策略是否有效，哪些地方需要改进。自我反思则可以帮助我们深化对团队建设的理解，提高团

队建设技巧。我们还需要发展批判性思维。这不仅能帮助我们理解和解决复杂的团队问题，还能帮助我们避开一些团队建设的常见陷阱。

## 一、要重视反馈

对于团队管理者来说，反馈是提升团队建设能力的关键途径。无论是来自同事、下属还是上级的反馈，都可以帮助我们了解我们的策略是否有效，以及在哪些方面可以改进。这就需要我们建立开放的沟通环境，鼓励大家分享他们的想法和观点。同时，我们需要学会接受批评，从而得以学习和成长。有效的反馈是建设性的，而不是负面的，它可以帮助我们了解自身的强项和弱点，以便进行有针对性的改进。

## 二、要进行自我反思

自我反思是一个持续的过程，它可以帮助我们更深入地理解团队建设实践，并提升团队建设技巧。自我反思可以包括回顾团队建设策略，思考团队建设过程中成功和失败的经验，以及思考如何改进团队建设。通过自我反思，我们可以更好地理解团队构建，更有效地解决团队问题，更有意识地进行团队建设。

总的来说，学习团队建设与管理是一个持续的、终生的过程。只有通过不断学习和实践，我们才能不断地提高团队建设技能，使团队发挥最佳的性能。所以，让我们带着开放的学习观和正确的学习方法，去探索和实践团队建设科学。

### 【案例】亚马逊公司团队构建

亚马逊公司是一家于1994年成立的美国电子商务巨头。自成立以来，亚马逊公司致力于提供卓越的购物体验、丰富的商品选择和高效的服务。在团队构建方面，亚马逊公司通过培养高效的团队来推动公司的创新和发展。

亚马逊公司的团队构建主要包括以下三个方面。

### 一、招聘顶尖人才

亚马逊公司极为注重招聘顶尖人才。公司采用严格的招聘流程和选拔机制，筛选具有潜力的人才，并提供广阔的发展空间和机会。亚马逊认为，拥有顶尖人才是在竞争激烈的市场中保持领先地位的关键。

亚马逊公司通过严格的面试和评估流程测试候选人的能力和潜力。同时，公司注重候选人的职业背景和价值观的匹配度，以确保他们能够融入公司文化和发展。通过这些措施，亚马逊公司成功地吸引了全球的顶尖人才，为公司的团队构建奠定了坚实基础。

### 二、扁平化的组织结构

亚马逊公司采用扁平化的组织结构，以加速决策速度和适应市场变化。公司层级较少，员工之间的沟通和合作更为顺畅。此外，公司鼓励员工积极参与决策过程，提高整体工作效率和质量。

扁平化的组织结构有助于提升工作效率和增强创新能力。员工能够更迅速地获取信息、做出决策并协调合作，从而加速产品研发和市场推广速度。员工之间频繁的交流互动，促进了知识共享和培养创新思维。

### 三、跨部门合作

亚马逊公司强调跨部门合作和协调。公司鼓励不同部门员工展开交流和合作，共同解决问题和加快推动项目进展。这种跨部门合作有助于提升整体工作效率和客户满意度。

公司经常组织各类团队建设活动和交流会议。这些活动帮助员工建立了紧密联系和信任关系，提高了团队凝聚力和合作效率。此外，公司重视员工相互支持和协作，鼓励团队间相互配合。

[点评]

亚马逊公司的团队构建体现了几个重要优势。招聘顶尖人才有助于公司保持竞争优势。扁平化的组织结构和跨部门合作提升了工作效率和增强了创新能力。培训和发展为员工提供了持续成长机会，同时为公司的成功提供了强有力的支持。

## 第二节　团队组建

人是组织的重要资产，他们是团队的基本构成要素。构建一个成功的团队需要对组织中的人才进行有效管理。一个良好的团队就像一座精心筑起的大厦，人员的组建就是这个过程中的关键一环。

## 团队组建的定义

团队组建是一个重要的管理过程，它涉及在一个组织中创建一个工作组或者团队，这个团队是由有共享目标和有互补技能的人们组成的，他们一起合作完成特定的任务。这个过程涉及选择合适的团队成员，定义团队的角色和职责，以及建立有效的团队沟通和合作机制。理想的团队应该具有多样性，且成员间具有互补性，能够适应不断变化的环境，共享责任，互相支持，并且有共享的目标和愿景。

在组建团队时，需要考虑以下几个因素。

### 一、技能和能力

每个团队成员都应该具有完成团队任务所需的技能和能力。他们的技能和能力应该是互补的，以便在必要时可以互相学习和协作。

### 二、性格和价值观

团队的成功不仅取决于技能和能力，也取决于团队成员的性格和价值观。他们的性格和价值观应该是和谐的，这样他们才能有效地合作。

### 三、角色和职责

在团队中，每个成员都应该有明确的角色和职责。这样可以确保团队的工作得以高效地进行。

### 四、团队文化

在团队组建过程中，也需要考虑团队文化的建立。团队文化包括团队的价值观、信念、规则，以及对待工作和对待其他团队成员的态度等。积极的团队文化可以帮助团队成员共享价值，建立信任，提高团队的凝聚力和工作效率。

组织行为学家认为，成功的团队组建应该包括确定团队的目标和任务，选择合适的团队成员，定义团队的结构和角色，以及建立有效的沟通和决策制度。同时，要考虑团队的大小，成员的多样性，团队的领导方式，以及团队的激励机制等因素。

团队组建是一个持续的过程，它需要随着团队的发展和任务的变化来进行调整。管理者需要定期评估团队的效果，提供反馈，进行必要的调整，以确保团队能够实现其目标。

## 团队组建的主要任务

团队组建的主要任务包括确定团队需求、制定团队结构、选择团队成员和组织团队日常运作。这些任务都需要基于团队目标和任务进行，而这些目标和任务应该明确、具有可行性，并与组织的整体战略相一致。

### 一、确定团队目标和任务

团队组建的首要任务是明确团队目标和任务，以及团队应如何贡献于组织的整体目标。这包括长期目标和短期目标，以及每个成员在实现这些目标中的角色和责任。明确目标有助于增强团队的任务一致性和工作动力。

### 二、人员选择

根据团队的目标和任务，挑选拥有必要技能和经验的成员，以实现团队的目标。人员选择应考虑个人的专业技能、经验、沟通能力、决策能力及与团队文化的契合度。

### 三、角色分配

角色分配是团队组建过程中的一个关键步骤，旨在明确每个团队成员在实现团队目标中的职责，以利于团队的协调和合作。角色分配应考虑每个成员的专业技能、经验、领导能力和个人倾向，同时应考虑团队的需求和目标。明确的角色分配可以确保团队工作顺畅进行，并帮助减少工作中的冲突。

### 四、团队规则和流程的建立

制定和明确团队的工作规则、决策流程和沟通方式，以确保团队高效运作。规则和流程可以帮助团队成员了解他们的责任，知道在何时何地完成何种任务，以及如何与其他团队成员交流和合作。

### 五、建立团队文化

团队文化在很大程度上决定了团队的工作方式、交流模式及价值观，它能对团队成员的行为和态度产生深远影响。建立和维护积极的团队文化，从而促进团队成员互相信任和尊重。积极的团队文化有助于增强团队凝聚力，提高团队的工作满意度和工作效率。

## 团队组建的基本原则

### 一、目标一致性原则

目标一致性原则强调的是团队所有成员应对团队的整体目标有共同的理解并予以认同。无论是长期战略目标还是短期项目目标，明确且一致的目标能引导团队成员有效地协同工作，最终推动团队成功。这意味着团队在初始阶段就需要设定清晰的目标，并保证所有团队成员都理解并接受这些目标。

### 二、互补性原则

互补性原则则着重强调团队成员间的技能、经验和个性等因素的互补性。一个成功的团队并不是由相同技能和经验的成员构成的，而是由拥有互补技能和经验的成员构成的。这种互补性可以提升团队的灵活性和创新性，帮助团队更好地适应社会变化和解决问题。

### 三、参与感原则

参与感原则是团队建设中非常重要的一部分。此原则认为每一个团队成员都应该在团队的决策过程中拥有一席之地，或者至少感觉自己的观点和意见受到重视和尊重。这样能够增加成员的归属感和动力，使他们感到自己对团队的成功有所贡献。

### 四、尊重差异原则

尊重差异原则意味着在团队中应该接受并欣赏各种多元性。这包括文化、性别、年龄、职业背景、技能、经验等多个维度的差异。差异性是团队创新的源泉，因为有着不同背景和经验的人往往能提供新的视角和解决问题的方式。

此原则还需要团队建立一个开放和包容的氛围，让每个成员都感到自己的差异性被尊重和欣赏，而不是被排斥或忽视。团队应该提供一个平等的环境，让每个人都有机会表达自己的观点，而不会因为自己的差异性而感到被贬低或忽视。

尊重差异也意味着团队需要灵活的管理和沟通方式，以适应不同的成员需求。例如，一些团队可能需要采取更多的视觉沟通方式，以满足视觉型学习者的需求，而其他团队可能需要更多的文字交流，以满足文字型学习者的需求。

### 五、开放沟通原则

开放沟通是团队成功的基石，尤其是在团队组建阶段，为确保所有成员对团队目标、职责、期望及团队文化有清晰的理解，开放沟通必不可少。开放沟通原则鼓励团队成员分享信息、表达意见，进行诚实、透明的交流。

### 六、明确职责原则

明确职责原则要求在团队组建阶段明确设定每个成员的职责和对他们期望。这有助于确保每个团队成员都明白他们在团队中的角色，以及他们需要完成的具体任务。

# 团队组建的程序

## 一、确定团队目标

在团队组建的早期阶段，确定团队目标是至关重要的一步。明确、具体且可达成的目标是推动团队成员朝着共同目标努力并高效协作的关键。

### （一）确定大方向

清晰地了解团队存在的原因——这通常与组织的整体使命、愿景和战略密切相关。团队的大方向应与组织的战略方向相协调。例如，如果公司的目标是提高客户满意度，那么团队的目标可能是改进产品或服务质量。

### （二）设定具体目标

在确定大方向之后，需要将其拆解为更具体、更具有操作性的目标。例如，提高产品质量的目标可以具体化为"在接下来的三个月内，产品缺陷率降低……"

### （三）确定关键结果

为了衡量目标的达成情况，需要确定一些关键结果。这些关键结果应该能够客观地反映目标达成的程度。在上面的例子中，关键结果可以是"产品缺陷率下降至……"

### （四）获得团队成员的认同

团队成员需要对目标有共同的理解，并且需要认同这些目标。这意味着需要进行充分的沟通和讨论，以确保所有团队成员都清楚并认同这些目标。这可能需要采取一些策略，如提供足够的背景信息，解释为什么这些目标重要，以及如何达成这些目标。

### （五）周期性回顾

目标不应该是一成不变的。随着环境的变化、团队的成长，以及任务进展情况，可能需要对目标进行周期性的回顾和调整，以帮助团队保持灵活性，适应变化，并持续改进。

## 二、确定团队结构和角色

确定团队结构和角色是团队组建的关键环节。结构和角色的设定，会影响团队的决策流程、成员的参与度、责任归属及工作分配等方面。

### （一）确定团队结构

团队的结构通常取决于团队的目标、任务复杂度及组织的文化。在层次式结构中，通常会有一个或几个领导者，他们负责决策并指导团队的工作。这种结构通常适用于目标明确、工作流程固定的团队。在平等式或者自组织式的结构中，所有成员在决策过程中都有相等的发言权。这种结构通常适用于需要创新、灵活性和高度参与的环境。

### （二）定义角色

在确定了团队结构之后，需要进一步确定每个团队成员的角色，包括每个成员的任务、职责，以及他们如何与其他团队成员进行交互。常见的团队角色包括领导者、执行者、创新者、协调者等。需要注意的是，团队中的角色不一定需要按照职务来分配，而是应该根据成员的技能、兴趣和潜力来确定。

（三）分配角色

分配角色需要考虑每个成员的技能、经验、兴趣等因素。正确的角色分配可以提高团队成员的参与度，提高工作效率，同时有助于避免任务重复或遗漏。

（四）明确期望

明确设定对每个角色的期望是非常重要的。这不仅包括具体的工作内容，也包括行为期望，如团队成员之间如何交流、如何解决冲突、如何互相支持等。

（五）持续调整和更新

随着团队的发展和任务的变化，可能需要对角色进行调整和更新。团队领导者应时刻关注团队的需求和成员的发展，并在必要时做出改变，从而与之相适应。

在整个过程中，充分沟通和确保透明度是非常重要的。团队成员需要明白自己的角色和相应的期望，同时需要理解其他成员的角色和相应期望，这有助于建立互相尊重和理解的团队氛围。

## 三、制定团队规章制度

制定团队规章制度是建立和维护团队运作秩序、确保团队效能的重要步骤。

（一）团队决策流程

这部分需要明确团队中每个成员在决策过程中的作用和职责，以及决策的程序。这可以包括一般的决策过程（如收集信息、分析选项、制定决策、执行决策等），也可以包括特定的决策机制（如共识决策、多数投票等）。

（二）沟通规则

设定明确的沟通规则有助于保证团队内部信息的准确传递。沟通规则可能包括团队会议的召开频率、沟通平台的选择、会议日程的设定，以及如何提供反馈和怎样处理冲突等。

（三）角色与职责

这部分应详述各团队成员的职责、权利和义务。明确各角色的职责有助于提升团队效率，避免工作重复或遗漏。

（四）评估与激励机制

对团队和团队成员的表现进行持续、公正的评估是提升团队绩效的关键。激励机制如薪酬调整、晋升、奖励等也应纳入考虑。

（五）团队行为规范

这可能包括团队的行为准则、道德标准和行为规范，以及处理不当行为的程序。

（六）应对变化的机制

团队可能会面临内外环境的变化，如任务的改变、成员的更迭等。制定应对这些变化的策略也是重要的。

当然，这些规章制度应该根据团队特点和任务进行定制，并且在团队运行过程中进行持续修改和优化。

## 四、培训和发展

培训和发展是团队组建过程中非常关键的一环，它涉及团队成员技能的提升，以及他们如何更好地适应并融入团队文化。

### （一）需求分析

这是培训和发展计划的第一步。需要确定团队成员目前的技能水平，以及他们需要哪些新的技能或者期待对哪些现有技能进一步提升。这个过程可以通过员工自我评估或者上级、同事的反馈来进行。

### （二）培训计划的制定

在了解了团队成员的培训需求后，需要制定一个详细的培训计划。这个计划应包含培训的目标、具体的培训活动、培训的时间表，以及评价培训效果的方法。

### （三）实施培训

这是对培训计划的执行阶段，这种培训可能包括内部的培训课程，或者外部的专业研讨会。培训的方式有很多种，例如面对面培训，线上课程，或者通过模拟实战的工作坊等。

### （四）评估培训的效果

培训结束后，需要评估培训的效果。这可以通过考察团队成员是否能在实际工作中运用所学的新技能来评估，也可以通过问卷调查或者面谈来获取团队成员对培训的反馈。

### （五）持续发展

培训并不是一次性的事件，而是一个持续的过程。在初次培训后，需要定期检查团队成员是否进步，并据此提供必要的辅导和进一步的培训。

## 五、评估和改进

评估和改进是团队组建过程中至关重要的、最后的阶段，这一阶段意在识别团队的强项与弱项，同时寻求持续改进的可能性。

### （一）设立评估指标

应根据团队的目标设立一套评估指标。这可能包括团队的生产力、创新能力、决策质量、成员满意度等。团队的表现应以实际的数据和事实为基础进行评估。

### （二）定期评估

定期进行团队评估是很重要的，这样可以及时发现问题，防止它们发展成更大的问题。定期评估也可以帮助团队了解它们的进步，并调整目标和策略。

### （三）收集反馈

可以从团队成员、领导者、利益相关者和客户等各方收集反馈数据。这种多元化的反馈能提供更全面、更真实的团队表现情况。

### （四）分析和解释

收集到数据后，需要对其进行分析和解释，以确定团队的优点和缺点，以及需要改进的地方。

（五）制定和实施改进计划

根据评估结果，团队需要制定一份改进计划，并付诸实施。这可能包括提供更多的资源、改变工作流程、提供培训、调整团队结构等。

（六）持续监控和调整

实施改进后，需要持续监控团队的表现，并根据需要调整改进计划。改进是一个持续的过程，需要团队持续投入精力。

团队人员的组建是一个系统的、持续的过程，需要我们深入了解团队的需求、环境和资源，以及团队成员的能力、兴趣和期望。只有这样，我们才能构建出一个有凝聚力、创新力和执行力的团队。

### 【案例】银河证券

银河证券重庆营业部由于业务拓展需要新招了一批客户经理，共计 12 人。

培训 3 个月后，由于部分营销场地合同到期，暂未开发出新的营销场地，同时为了刺激大家努力工作，该营业部决定，把新招的 12 人分成两个团队，并分别选出一人担任各自团队的队长。两个团队轮流去现有的营业场所开展营销活动。月末业绩考核时，不但考核个人的业绩情况，还要考核整个团队的业绩水平。其中，业绩较差的团队及个人要受一定的惩罚，而业绩优秀的团队和个人则受到一定的物质奖励。

该决定颁布后，团队成员在组合上实行自愿结合原则。

一向业绩较好的小 A 自荐当队长，并选取了平时业绩较靠前的 5 人组成一个团队。大家认为，这种强强结合的团队的业绩一定会很好。剩下的 6 人则在民主的基础上选出小 B 当队长。事实上，小 A 团队的 6 人业务能力都很强，并不太愿意服从小 A 的领导；而小 B 团队的成员则各具特色，有擅长说服工作的，有擅长研究营销创意的，最终大家相互协商，制定了一个具体的目标，并决定按个人特长进行任务分配。

月末考核结果出来后，小 A 团队不仅总体业绩没有小 B 团队出色，且由于争抢业务，队员关系恶化，还造成有一人连最低业绩标准也没达到；而小 B 团队在大家相互协作中，无一人未达标，且总体业绩比之前未组建团队时的状况更好。

［思考］

很明显，小 A 并没有完全理解团队的意义。现在，我们从团队的角度进行思考：小 A 为什么失败？小 B 为什么成功？并对小 A 的团队提出改进建议。

［点评］

团队就是由员工和管理层组成的一个共同体，它合理利用每一个成员的知识和技能协同工作，解决问题，达到共同的目标。

### 【案例】《西游记》取经团队

梅雷迪思·贝尔宾（Meredith R. Belbin）博士的"团队角色"理论是不可不谈的经典理论，在当今依然具有强大的指导作用。

《西游记》中的师徒四人就是一个团队，取真经是他们的终极目标。如果单从性格方面来看，这四个人之间的差异是非常大的，可是他们却能融在一个团队里，在通往西天的道路上齐心协力斩妖除魔，这是为什么呢？

因为在团队里，他们除了承担工作角色外，还承担团队角色。前者与人们的专业技能、职位水平有关；后者则反映了由个人兴趣、性格所决定的行为模式。团队角色对工作角色的发挥、团队的有效运营至关重要，而这一点非常容易被人们忽视。

"团队角色"理论指出，一个完美团队中的角色往往包括以下九种：实干者、协调者、推进者、创新者、外交者、监督者、凝聚者、完美者、专业者。

那么，《西游记》中的团队角色是怎样的呢？

唐僧：将孙悟空、猪八戒、沙和尚凝聚在一起（凝聚者）；虽历尽磨难，但始终坚持，不达目的不罢休，不断地鼓励、鞭策大家（完美者）。

孙悟空：聪明、点子多（创新者）；法力高（专业者）；奋斗在降妖除怪第一线（推进者）。

猪八戒：能力有限，但不可或缺；协调关系、探路、找吃的（外交者）；喜欢发表意见、品头评足一番（监督者）。

沙和尚：言语不多，任劳任怨（实干者）；团队成员有分歧时游说、劝导（协调者）。

[点评]

对于团队成员而言，一个人可以同时具备多种角色，而且一个团队随着工作项目发展阶段的推进，某些角色的优先度也会发生变化。

而团队领导要做的是确保每个团队成员处于一个最有机会发挥其个人优势、最大化个体贡献的岗位上，并根据企业现状和团队目标，定期对成员的团队角色进行评估、盘点，确保团队在任何时期都是健康、均衡、可持续发展的。除此之外，团队成员也应当清楚自己及其他人所扮演的角色，并了解如何相互弥补不足、发挥优势。团队成员只有正确认识和提升与自己的团队角色相应的知识和能力水平，才能促进团队有效发展。

# 第三节　团队资源的整合

当提到"资源"时，我们可能会想到财务资金、物质设施，甚至人力资源。然而，在团队环境中，资源的范围更广泛，包括知识、技能、经验、关系网络，以及个体的时间和精力等。团队资源的整合是团队组建过程中的一个重要部分，它关乎如何最大限度地利用团队内部和外部的资源，以实现团队的目标。

## 团队部门资源发展

在现代组织中，团队通常被设定为部门，以便更好地完成特定任务。每个部门都有其特定的任务，以及完成这些任务所需的资源。

## 一、资源的识别和获取

### （一）识别资源

识别资源是团队资源管理的初始步骤，团队需要确定完成任务或项目所需的资源，包括人力资源（团队成员的技能和专业知识）、物质资源（设备、工具、物料等）、信息资源（数据、知识和信息）、时间资源等。

理解项目的需求、明确目标，这是识别资源的第一步。团队应根据项目的具体需求，列出可能需要的各类资源，然后进行详细分析。在人力资源方面，需要了解任务的专业要求，从而确定需要的人员的专业知识和技能；在物质资源方面，应明确具体需要什么设备或工具，以及可能需要的物料等；在信息资源方面，要理解所需数据类型，确定信息的来源和获取方式；在时间资源方面，要制定合理的项目计划，考虑时间分配和使用。

### （二）获取资源

一旦识别了所需的资源，团队就需要开始获取这些资源。在获取资源时，应考虑资源的可用性、成本、获取方式等因素。

人力资源的获取通常涉及招聘、选拔、派遣、培训等过程。在物质资源的获取上，可能需要购买、租赁、借用或自主开发。信息资源的获取则可能涉及数据收集、研究、采购等。而时间资源的获取，主要涉及项目的规划和管理。

获取资源的过程需要综合考虑效率和成本。由于资源有限，可能需要在不同的项目或任务之间进行优先级排序，以便最有效地分配和利用资源。

资源的识别和获取是团队成功的关键，也是团队管理的重要组成部分。只有准确识别并有效获取所需资源，团队才能高效、顺畅地完成任务。

## 二、资源的分配

资源分配是团队资源管理的关键步骤，涉及如何最大限度地利用团队内的资源。团队需要明智地决定如何分配其资源以便最有效地实现其目标。此过程需要团队考虑各种任务的优先级，并在了解团队成员的技能和能力的基础上考虑如何应对这些任务。

### （一）资源需求评估

资源需求评估即明确团队需要完成的任务和目标，以及完成这些任务所需要的各种资源。这可能涉及详细的工作计划，任务优先级的设定，以及资源需求的预测。

### （二）资源的优先级设定

在资源有限的情况下，需要设定资源的优先级，即确定哪些任务或活动更重要，应优先分配资源。这通常需要考虑任务的紧急性、重要性，以及对团队目标的影响。

### （三）公平和公正

资源分配需要公平和公正。这意味着在考虑任务的优先级和重要性的同时，也要考虑到团队成员的需求和期望，避免资源分配不公平可能导致的团队冲突和满意度下降。

### （四）灵活性

资源的分配应具有一定的灵活性，以应对任务或活动不确定性和变化。例如，如果团队面临突然出现的任务变化或者资源短缺，应能够迅速调整资源分配，以应对新的情况。

## 三、资源的更新和维护

资源维护和更新是团队资源管理的持续过程，包括对团队的现有资源进行评估并进行必要的更新。

### （一）技能和知识的更新

由于技术进步和行业发展，团队成员需要定期更新他们的技能和知识。这可以通过定期的内部培训、参加行业研讨会、阅读相关文献资料等方式实现。例如，如果团队正在使用的软件发布了新版本，团队成员可能需要接受关于新版本软件的培训，以确保他们能有效地利用这个工具。

### （二）技术和设备的维护

团队需要定期检查和维护其物质资源，如硬件设备和软件系统，以确保它们的运行效率和可靠性。在必要时，团队可能需要更新或替换过时或损坏的设备。例如，团队可能需要定期更新其计算机硬件，以便运行最新的应用程序。

### （三）信息和数据的管理

团队需要定期更新和维护其信息资源。这包括定期审查和更新数据库，确保数据的准确性和完整性，以及及时删除过时或不再需要的信息。此外，团队需要定期备份数据，以防数据丢失。

### （四）系统和流程的优化

随着自身不断成长和变化，团队可能需要调整和优化工作流程和管理系统。例如，团队可能需要调整其项目管理流程，以适应新的项目需求或团队规模的变化。

## 四、资源的可持续发展

资源的可持续发展是团队资源管理的长期目标，旨在确保团队的资源能够随着时间的推移持续发展和优化。它涉及的领域非常广泛，包括技术资源、人力资源、财务资源以及其他类型的资源，也包括团队成员的时间和精力。

### （一）持续学习和技能提升

在快速变化的商业环境中，团队必须保持其技能和知识的实时性。这可能意味着要定期提供培训和教育，或者允许团队成员有时间去研究和学习新的理论和技术。这也可能意味着在团队内部推动知识共享，使团队成员可以互相学习。

### （二）资源的优化和更新

随着时间的推移，某些资源可能变得过时或无效。团队需要定期评估其资源的状态，并进行必要的更新和替换。这可能涉及升级硬件设备，更新软件系统，或者调整团队的工作流程以提高效率。

### （三）预防性行动

为了确保资源的可持续发展，团队需要采取预防性行动来避免潜在的问题。这可能涉及定期的设备维护，或者为团队成员提供健康、安全的工作环境。

（四）环境和社会方面的考虑

资源的可持续发展不仅关注资源的有效使用，还关注对环境和社会的影响。这可能意味着团队需要采取措施来减少其活动对环境的影响，例如减少能源消耗，或者采用更环保的材料。同样地，团队需要考虑其行动对社会的影响，例如保护员工的权益，或者在其活动中考虑公平性和包容性。

# 团队权力分布

团队权力分布涉及在团队中各个成员之间如何分配决策权和责任。这是一种组织行为，在影响团队动态和生产效率的同时，也会影响到团队的激励、沟通和决策过程。权力的分配不仅包括实际的决策权力，还包括对信息的访问权、资源的分配权等。

权力分布可以根据不同的需要和情境进行调整。比如，一种高度集中的权力分布结构可能在需要快速决策的紧急情况下效果良好。然而，当团队面临复杂的问题，需要用各种专业知识和观点来进行深思熟虑的决策时，分散的权力分布结构可能更为有用。

以下是权力分布的两种主要类型。

## 一、集中式权力分布

集中式权力分布，又称为权力集中或者权力中心化，是指在一个团队或组织中，决策权主要集中在一人或少数几人手中。在这种模式下，关键部分的决策权在团队的领导者或者一小部分核心成员手中。这些人制定主要的战略和决策，然后由其他团队成员执行。

（一）优势

快速决策：由于决策权在少数人手中，决策过程通常会更快，特别是在需要迅速应对紧急情况时。

统一的方向：在领导者或核心成员的指导下，所有团队成员可以朝着一个统一的方向努力。

有明确的责任和责任归属：由于决策权在特定的人员手中，他们必然要对决策结果负责。

（二）劣势

缺乏参与感：如果大部分决策由一小部分人做出，其他成员可能会感到被排除在决策过程之外，从而影响他们的参与度和动力。

可能忽视其他观点：在集中式权力分布下，有可能会忽视或者低估其他团队成员的观点和想法，特别是在处理复杂问题或者需要创新思维的情况下。

高度依赖领导者：集中式权力分布很大程度上依赖于领导者的能力和判断，如果领导者出现问题，可能会对整个团队或组织造成巨大影响。

集中式权力分布适用于那些需要快速决策、高度协调及清晰指导的环境。然而，为了应对复杂性和不确定性，许多组织正在尝试更多地实施分散式权力分布。

## 二、分散式权力分布

分散式权力分布是一种管理模式，权力不集中在单一的领导者或小部分人手中，而是在组织或团队的所有成员之间分散。这意味着每个团队成员都在决策过程中拥有一定的发言权，并且承担一部分责任。这种模式尤其适用于那些需要多样化视角和创新解决方案的复杂问题。

以下是分散式权力分布的一些核心要素。

**（一）共享决策**

在分散式权力分布的环境中，每个团队成员都有权参与决策过程。这可以鼓励团队成员更积极地参与和投入工作中，同时可能出现更广泛的视角和创新的解决方案。

**（二）赋能**

分散式权力分布的目标是赋予每个团队成员足够的权力，使他们能够独立完成工作并对结果负责。这种赋权行为不仅可以提高团队成员的积极性，也有助于提升他们的工作满意度。

**（三）增强参与感**

当团队成员感觉到他们的观点和建议被认真对待时，他们通常会更愿意投入工作并提供有价值的反馈。这样不仅可以增强团队的凝聚力，也有助于提高团队的生产力。

然而，分散式权力分布也有其要面对的挑战。例如，如果没有明确的责任归属和决策机制，可能会导致决策过程混乱和效率低下。因此，成功实施分散式权力分布需要建立明确的沟通渠道，确保所有人都了解他们的职责，并建立一个有效的决策机制。

无论选择哪种类型的权力分布结构，都应根据团队的具体需求、成员的技能和经验及环境的特点来进行调整。例如，许多成功的团队会根据项目的需求和所处阶段来动态地调整权力分布结构。

在本章中，我们学习了团队资源的整合是团队成功的关键因素。通过识别和整合资源，我们可以最大限度地利用团队内外的资源，提高团队的工作效率和效果。当然，这需要我们不断地学习和改进，以适应不断变化的环境和需求。

最后，让我们通过几个问题来回顾一下这一章的内容：你如何识别你的团队中的资源？你如何公平地分配这些资源？你是如何鼓励团队成员分享和利用资源的？你是如何确保资源的整合与团队的需求保持一致的？通过思考和回答这些问题，你可以更好地理解和应用在这一章中学到的知识，并把这些知识运用到你的团队中去。

**【讨论】**

假设一个项目需要开发一个新的软件。在分配团队资源时，管理者首先需要了解什么？例如，如果项目需要进行前端开发，谁将被优先考虑？除此之外，在分配任务时，管理者还要考虑每个成员的哪些方面？

**[分析]**

在分配团队资源时，管理者首先要了解每个团队成员的技能和经验，然后根据项目的需求和优先级，将任务分配给合适的成员。

　　如果项目需要进行前端开发，那么前端开发人员将被优先考虑。在分配任务时，管理者还会考虑每个成员的工作负荷和可用性，确保任务能够合理分配，避免过载或闲置。

　　管理者还需定期与团队成员进行沟通，了解他们的工作进展和需求，以便及时调整资源分配。同时，管理者需要鼓励团队成员之间进行合作，以提高整个团队的绩效和效率。如果项目中出现了变化或紧急情况，管理者要灵活调整资源分配，以满足项目的需要。

# 第四章　团队培训

众所周知，"知识就是力量"，而在我们建设和发展团队的过程中，获得这种力量的途径之一是通过培训。在我们探讨了团队的定义、团队管理的职能与过程、团队发展历程与类型等之后，我们必须回到团队的本质——人。人的技能、经验和能力是任何组织的核心。然而，随着技术的进步和商业环境的不断变化，团队成员需要持续学习和发展新的技能以保持竞争力。

本章将深入探讨团队培训的重要性及实施方法。我们将从人员配备的任务、程序和原则开始，进一步解析人员选聘过程，然后讨论如何正确地评估人员的表现，最后着重探讨人员培训的目标和方法。通过这些内容，我们将理解如何通过有效的培训策略，不断提升团队的能力，进一步推动团队的发展。同时，我们将明确团队成员如何通过个人技能的提升更好地服务团队，以实现个人和团队的共同成长。

## 第一节　人员配备

任何一支团队的成功都离不开其成员的专业技能和努力。因此，在团队建设的过程中，人员配备是一个至关重要的步骤。它不仅决定了团队的能力和潜力，也直接影响了团队的氛围和文化。简单来说，人员配备就是将最适合的人放在最合适的位置。这涉及两个关键问题：谁是最适合的人？什么是最合适的位置？这两个问题都需要我们深入理解团队的需求和目标，以及每个成员潜在的技能、经验和兴趣。此外，我们需要考虑团队的长期发展，以确保我们选的人不仅能满足现在的需要，也能适应未来的挑战。

在这一节，我们将探讨人员配备的任务、程序和原则，以理解如何在构建团队时选择最合适的成员。

### 人员配备的任务

人员配备的任务是确定和分配组织内的工作角色，并确保这些角色能够满足组织的当前需求和未来需求。从组织角度来看，任务包括确定需要的角色和技能，选择合适的人员，以及持续评估和调整配备策略。从个人角度来看，任务包括理解和接受工作角色，发展和提升技能，以及在组织内获得满足感。

## 一、组织角度

### （一）确定需要的角色和技能

组织需要确定执行特定任务和实现组织目标所需的角色和技能。这通常需要对组织的业务流程、工作流程进行全面审查，明确每个流程的具体需求。

### （二）选择合适的人员

基于确定的角色和技能，组织需要从内部员工或外部市场中选择最适合的人员。这通常涉及人力资源筛选、面试、背景调查等流程。

### （三）持续评估和调整策略

组织需要定期评估其人员配备的效果，看是否达到预期的目标。这可能涉及绩效评估、员工满意度调查等。如果人员配备的效果不理想，组织需要进行相应的调整，例如调整工作角色，或者调动、培训或更换人员。

## 二、个人角度

### （一）理解和接受工作角色

员工需要理解并接受他们的工作角色，包括角色的任务、责任和期望。他们需要清楚自己的工作范围，以及如何与其他团队成员协作。

### （二）发展和提升技能

员工需要持续发展和提升自己的技能，以适应工作角色的需求。这可能涉及接受培训，学习新的知识或技能，或者寻找机会来实践和提高现有的技能。

### （三）在组织内获得满足感

员工需要在组织内获得满足感，感觉他们的工作是有意义的，而且他们的努力被组织认可和赏识。这可能涉及在工作中寻找挑战，找到个人成长的机会，或者参与组织的决策过程。

总的来说，人员配备的任务既包括组织层面的战略规划和执行，也包括个人层面的理解、接受和发展。只有当这两个层面都被充分考虑和有效执行时，人员配备才能达到其预期的效果，即建立一个既能实现组织目标又能满足员工需求的高效团队。

# 人员配备的程序

人员配备是组织管理的重要一环，其目标是确保组织有充足的、适合的人员来完成既定的任务和目标。人员配备包括人员需求预测、人员获取、人员选择、人员配备及人员保留等步骤。这个过程需要从组织和个人两个角度进行考虑。

从组织角度来看，人员配备的目标是找到并留住那些最有可能帮助组织实现其战略目标的人员。因此，人员配备的程序通常如下。

## 一、人员需求预测

这一步需要根据组织的战略目标、业务计划及市场趋势来预测未来一段时间内的人员需求。这包括预测需求的数量（需要多少人）和种类（需要什么样的人）。

## 二、人员获取

这一步主要是通过内部和外部的途径来获取足够数量的候选人。内部途径主要是内部推荐和内部选拔，外部途径则包括校园招聘、网络招聘、猎头公司招聘等。

## 三、人员选择

这一步是通过面试、测试等手段来评估候选人的能力和适应性，以确定最合适的人选。这要求评估者有高度的专业性和公正性。

## 四、人员配备

这一步是根据组织的需求和人员的特长来决定如何分配和利用人员。这需要考虑到人员的个人发展目标和职业规划。

## 五、人员保留

这一步是通过各种手段（如提供吸引人的待遇和福利、良好的工作环境、发展机会等）来留住优秀的人员。

从个人角度来看，人员配备的目标是帮助每个人找到最适合自己的位置，并帮助他们实现自己的职业目标。因此，人员配备的过程包括对个人职业发展的规划和管理，这包括确定个人的长期和短期职业目标、提供职业培训和发展机会、进行职业咨询和指导等。这一过程要求组织能够尊重和支持个人的职业选择，同时要求个人能够积极参与和对自己的职业发展负责。

# 人员配备的原则

实施人员配备对组织和个人都至关重要。从组织角度来看，人员配备是实现组织战略、完成工作任务，以及提高组织绩效的基础。而从个人角度来看，人员配备影响了员工的工作满意度、职业发展，以及对工作的投入等。

那么，如何在实施人员配备时既考虑到组织的需要，也照顾到个人的需求和发展呢？这就需要我们遵循以下三个原则。

## 一、公平性原则

人员配备应该是公平、公正和透明的，每个员工都应该有公平的机会得到适合自己的职位，而且他们的工作表现和贡献应该得到公正的评价。

## 二、匹配性原则

实施人员配备时应该尽可能地将员工的技能、经验和兴趣与职位的需求和要求相匹配。这不仅可以提高员工的工作效率和满意度，也可以提高组织的绩效。

## 三、灵活性原则

由于市场的变化和技术的更新，人员配备需要具有一定的灵活性，以适应这些变化。这就需要组织在实施人员配备时，能够快速地调整策略，以满足新的需求。

总的来说，有效的人员配备是在满足组织目标的同时，关注员工的需求和发展，实现组织和员工的双赢。这就需要我们在实施人员配备时，始终遵循公平性、匹配性和灵活性的原则。

## 【案例】初创科技公司人员配备策略

某初创科技公司专门从事人工智能和机器学习领域的研发和应用。由于行业竞争激烈，该公司需要在短时间内组建一支高效的团队，以快速推动产品研发和市场拓展。

### 一、招聘核心团队成员

公司首先集中精力招聘核心团队成员（高管）。这些高管需具备丰富的行业经验和独特的专业技能，以便在战略规划、技术研发、财务规划和运营管理等方面发挥关键作用。

### 二、组建专业技术团队

为了满足产品研发的需求，公司着手组建了一支高效的技术团队。团队成员需具备人工智能和机器学习领域的专业知识和技能，同时具备良好的团队协作能力。通过校园招聘和社会招聘，公司成功吸引了一批优秀的研发人员和技术专家。

### 三、配备市场和销售团队

为了拓展市场和提升品牌知名度，公司配备了一支市场和销售团队。团队成员需了解行业动态和市场趋势，同时具备丰富的销售经验和出色的沟通能力。通过多渠道招聘和社会资源整合，公司招募了一批资深的营销人员和销售代表。

### 四、搭建支持团队

为了确保公司运营顺利进行，公司还搭建了支持团队，包括人力资源、行政、法务和财务等部门。这些部门的员工需具备专业的知识和技能，能够为公司提供全方位的支持。

### 五、灵活调整人员配备

随着业务发展和市场变化，公司需灵活地进行人员调整。通过内部培训和外部招聘，公司能够迅速找到合适人员填补关键岗位的空缺，以确保团队的稳定性和高效性。

［点评］

该初创科技公司在人员配备方面体现了以下五个关键优势。

### 一、聚焦核心团队

该公司优先招聘核心团队成员，确保了公司在战略规划和日常运营方面高效决策。

### 二、组建专业技术团队

通过组建专业技术团队，公司能够迅速推进产品研发和市场拓展，提升了在行业中的竞争力。

### 三、配备市场和销售团队

配备市场和销售团队，提升了公司的品牌知名度和市场份额，加强了与客户的联系和沟通。

### 四、搭建支持团队

搭建支持团队确保了公司日常运营顺利进行，为员工提供了全方位的支持和服务。

### 五、灵活调整

该公司能够根据业务发展和市场变化灵活地进行人员调整，确保了团队的稳定性和高效性。

## 第二节　人员选聘

选聘团队成员是团队构建的核心过程，这关系到团队能否具备实现其目标的必要技能和能力。对团队人员的选聘过程有深入的理解，将帮助我们为团队挑选出最有可能推动团队成功的人选。本节将详细介绍团队人员选聘的重要性、选聘标准及选聘程序和方法。

## 团队人员的确定

确定团队人员主要依据团队的目标和任务及团队的角色配置。首先，我们需要明确团队的使命和长期目标。这些目标和使命将为我们确定需要的技能、经验和角色提供框架。然后，我们需要详细列出每个角色的职责，以及履行这些职责所需要的技能和经验。

我们还要注意团队的多样性，包括性别、年龄、文化、教育背景等。多样性可以增强团队的创新性和适应性，也有助于避免团队中出现群体思维的问题。以下是详细的步骤。

### 一、确定团队目标和任务

在确定团队人员之前，需要明确团队的目标和任务，了解团队需要完成的具体工作。这个阶段的结果将直接影响到团队成员选择的标准。

### 二、确定所需技能和能力

根据团队的目标和任务，确定所需的技能和能力。例如，一个项目管理团队可能需要包括具有项目管理、财务分析、人力资源管理等不同技能的成员。你需要列出一个清晰的技能和能力清单，以指导人员选择。

### 三、确定角色和职责

基于以上两步，确定团队中需要的角色，以及他们的职责和权力。每个角色都应该有明确的职责，同时，他们之间需要有良好的互补性，以确保团队的整体性能。

### 四、筛选和选拔人员

根据前面确定的标准，进行人员筛选和选拔。该步骤可能包括候选人的技能和能力评估、面试，甚至团队合作能力的测试等环节。

整个过程需要精心设计和有效实施，因为一个有着良好人员配置的团队能更好地完成任务，提高工作效率和员工的满意度与参与度。

## 团队人员的来源

团队人员的来源可以分为内部招聘和外部招聘。内部招聘可以充分利用公司的人才资源，提高员工的满意度和忠诚度，节省招聘成本。外部招聘可以引入新的观念和技能，增强团队的创新性和灵活性。团队人员的来源主要有以下四种方式。

## 一、内部选拔

这是最常见的团队人员的来源。内部选拔可以提升员工的积极性和忠诚度。有时候，现有的员工可能已经具有必要的技能和经验，或者有潜力通过培训和发展来满足团队的需求。此外，内部选拔有助于降低员工流动率。

## 二、外部招聘

当组织内部没有适合的人选或者需要新的视角和技能时，可以通过外部招聘来获取团队成员。外部招聘包括通过招聘网站、社交媒体、职业招聘会等渠道发布职位信息，或者通过招聘公司进行人才寻访。

## 三、合作伙伴

有时候，公司会与合作伙伴一起建立一个团队，共同完成一个项目。这样的合作伙伴可能是其他公司、独立顾问、学术机构或非营利机构。通过这种方式，团队可以充分利用各方的专业知识和资源。

## 四、实习生或学徒

公司也可能通过实习生或学徒项目获取团队成员。这样的项目通常为参与者提供实践经验，同时为公司提供一种评估他们能力和潜力的方式。

在确定团队人员的来源时，需要考虑到组织的需求、资金预算、时间框架及可用的人力资源等因素。每种来源都有其优点和缺点，因此需要根据具体情况进行选择。

# 选聘标准

选聘标准通常基于团队的使命、目标和角色配置。一般来说，选聘标准应包括技能和经验、教育背景、团队适应性、工作态度、领导潜力等因素。此外，应遵守平等就业机会的原则，不得因年龄、性别、种族、宗教信仰或身体条件等进行歧视。在选择团队成员时，以下是一些基本的选聘标准，这些标准也通常被用于制定更具体的选聘程序和方法。

## 一、技能和经验

技能和经验需要以全面和深思熟虑的方式来评估。团队在选聘人员时应明确知道自身在寻找什么样的技能和经验，以及这些技能和经验如何帮助团队实现其目标。

（一）技能

技能是指个体能够有效地执行某些特定任务的能力。它可以包括硬技能，如编程、数据分析、财务管理、项目管理等，也可以包括软技能，如沟通、领导力、决策制定、创新思维等。记住，重要的不仅仅是候选人现有的技能，他们学习新技能的能力和速度也同样重要。

（二）经验

经验是指候选人在过去的职业生涯中积累的知识和洞察力。具有相关经验的候选人可能更容易理解和处理团队可能面临的挑战，并且能够带来有价值的见解和解决方案。

## 二、价值观和文化适应性

这是招聘过程中的非常关键的考察因素，它直接影响到员工能否融入团队并积极贡献力量。这一标准包含两个方面：价值观的一致性和文化适应性。

**（一）价值观的一致性**

每个团队或组织都有自己的价值观，这是它们的行动原则和决策标准。价值观反映了团队的目标、优先事项和工作方式。

**（二）文化适应性**

组织文化是指团队或组织中普遍存在的一种行为和心理模式，它包括共享的价值观、信念和习惯。文化适应性指的是一个人能否适应这种组织文化。

## 三、潜力和学习能力

潜力和学习能力是评估团队候选人的重要因素，它们强调的是候选人的成长空间和适应性，而不仅仅是他们的现有技能和经验。

**（一）潜力**

这通常指的是候选人的潜在能力或能力的提升空间。它强调的是候选人的可能性，而不是他们现在的实际状态。

**（二）学习能力**

这是候选人学习和掌握新知识与技能的能力。在一个快速变化的工作环境中，学习能力是非常重要的。员工需要持续学习以保持他们在技能和知识方面的更新。

## 四、个性特征

在团队构建过程中，考虑团队成员的个性特征是至关重要的，因为不同的个性特征将决定他们在团队中的互动方式，从而影响团队的效能和凝聚力。以下是一些在组织行为学和心理学中广泛认可的个性特征，它们被用来衡量和描述个体差异的重要维度。

**（一）尽责性（conscientiousness）**

有尽责性的人通常非常有组织性，对完成工作非常认真，他们倾向于按时完成任务，并注重细节。这种特征对于需要确保精确、有序的工作以及需要持续关注的任务特别有价值。

**（二）外向性（extraversion）**

外向的人善于与他人交往，他们在人际交往中感到舒适，通常在团队环境中很受欢迎。这种特征对于需要频繁沟通、建立人际关系的角色或需要影响力的工作特别重要。

**（三）开放性（openness）**

开放的人更能接受新想法和经验，他们常常充满好奇心，善于创新。在需要创新思维、解决复杂问题的环境中，开放的人往往更能胜任。

**（四）宜人性（agreeableness）**

宜人的人倾向于与他人建立和谐的关系，他们通常更加同情他人，愿意协助他人。在需要团队合作或客户服务的环境中，这种特质尤为重要。

**（五）情绪稳定性（emotional stability）**

情绪稳定的人通常更能有效地面对压力和挫折，他们在面对困难时能保持冷静和理智。在需要高压力决策或面对挑战的情况下，保持情绪稳定性是非常宝贵的品质。

以上这些特征，被合称为"大五人格特征"模型，是评估和描述个性的一个主流框架。在选聘团队人员时，理解和评估这些特征有助于预测他们可能的工作表现以及他们如何与团队中的其他成员互动。当然，每个人都是独一无二的，他们的个性特征可能在不同的情境中表现出来，因此在实际应用中，应结合具体的工作情境和团队环境进行考虑。

## 选聘程序和方法

### 一、确定人员需求

确定人员需求是进行选聘的第一步，也是最重要的一步。这涉及了解团队的当前状态和未来目标，并根据这些信息确定所需的新成员角色。在这个阶段，管理者需要明确团队缺少哪些技能和能力，或者哪些新角色可能有助于团队实现其目标。

这一步通常涉及进行工作分析，以明确新职位的主要职责和必需的技能、知识和经验。工作分析通常采用与当前员工的访谈、现场考察和查阅相关文献等手段。这个过程不仅可以帮助确定工作的实际需求，也可以帮助确定工作的级别和相应的薪酬范围。

### 二、公布职位

确定人员需求后，下一步是将职位信息发布到适当的招聘平台。这可能包括公司网站、招聘网站、社交媒体或行业专门网站。职位信息应该清晰、完整、诚实地描述职位的主要职责、必要的技能和资历、工作时间和地点、薪酬范围和申请过程。此外，可以考虑在职位广告中添加公司文化、价值观和福利等信息，以吸引与公司理念相符的候选人。

### 三、筛选简历

收到申请后，人力资源部门或招聘团队需要筛选简历，选择符合职位要求的候选人进行初步面试。简历筛选可能基于一系列标准，如教育背景、工作经验、技能证明、参考资料等。在大量申请中筛选出合适的候选人可能是一项挑战，可能需要使用预先设定的筛选标准和候选人评分系统。

### 四、初步面试

初步面试通常旨在进一步评估候选人的技能和经验，了解他们是否适合这个角色和公司。这可能包括标准化的面试问题，也可能包括更开放的对话。此阶段的目标是缩小候选人范围，选择一小部分有可能成功的候选人进入下一轮面试。

### 五、深度面试

深度面试是为了更深入地了解候选人的技能、知识和个人特质，以及他们对团队和公司文化的适应性。面试官可能会提出更为具体和深入的问题，以评估候选人在实际工作环境中的可能表现。这种面试通常由团队的关键成员或领导进行，可以以一对一的形式进行，也可以采用小组面试的方式。深度面试可以采用行为面试法、情景面试法或其他技术，以评估候选人的能力和潜力。

### 六、测试和评估

根据职位的具体要求，管理者可能需要对候选人进行技能测试、心理测试或其他相关评估。例如，对于需要特殊技能的职位，可能需要进行技能测试以确认候选人是否具备必要的能力。心理测试可以用于评估候选人的人格特征、动机、价值观等。此外，一些组织可能会使用评估中心的方法，让候选人参加模拟的工作任务，以评估他们的实际工作能力。

## 七、背景调查和引用检查

背景调查和引用检查是为了确认候选人提供的信息的准确性，并获取他们过去的工作表现信息。背景调查可能包括核查教育背景、工作经历、犯罪记录等。引用检查则通常涉及与候选人过去的同事、上级或下属进行交谈，了解他们对候选人的评价。这一步虽然不是必需的，但对于一些关键职位或需要特殊信任关系的职位来说，这是一个重要的步骤。

## 八、发放工作邀请

这是选聘过程的最后一步，涉及向最终选择的候选人发出工作邀请，并与他们协商工作条件，包括薪酬、福利、工作时间、工作地点等。如果候选人接受了工作邀请，那么就可以开始入职培训和其他入职程序。

### 【案例】腾讯选聘策略

腾讯是中国领先的科技巨头之一，其成功部分归功于其独特且高效的人员选聘策略。

**一、校园招聘**

腾讯非常重视从一流大学招聘优秀毕业生。每年它都会到全国一流高校进行招聘，通过笔试、面试等环节选拔出有潜力的候选人。腾讯的校园招聘不仅关注学生的学业成绩，还注重他们的实际项目经验、团队合作能力和创新思维。

**二、内推制度**

腾讯鼓励在职员工推荐优秀人才，并为推荐成功的员工提供奖励。这种内推制度有助于吸引更多高质量的候选人，因为他们可能更愿意信任已经了解公司文化的员工的推荐。

**三、多元化招聘**

腾讯注重招聘不同背景和技能的员工，以增强团队的多样性和创新能力。它积极招聘女性、少数民族和残障人士，并确保所有员工都有平等的机会展示他们的才能。

**四、文化和价值观匹配**

在面试过程中，腾讯不仅关注候选人的技能和经验，还注重评估他们是否可以适应公司的文化和价值观。它认为只有那些与公司有共同价值观和目标的员工才能为公司的长期发展作出贡献。

[点评]

腾讯的人员选聘策略体现了四个主要的优势。

首先，通过校园招聘，它成功地吸引了一流大学的优秀毕业生，为公司注入了新鲜血液，有利于提供创新思维。

其次，内推制度有助于扩大招聘渠道，提高招聘效率，同时增强了员工对公司的归属感。

再次，多元化招聘策略增强了团队的多样性和创新能力，有助于公司在竞争激烈的市场中保持领先地位。

最后，注重文化和价值观匹配以及持续培训和发展，确保了员工与公司的长期目标保持一致，提高了员工的工作满意度和忠诚度。

然而，腾讯的人员选聘策略也面临一些挑战。例如，如何在大量应聘者中准确识别出有潜力的候选人，如何在招聘过程中保持公平性和客观性，以及如何在快速发展的行业领域中持续更新招聘标准和要求。尽管如此，腾讯通过不断调整和优化其人员选聘策略，成功地构建了一支高效、多元且富有创新精神的团队，为其在科技行业处于领导地位提供了有力的支持。

## 【讨论】

某招商局为市政府直属全额预算事业单位，是负责所在区域招商任务的政府部门。其主要职责有拟定区域招商引资的发展战略和规划，贯彻执行国家、省关于对外开放、招商引资工作的法律法规和方针政策，征集、筛选、整理、统计、汇总全市招商引资项目等。

近年来，该招商局招商引资数量快速攀升，综合指标连续位列省内第一方阵，对人才的需求量也逐渐增大。除了通过内部人才培养以外，该招商局希望通过选聘外部成熟的、高学历、高潜力人才，快速支持招商工作开展。但是，在选聘工作实施过程中，该招商局遇到了一些难题。前期所招到的员工无法胜任岗位职责、人才流动性大、合适人才短缺等问题层出不穷，阻碍了该招商局工作的迅速推进与开展。另外，不少候选人纷纷反映部门选聘流程与标准不明确，人才选聘准备工作受阻，无法充分发挥个人能力。在此背景下，该招商局领导经过讨论，一致决定邀请专家团队对选聘流程进行优化。

如果你是专家团队成员，你将如何帮助该招商局完成人才选聘工作的优化？

## [分析]

专家团队对该招商局的选聘工作进行了解后发现：在选聘方面存在选聘流程不规范、选聘标准不明确、人员流失率高、人员与岗位不匹配等问题，影响单位的进一步发展的同时，也造成了其在选配环节的能力欠缺。

## 【讨论】

网上疯传的"华为面试题"如下：

请你描述一次你在团队中扮演关键角色的情况。这次经历对你的团队合作和领导能力有什么影响？

请你描述一个你曾经面对并成功解决的复杂问题。你是如何识别并解决问题的？

华为的企业文化强调"以客户为中心"，你是如何理解并实践这一理念的？

在你的职业生涯中，你最大的成就是什么？你是如何实现这个成就的？

请你描述一次你在工作中遇到的困难，并说明你是如何克服的。

如果你有机会改进我们公司的某个产品或服务，你会选择哪个方面进行改进？请说明理由和实施方案。

如果你被选中担任我们公司的一个高级职位，你会如何规划你的职业发展？

请描述一次你在工作中失去动力或遇到挫折的情况，你是如何重新振作起来的？

在你的观点中，最理想的团队应该具备哪些特质？请分享你建设理想团队的思路。

# 第三节　人员考评

在探讨了人员配备的任务、程序和原则，以及团队人员的选聘之后，我们现在将注意力转向团队人员的考评。考评，作为团队管理的一个重要环节，可以在很大程度上影响团队的效能和士气。有效的考评不仅可以提升团队的绩效，而且可以增强员工的满意度，以及提升他们的工作投入度。

## 考评内容

团队人员的考评通常涵盖工作成果、工作技能、工作态度、沟通能力及团队合作等方面。其中，工作成果是对员工完成工作任务的量化评估，而其他几个方面则是对员工工作质量的评估。所有这些因素都是决定一个员工能否在团队中发挥有效作用的关键因素。

### 一、目标达成情况

团队成员是否完成了他们的个人目标和团队目标？他们是如何达成这些目标的？目标达成情况是对团队成员表现最直接的评价。

### 二、技能和能力

团队成员是否具备完成工作所需的技能和能力？他们是否展示出学习新技能和提升能力的努力？团队成员的技能和能力是他们工作表现的关键部分。

### 三、团队合作

团队成员是否有效地与其他人协作？他们是否支持团队的目标和价值观？团队合作能力是团队成员在团队环境中工作表现的重要方面。

### 四、创新和问题解决

团队成员是否提出新的想法和创新的解决方案？他们能否有效地解决问题？团队成员的创新和问题解决能力是他们对团队价值的重要贡献。

### 五、态度和行为

团队成员的工作态度和行为是否符合团队的价值观和期望？他们的专业态度如何？态度和行为是评估团队成员是否适合团队文化的重要方面。

### 六、发展和成长

团队成员是否有意愿和能力在个人和职业发展方面取得进步？他们是否积极寻求反馈和学习新知识？团队成员的发展和成长是他们在团队中持续提供价值的重要因素。

通过对以上各项内容的评估，可以全面理解团队成员的工作表现，并有针对性地提供反馈和支持。

## 工作报酬的计算

在任何组织中，工作报酬的计算都是一项重要的任务。薪酬对于吸引、留住和激励团队成员具有决定性作用。有效的薪酬体系能够体现组织的价值观，并建立对获得高绩效的鼓励机制。

根据相关的理论，工作报酬可以分为直接和间接两种类型。直接报酬包括基本薪酬、奖金和股份等，而间接报酬包括福利、退休计划和股票期权等。这两种类型的报酬应根据团队成员的贡献、工作性质、工作要求及市场竞争情况等多个因素来确定。

对于工作报酬的计算，我们需要结合工资调查数据、内部公平性、外部竞争性及组织策略等因素，设定薪酬等级和范围。这需要薪酬专家、人力资源部门和管理者紧密合作。此外，工作报酬的透明度也是一项关键的因素，因为它能够提升员工的满意度和信任度，降低离职率。

## 考评的周期

考评周期是一个非常关键的组成部分，在进行团队人员考评时需要详细规定。考评周期决定了团队成员接受反馈和评估的频率。清楚地规定考评周期不仅能使团队成员有明确的期望，也能为团队管理者提供稳定、连续的参考依据，以便做出人员配置或发展的决策。

### 一、日常考评

日常考评是最频繁的考评方式，通常在团队成员完成特定任务或项目后立即进行。这种考评方式可以提供及时的反馈，使团队成员能够快速了解他们的表现，并针对反馈做出调整。然而，由于日常考评通常专注于具体任务，因此可能无法全面评估团队成员的整体表现。

### 二、季度考评

季度考评的频率较低，通常每季度进行一次。这种考评方式可以让团队成员有足够的时间准备和提升，同时让管理者有足够的时间观察和评估团队成员的表现。季度考评可以提供一个更全面的评估，不仅关注团队成员的短期目标达成情况，还关注他们对长期目标的贡献。

### 三、年度考评

年度考评是最常见的考评方式，通常在每年结束时进行。年度考评可以提供一个全面的评估，关注团队成员一整年的表现。这种考评方式可以帮助团队成员和管理者了解他们在过去一年中的工作表现，以便设定下一年的目标和发展计划。

当然，具体的考评周期需要根据团队的具体情况来确定。不同的团队可能需要不同的考评频率。如果团队的工作内容变化较快，那么可能需要较频繁地考评以便及时提供反馈。反之，如果团队的工作内容变化较慢，那么可能更适合使用较长的考评周期。

# 考评的挑战与解决方法

团队人员考评中的挑战来自多个方面，包括考评的公正性、准确性及反馈有效性等。以下详细解析这些挑战并给出相应的解决方法。

## 一、考评的公正性

公正性主要涉及是否所有团队成员都能被平等地对待，而不会因为偏见、偏好或误解而受到不公平的评价。对于这个挑战，一个有效的解决方法是建立一个明确且公开的考评标准和流程。通过明确且公开的标准，每个团队成员都可以了解他们的工作表现是如何被衡量的，从而使考评结果更具公正性。

## 二、考评的准确性

准确性涉及如何准确地评估每个团队成员的表现，尤其是在团队工作中，某些贡献可能难以量化或者可能被忽视。解决此挑战的方法包括使用多元化的考评方法和多源反馈，即不仅参考主管的评价，还参考同事和下属的反馈，以及使用目标管理、关键绩效指标（KPI）等工具来量化或者客观地衡量工作表现。

## 三、考评的反馈有效性

即使有了公正和准确的评价，如果不能有效地传达给员工，那么考评的作用也将大打折扣。很多情况下，员工可能会对负面反馈产生抵触情绪，或者对模糊的反馈感到困惑。为了解决这个问题，领导需要培养良好的沟通技巧，包括如何表达批评，如何提供具体、清晰和有建设性的反馈。同时，为员工提供改进的机会和资源，如培训和指导，也能提升考评反馈的有效性。

以上只是一部分考评的挑战与解决方法，对它们进行具体应用时还需要根据团队的实际情况进行微调和优化。

### 【案例】 制度的力量

这是历史上一个制度建设的著名例证。

18世纪末期，英国政府决定把犯了罪的英国人统统发配到澳大利亚去。

一些私人船主承包从英国往澳大利亚大规模地运送犯人的工作。英国政府实行的办法是以上船的犯人数支付船主费用。当时那些运送犯人的船只大多是由一些很破旧的货船改装的，船上设备简陋，没有什么医疗药品，更没有医生。而且船主为了牟取暴利，尽可能地多装人，因此船上条件十分恶劣。一旦船只离了岸，船主按人数拿到了政府的钱，对于这些人远涉重洋后能否活着到达澳大利亚就不管不问了。有些船主为了降低费用，甚至故意断水断食。三年以后，英国政府发现：运往澳大利亚的犯人在船上的死亡率达12%，其中最严重的一艘船上424个犯人死了158个，死亡率高达37%。英国政府费了大笔资金，却没能达到大批移民的目的。

英国政府想了很多办法。每一艘船上都派一名政府官员监督，再派一名医生负责犯人和医疗卫生，同时对犯人在船上的生活标准做了硬性规定。但是，犯人死亡率不仅没有下降，有的船上的监督官员和医生竟然也不明不白地死了。原来一些船主为了贪图暴利，贿赂官员，如果官员不同流合污就会被扔到大海里喂鱼。政府支出了监督费用，犯人却照常大量死亡。

政府又采取新办法，把船主都召集起来进行教育培训，教育他们要珍惜生命，要理解去澳大利亚去开发是为了英国的长远大计，不要把金钱看得比生命还重要。但是情况依然没有好转，犯人死亡率一直居高不下。

一位英国议员认为是那些私人船主钻了制度的空子。而制度的缺陷在于政府给予船主的报酬是以上船人数来计算的。他提出从改变制度开始：政府以到澳大利亚的人数为准计算报酬，不论你在英国上船时装多少人，到了澳大利亚上岸的时候再清点人数支付报酬。

问题迎刃而解。船主主动请医生跟船，在船上准备药品，改善生活，尽可能地让每一个上船的人都健康地到达澳大利亚。因为一个人就意味着一份收入。

自从实行上岸计数的办法以后，船上的死亡率下降了（在1%以下）。有些运载几百人的船只经过几个月的航行竟然没有一个人死亡。

**[点评]**

这个故事告诉我们，绩效考核的导向作用很重要，企业的绩效导向决定了员工的行为方式。如果企业认为绩效考核是惩罚员工的工具，那么员工就会为了避免犯错而忽视创造性。忽视创造性，就不能给企业带来战略性增长，企业的目标就无法达成。如果企业的绩效导向是组织目标的达成，那么员工的行为就趋于与组织目标保持一致。员工会共享组织目标，理解上级意图，并制定切实可行的计划，与上级成为绩效合作伙伴，在上级的帮助下不断改善，最终支持组织目标的达成。

# 第四节　人员培训

培训是任何组织生存、发展和提升竞争力的重要手段，更是团队建设过程中的关键环节。本节将以团队人员的培训为主线，探讨培训的目标、设计和实施，以帮助我们理解如何通过有效的培训策略提升团队能力。

## 培训目标

一开始，我们需要确定培训目标。培训目标不仅要与团队目标相一致，也要能满足团队成员的职业发展需要。无论是提升团队现有的技能水平，还是提供新的技能学习机会，都是我们设定培训目标时需要考虑的方向。同时，我们需要为不同级别和角色的团队成员设计不同的培训目标，以便有针对性地提升其能力。

### 一、增强团队技能

根据团队的特性和工作要求，组织需要定期评估团队成员的技能水平，以确定是否需要进行技能方面的培训。例如，如果团队处于高科技行业，对技术更新速度要求较高，那么我们可能需要定期为团队成员提供新技术方面的培训。

## 二、促进个人发展

培训也是帮助团队成员实现个人职业发展的有效途径。组织可以设计针对团队成员职业发展目标的培训，如领导力培训、管理技巧培训等，帮助他们提升职业技能，实现职业发展。

## 三、增进团队合作

除了专业技能的培训，团队协作技能的培训也十分重要。如何有效地进行沟通、如何处理冲突、如何协调资源等都是可以通过培训来完成的。

## 四、提高适应性

随着组织环境的变化，团队可能需要快速适应新的工作环境、工作方式。在这种情况下，组织需要提供的培训可能包括新的工具使用、新的工作流程等。

## 五、塑造组织文化

培训也是传播和塑造组织文化的重要手段。组织可以通过培训向团队成员传达组织的价值观、期望的行为方式等，以更好地塑造和维护组织文化。

在设置培训目标时，需要注意的是，培训目标应具体、明确，并且可以衡量。这样，组织在后期就可以通过具体的指标来评估培训的效果，从而不断改进培训计划。

# 培训设计

在团队管理中，培训设计是一个极为重要的环节，因为它是实现培训目标的关键。设计过程应当以团队和个人的需求为出发点，兼顾团队战略目标与成员个人发展需求。

## 一、确定培训内容

在明确了培训的目标之后，组织需要确定培训的具体内容。比如，如果培训的目标是提高团队的沟通能力，那么培训内容可能会包括有效的沟通策略、冲突解决技巧等。在选择培训内容时，需要考虑团队当前的知识和技能水平，以及团队所处的环境和任务需求。

## 二、设计教学方法

在确定了培训内容之后，组织需要考虑如何将这些内容传授给团队成员。这可能涉及一系列的教学方法，比如讲座、工作坊、案例分析、角色扮演等。选择哪种方法，应该根据培训内容、团队成员的学习风格及培训环境来决定。

## 三、制定课程结构

良好的课程结构可以帮助团队成员更好地理解和掌握培训内容。课程应该有明确的开始、发展和结束阶段，每个阶段都应该有明确的学习目标。此外，还应该在课程中安排适当的复习和反馈环节，帮助团队成员巩固所学知识和技能。

## 四、设计评估机制

为了了解培训是否有效，组织需要设计一个合理的评估机制。这可能包括对团队成员的知识和技能的测试，对团队成员的反馈，以及对团队表现的观察等。评估结果将帮助组织了解培训的效果，以便对未来的培训做出适当的调整。

### 五、整合资源

培训设计还需要考虑资源的配置。这包括培训设施、培训材料、讲师等。在配置资源时，组织应该根据培训的目标和内容，以及团队成员的需求和期望，做出合理的决策。

总的来说，培训设计是一个需要全面考虑的过程，只有有良好的设计，才能保证培训的效果，从而提升团队的工作效率和协作能力。

## 培训实施

培训实施阶段则要注重创造良好的学习环境，激发团队成员的学习兴趣和积极性。组织可以选择专业的内部讲师或者外部培训机构进行培训。在具体实施过程中，组织需要实时跟踪并调整培训计划，以确保培训活动的效果。

### 一、选择合适的培训者

组织需要选择合适的培训者。在许多情况下，公司可能有内部培训部门或者经验丰富的高级团队成员能担任此角色。但在某些情况下，如对新技术或新方法的培训，或者对特定领域专业知识的培训，可能需要雇用外面的讲师或者咨询公司。培训者需要根据培训内容、团队成员的背景和经验，以及可用的资源来选择。

### 二、确定培训方法和形式

组织需要确定培训的方法和形式。这包括面对面课堂教学、线上教学或者混合模式等多种形式，以及讲座、小组讨论、模拟游戏、案例研究、实地考察、实习等多种教学方式。这些选择需要考虑培训内容的性质、团队成员的偏好，以及实际的物质条件和时间限制。

### 三、创建积极的学习环境

创建积极的学习环境也是培训实施阶段的重要任务。为了鼓励团队成员积极参与，让他们感受到培训的重要性，培训应该在一个鼓励提问、支持开放讨论、欢迎指出错误和积极学习的环境中进行。

### 四、进行实时跟踪和反馈

培训者应该在培训过程中不断观察和收集反馈信息，了解学员的理解程度和反应，从而调整教学策略和进度。此外，培训者还需要提供及时和具体的反馈，帮助学员理解他们的进步和需要改进的地方。

总的来说，培训的实施需要深思熟虑和周密计划。通过精心设计和执行培训计划，我们可以最大限度地提高培训效果，帮助团队成员提升技能，进一步推动团队的发展。

总的来说，团队人员的培训是一个复杂但极其重要的过程。它旨在提升团队成员的能力，增强团队的凝聚力，推动团队的创新和发展。团队管理者需要理解并掌握团队人员培训的理论和实践，通过科学的方法，让每一次培训都成为推动团队向前发展的一次契机。

#### 【案例】雀巢培训实例

拥有一百多年历史的雀巢起源于瑞士，是世界上最大的食品制造商。它最初是以生产婴儿食品起家。作为知名跨国公司，雀巢产品几乎遍布全球。

雀巢是一家致力于生产优质食品、创造美好生活的跨国公司，它十分关心自己的员工。在雀巢，管理者和员工之间形成了亲密无间的关系，使雀巢成为员工的首选雇主。据统计，2016 年雀巢公司全球雇员已经超过了 33 万人。

雀巢坚信，只有将本土人才和国际人才相结合，才能最好地发挥他们的潜质和能力，从而无论何时、何地、以何种方式，都能为消费者提供优质的雀巢产品。每年雀巢都会在国内和国外向众多员工提供良好的培训，包括在瑞士雀巢国际培训中心进行的培训。

### 一、持续、整体、系统的集体培训

雀巢十分重视员工的培训。雀巢认为，每一名员工都应该有机会去了解自己的天赋和愿望，并且要证明自己的果敢，这样才能够拥有与投入者所具备知识相符的职位。无论哪个国家的员工，只要他具备必要的能力和经验，就可以拥有更高的职位。

雀巢认为，通过向员工提供个人的、零散的、临时准备的培训来拓展他们的职业背景是远远不够的。培训必须以持续、整体和系统的方式进行，这个任务的重要性丝毫不逊于研发。企业的结构转变要求其业务部门必须在快速增长的基础上不断细分。与此相同，科学上的不断进步、技术的发展和世界经济的变革也需要有依据统一的整体计划进行的培训和进修活动。

无论是在瑞士总部还是在国外的分公司，针对新员工的培训课程和针对管理新生力量的进修课程是不同的。新员工参加的是专门为他们量身打造的入门课程，当他们掌握了这些初级的知识之后，将开始一个为期 1~2 年的实习。那些追求更高水平的员工则会参加进修课程。实习期后考核通过的员工也可以参加进修项目来获得额外的知识，如人力资源管理和企业管理等。此外，学习完某种课程的人如果想要巩固刚学到的知识，也可以再次参加这门课程。

永远不要满足于自己的所知，永远不要放弃学习，这是雀巢为其员工确定的原则之一。

对于雀巢而言，支持雀巢最出色的员工是十分重要的，这是应优先发展的政策。雀巢所做的不仅仅是在工作上推动员工前进，它认为员工还应该接受雀巢的企业文化、特有的生活和思维方式及不拘一格的风格。那些接受培训的员工，在总部学到的不仅仅是市场营销和工艺技术，还会结识到总部的管理团队，因为在这里讲课的、作报告的、与他们建立私人联系的和在培训时间以外的活动中出现的，都是公司的主管和专家。

### 二、针对高层人才的个人培训

除了集体培训之外，个人培训也是很重要的。雀巢认为，在直属上司的负责下进行实战培训也很有价值。当然，一个领导人才并不是可以迅速造就的，但是可以通过选择适当的具备良好管理水平的员工来达到这一点，并且协同他，使他取得重要的理论知识。

像雀巢这样的国际化大公司尤其注重高层人才的培养。这个层次的人员，必须做好随时从总部调往任何一个市场的准备，迅速地进行角色转换，并且能够掌握丰富的综合技能和对非主管部门情况作出正确评估。因此，挑选合适的预备人选和进行必要的培训是非常重要的。

早在 1957 年，雀巢就和洛桑大学合作建立了国际经济管理与发展学院（洛桑大学国际管理学院前身）。进入这所学院的前提条件是取得大学学位并具备相当的实际工作经验。此外，洛桑国际管理学院对所有学员一视同仁，无论他来自哪个国家、从事何种职业。因为在那里，他们既可以结识来自各行各业的同事，还可以提升自己的专业水平。

洛桑国际管理学院（IMD）是一所世界著名的企业经营管理培训学院，拥有 50 余年的教育和研究经验，为大中型国际商业社团及家族公司培训了大批经营管理人才。

2005 年 5 月，《金融时报》公布的全球最佳商业经营管理教育学院排名中，IMD 凭借其雄厚的师资力量和课程质量，名列全球第三，欧洲第一。在各分项目排名中，IMD 在师资力量、课程深度、满足理论和商业需求程度、可实际运用性方面排名全球第一；在课程准备、教学材料质量、理论和实际相结合、教学设施（包括教室、图书馆、信息技术设备等）、国际化程度方面排名全球第二；在课程设计、新技术应用效果方面排名全球第三。可以说，洛桑国际管理学院现在已经成为除位于法国枫丹白露的欧洲工商管理学院（IN-SEAD）以外的欧洲重要的经理培训地。与其他几十家公司一起，雀巢可以为它的员工提供具有国际水平的培训。

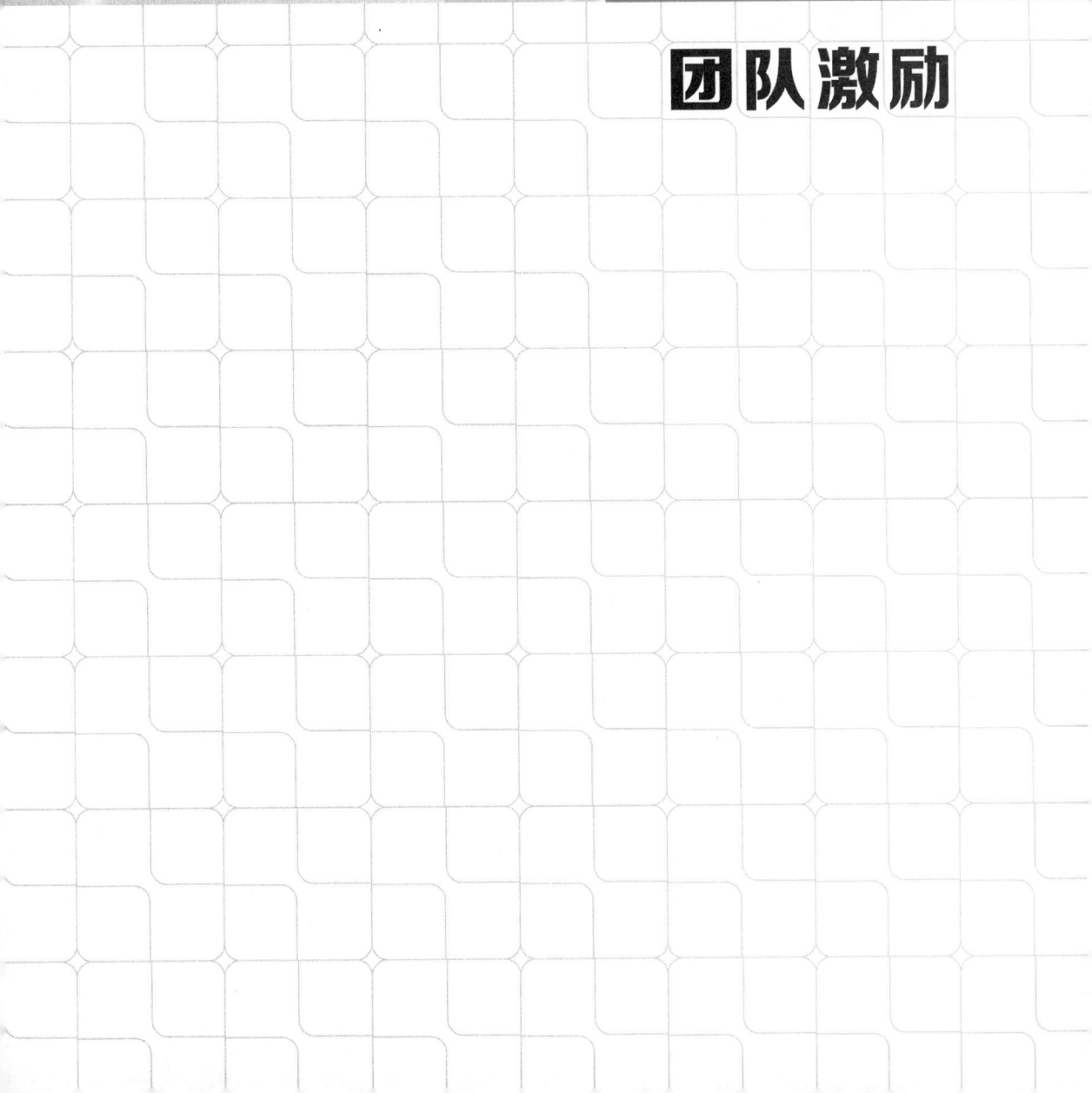

# 第二部分

# 团队激励

# 第五章　激励机制设计

当我们学习了团队的构建与培训，了解了团队的成立、发展和人员的配备过程，就会意识到，它们只是团队建设的起点。一个成功的团队，除了需要明确的目标、和谐的氛围，还需要一种内在的驱动力来推动其不断前行。这就引出了我们本章的主题——激励机制设计。

在管理学中，激励被认为是调动员工积极性、提高工作效率的重要手段。在团队管理中，激励不仅关乎个体，更是影响团队整体发展的关键因素。一套有效的激励机制，可以引导团队成员朝着既定目标努力，从而推动团队持续发展。

本章将深入探讨激励的性质，团队激励方式的特点和应用，以及如何设计和实施有效的激励。同时将探索激励的可持续性，以实现团队长期稳定的发展。

## 第一节　激励的性质

在深入探讨团队激励之前，首先需要理解什么是激励，以及激励在团队管理中的性质和作用。激励源于拉丁语"in movere"，意为"推动"。在管理学中，激励被定义为"通过某种方式影响个体或团队的行为，使其达到预定的目标"。

### 激励影响行为

激励是一种影响行为的工具。团队中，激励机制的设计和实施是一种能够影响和引导团队成员行为的关键手段。激励的目的是引导和促使团队成员的行为符合和支持团队的目标和期望。换句话说，激励使团队成员的行为和团队的整体目标达到一致。

有两种主要的激励：积极激励和消极激励，也可以被看作是奖励和惩罚。这两种激励都对行为产生影响，但是它们的工作方式和效果可能会有所不同。

#### 一、积极激励

积极激励包括奖励、肯定、赞扬等，是为了鼓励某种行为或表现。例如，当团队成员达到或超越了设定的目标，他们可能会收到奖励，这种奖励可能是金钱、特权或其他形式的回报。这种积极的反馈可以提高团队成员的工作满意度和工作积极性，增强他们再次采取相同行为的意愿。

## 二、消极激励

消极激励如惩罚或批评，是为了抑制或减少不良或不希望的行为。如果团队成员的表现低于标准或违反了团队规则，可能会面临一定的处罚，例如失去某些特权、受到责备，甚至是解雇。消极激励虽然可能会产生一定的抑制效果，能防止团队成员继续进行某种不良行为，但过度的消极激励可能会影响团队士气和凝聚力。

设计和实施激励机制时，需要考虑如何平衡积极激励和消极激励，使它们能够在最大程度上引导和影响团队成员的行为，支持团队的整体目标和期望。

# 不同的激励理论

## 一、马斯洛：需求层次理论

需求层次理论是由亚伯拉罕·马斯洛在 1943 年提出的，这是一个关于人类需求的分类框架，对理解人类行为和动机有重要作用。该理论将人类需求分为五个层次，从基础需求到高级需求分别为生理需求、安全需求、社会需求、尊重需求和自我实现需求。

### （一）生理需求

这是最基本的需求，包括食物、水、睡眠、呼吸、体温调节等基本生理功能的满足。在工作环境中，这可能表现为工资、福利等能够满足员工基本生活所需的条件。

### （二）安全需求

当生理需求得到满足后，人们会寻求安全和稳定性。在工作环境中，这可能体现为职位的稳定性、有保障的工作环境和避免危险或意外事故的安全设施。

### （三）社会需求

人是社会性动物，渴望与他人建立良好的关系，被他人接受和喜欢。在工作环境中，这可能体现为良好的团队关系，被认可的工作贡献，和谐的工作氛围等。

### （四）尊重需求

这是对被尊重和认可的需求，包括对个人能力和成就的自我认同，以及他人的尊重和赞誉。在工作环境中，这可能体现为升职、表彰、奖励等形式。

### （五）自我实现需求

这是对实现自我潜能、追求个人成长和发展的需求，马斯洛认为这是人的最高需求。在工作环境中，这可能体现为提供发展机会、提升技能水平、实现职业目标等。

每当一个层次的需求被满足后，人们就会寻求满足更高层次的需求。这种理论对于理解员工的行为和动机，以及设计有效的激励策略具有指导作用。理解和满足员工在各个层次上的需求，可以提升他们的工作满意度和积极性，从而提高团队的整体效能。

## 二、赫茨伯格：双因素理论

双因素理论也被称为动机因素-卫生因素理论，是弗雷德里克·赫茨伯格在 1959 年提出的。赫茨伯格在研究中发现，工作满意度和不满意度是由两组独立的因素决定的，而不是在一个连续的满意度尺度上的两端。

（一）动机因素

动机因素是与工作本身相关的因素，包括工作成就感、被承认、责任、工作本身的挑战性、工作的开展和成长等。这些因素能激发员工的内在动机，从而提高员工的工作满意度和积极性。当这些因素存在时，员工可能会感到满意；但当这些因素缺失时，员工可能并不会感到不满。

（二）卫生因素

卫生因素是与工作环境有关的因素，包括薪资、工作环境、公司政策、管理方式、同事关系等。这些因素无法创造工作满意度，但是如果管理得当，能消除或减少员工的不满。换言之，卫生因素的存在不会使员工感到满意，但它们的缺乏或管理不善会导致员工的不满。

所以，根据双因素理论，管理者若想提高员工的工作满意度，不仅需要处理好卫生因素以避免员工不满，更要关注和强化动机因素，以激发员工的内在动机和提高工作满意度。这个理论强调了满足员工的高级需求（如自我实现需求）以及创造有挑战性和有意义的工作的重要性，为设计有效的激励机制提供了理论支持。

### 三、弗鲁姆：期望理论

期望理论是由维克多·弗鲁姆（Victor Vroom）于1964年提出的一个激励模型，它试图解释为何人们做出决定从而选择行为。期望理论有以下三个概念。

（一）期望

期望是个体相信自己的努力可以带来期望的表现。换句话说，这是个体对自身能力的评估，即他们对自己能否完成任务的自我信任。

（二）器用

器用是指个体相信他们的表现会导致期望的结果。这与期望密切相关，但主要侧重于个体对努力和结果之间关系的信任。

（三）赏赐

赏赐是指结果对个体的吸引力，也就是个体对结果的价值判断。换句话说，这个结果对他们来说是正面的还是负面的。

这三个概念形成了人们所做决定的基础，也就是"努力更大会导致更好的表现（期望），更好的表现会带来奖励（器用），并且我值得这个奖励（赏赐）"。

弗鲁姆的期望理论在实践中有很大的应用价值。理解并应用这个理论，可以帮助管理者创建一个良好的环境，其中员工相信他们的努力可以导致良好的表现，这种表现会导致他们所期望的结果，而这些结果又是他们认为有价值的。

因此，期望理论的一个重要应用就是设定目标和反馈。为员工设定明确且可达成的目标，以及给予他们反馈，可以提升他们的期望值。同时，确保奖励的公正性和透明性可以提高员工的器用感。要确保奖励是员工所期望的，以增加赏赐的正性。

### 四、亚当斯：公平理论

公平理论（equity theory），是由心理学家约翰·斯塔希·亚当斯（John Stacey

Adams）在1963年提出的，是工作激励理论的重要组成部分。这个理论的核心是人们在评估自己在工作中的得与失时会考虑到其他人的得与失，因此公平感是一个重要的激励因素。

以下是这个理论的几个关键概念。

（一）输入

这是指员工在工作中的投入，包括时间、努力、技能、经验等。

（二）输出

这是指员工从工作中获得的回报，包括薪酬、奖励、晋升、工作满意度等。

（三）比较对象

员工会选择一个或几个参照标准，比如同事或其他行业的人，作为比较自己得失的对象。

（四）公平感

如果员工感到自己的投入产出比与比较对象的投入产出比相等时，他们会感到公平；如果员工感到自己付出的比得到的多或者相反，他们会感到不公平。

根据公平理论，感觉到不公平的员工可能会采取各种方式来恢复公平，例如减少工作量，要求更高的薪酬，或者调整自己的期望。

因此，管理者在设计激励机制时，需要考虑员工的公平感，理解并尊重员工的期望，以确保员工的满意度和投入，从而提高团队的表现。

## 五、洛克：目标设定理论

目标设定理论是由埃得温·洛克（Edwin A. Locke）于1968年提出的。这个理论认为，明确和具有挑战性的目标会产生更高的激励作用，并导致更高的表现水平。这是因为，明确的目标会让个体知道他们应该投入多大的努力以及如何分配自己的努力，而具有挑战性的目标会激发个体的积极性和热情。

这个理论的主要要点如下。

（一）目标的难度

具有挑战性的目标比容易达成的目标更能激发个体的工作动力。这是因为难度更大的目标需要个体付出更多的努力和精力，而当这个目标达成时，也会带来更大的满足感。

（二）目标的明确性

具体和明确的目标比模糊的目标更有效。明确的目标可以给个体提供一个明确的行为方向，并帮助他们了解自己是否足够努力。

（三）目标接受度

如果个体接受并同意他们的目标，那么他们对目标就会作出更高的承诺。一般来说，员工参与目标设定的过程，能够提高他们对目标的接受度。

（四）反馈

定期反馈可以帮助个体了解他们是否在朝着目标前进，并有机会纠正偏离的行为。反馈也能提供必要的信息，以便个体调整他们的努力方向或策略以实现目标。

在实践中，洛克的目标设定理论已被广泛应用于改进各种组织和个体的表现，包括企业管理、教育和运动训练等领域。然而，需要注意的是，尽管目标设定理论在很多情况下都是有效的，但在实施的时候，也需要考虑到个体的能力、资源，以及组织和环境的特定条件。

### 【寓言】 黑熊和棕熊

黑熊和棕熊喜食蜂蜜，都以养蜂为生。它们各有一个蜂箱，养着同样多的蜜蜂。有一天它们决定比赛，看谁养的蜜蜂产的蜂蜜多。

黑熊想，蜂蜜的产量取决于蜜蜂每天对花的"访问量"。于是它买来了一套昂贵的测量蜜蜂"访问量"的绩效管理系统。同时，黑熊设立了奖项，奖励"访问量"最高的蜜蜂，但它从不告诉蜜蜂们是在与棕熊比赛，只是让它们比赛"访问量"。

棕熊与黑熊想得不一样。它认为蜜蜂能产多少蜜，关键在于它们每天采回多少花蜜——花蜜越多，酿的蜂蜜也就越多。于是它直截了当地告诉蜜蜂们：它在和黑熊比赛看谁产的蜂蜜多。它花了不多的钱买了一套绩效管理系统，也设立了一套奖励制度，重奖当月采花蜜最多的蜜蜂。如果一个月的蜂蜜总产量高于上个月，那么所有蜜蜂都受到不同程度的奖励。

一年过去了，两只熊比赛的结果揭晓：黑熊的蜂蜜不及棕熊的一半。

### [分析]

同样是采用了激励手段，两个团队也同样都尽力去做，但结果却差别很大。我们的日常工作中，是不是也会遇到同样的问题呢？比如由于你对团队采用了不同的绩效考核手段和激励机制，获得的效果也完全不同。

黑熊高价购买一套评估体系是对的，但它评估时没有将评估结果与最终的绩效直接挂钩。黑熊的蜜蜂只是尽可能多地提高"访问量"，却不采太多的花蜜。因为黑熊强调的是"访问量"而不是采集量，所以黑熊的蜜蜂采用的是蜻蜓点水式的采蜜，而实际工作成效并不大。另外，由于奖励范围太小，蜜蜂们为搜集更多的信息，相互之间变成了竞争对手，相互封锁信息。因为相互之间竞争压力太大，一只蜜蜂在获得了很有价值的信息时，它会不告诉同伴，因此导致团队意识缺乏。

而棕熊就不一样，虽然它只是花了不多的钱购买了一套评估系统，但它能有效地带领团队，充分调动团队的积极性。首先，它的团队明白竞争对手是谁及这次比赛的方法，并被告知若一个月的蜂蜜产量高于上个月，那么所有的蜜蜂都可以获得一份程度不同的奖励。这样，棕熊团队在奖励范围上比较广。而为了采集到更多的花蜜，蜜蜂之间会进行分工，嗅觉灵敏、飞得特别快的蜜蜂负责打探哪儿的花最好最多，然后回来告诉力气大的蜜蜂一起到那儿去采蜜，剩下的蜜蜂负责将采集到的花蜜储藏起来，并将其酿成蜂蜜。虽然采集花蜜多的可以获得更多的奖励，但其他蜜蜂同样可以捞到好处，因此蜜蜂之间远没有到只只自危、相互拆台的地步，它们组成了一个有着明确分工、相互协作的团队。

### [点评]

#### 一、激励

激励是企业提高工作效率常用的手段，但不同的激励方式对企业产生的效果不一样。

要注意到企业的激励政策是否得到团队的响应，企业的激励政策是否会将团队引向另一个极端。不要像故事中的黑熊一样，只求访问量而忽略了工作实效，要看谁采集的花蜜多，而不是采集次数。

### 二、目标设定

黑熊认为蜂蜜的产量取决于蜜蜂每天对花的"访问量"，因此将目标设定为"访问量"；棕熊认为蜜蜂能产多少蜂蜜，关键在于它们每天采回多少花蜜，因此将目标设定为花蜜的采集量。在目标设定方面，黑熊考核过程要素，但是其过程要素与结果相关性不大；棕熊评估指标与最终的结果紧密挂钩，因此，取得胜利也是理所当然的了。

### 三、团队协作

黑熊团队的蜜蜂由于都想领到奖励，于是将个体发现的信息进行封锁，是典型的个体作战；而棕熊团队由于棕熊事前做了统一部署，飞得快的蜜蜂被安排去寻找花源，力气大的蜜蜂被安排去采集，剩下的留守在家制作蜂蜜，这就是典型的团队作战。它们都有一个明确的目标，成员间相互信赖、支持，每个个体都能积极参与，不计较太多的个体利益。

企业到底实行什么样的管理方法，推行什么样的激励方式，管理者是关注过程还是关注最终的结果，这些都是作为管理者必须思考的问题。

# 第二节　团队激励方式

团队激励是一个复杂且个性化的过程，需要根据团队的具体情况和成员的个体特性灵活运用。下面，我们将探讨一些常见的团队激励方式，并探讨它们的优点和可能面临的挑战。

## 团队目标设定

团队目标设定是一种强有力的激励方式。明确、具体、可衡量的目标可以帮助团队成员集中精力，清楚地知道他们需要做什么，并激发他们的工作动力。这种激励方式的有效性已经得到了广泛的实践证明，并在目标设定理论中得到了深入的探讨。

## 信任建设

信任是一种基于相互理解和尊重的情感关系，是团队协作的基础。信任可以激发团队成员的积极性，提高他们的满意度和效率，也有利于团队创新和风险管理。

### 一、信任的建设

信任的建设通常需要时间，但可以通过一些策略来加快这个过程。首先，团队领导需要通过公正、透明的决策过程来建立自己的信誉。其次，团队成员之间的互动和合作可以帮助他们了解彼此，建立信任。最后，团队文化和价值观会影响信任的建设，一个开放、给予尊重和支持的文化环境会有助于信任的建立。

## 二、信任的维护

一旦建立了信任，就需要通过持续的努力来维护它。这包括诚实、守信、公正、尊重等行为，这些都是维护信任的基础。团队领导和成员需要遵守这些行为规范，避免行为失误导致信任破裂。

## 三、信任的恢复

即使在最好的团队中，也可能会出现信任破裂的情况。此时团队领导需要采取行动来恢复信任。这可能需要道歉、承认错误并采取具体行动来纠正问题。同时，团队领导需要设立和实施明确的行为规范，防止类似问题发生。

# 情感链接

情感链接是一个团队内部成员之间形成深度情感联系的过程，这种联系的形成有助于提高团队凝聚力、员工满意度和生产力。

## 一、建立情感链接的方式

建立情感链接的方式有很多。首先，团队领导可以通过组织团队建设活动和社交活动，如团队午餐、庆祝生日和团队旅行等，促进团队成员之间互动。其次，团队内部可以鼓励开放和诚实沟通，以促进理解和共享视角。最后，表彰和认可团队成员的贡献和成就，可以加强他们对团队的归属感。

## 二、情感链接面对的挑战与应对策略

在维护团队中的情感链接时，要注意兼顾个体和团队的需要，创造一个既尊重个体差异又能促进团队合作的环境。情感链接不是一蹴而就的过程，而是需要持续努力和投入。通过维护强大的情感链接，团队可以激发其全体成员的潜力，从而提高其整体绩效。

# 竞争与协作

在团队中，竞争和协作都是可以调动成员积极性和创造性的重要方式。

## 一、竞争

竞争是激发团队动力的一种强有力的手段。适度的竞争可以刺激团队成员的积极性，帮助他们更好地了解自己的能力，并在试图超越他人的过程中提升自我。竞争可以通过设定明确的目标和绩效指标来激发，比如销售额、项目完成时间等。

## 二、协作

协作是团队能够共同实现目标的关键因素。团队成员间的协作能够集中团队的资源，实现团队的共同目标。通过分享知识、技能和经验，协作可以帮助团队成员发掘各自的长处，提升团队的整体实力。

# 惩罚与文化激励

激励并不总是通过奖励或正面反馈来实现，有时候，它也可以通过适当惩罚及塑造积极的团队文化来达成。下面我们将对这两种激励方式进行深入探讨。

## 一、惩罚

虽然在日常管理中我们更倾向于使用奖励而非惩罚，但惩罚在一些情况下可能是必要的，特别是当团队成员的行为严重偏离预期或团队的价值观时。这种偏离可能包括未完成任务、违反规定或协议，以及其他有害团队精神或团队绩效的行为。在这些情况下，适当惩罚可以作为一种纠正工具，提醒团队成员重视他们的行为并进行调整。使用惩罚的关键在于找到正确的平衡。惩罚过重可能会打击团队的士气，而惩罚过轻可能无法产生预期的纠正效果。

## 二、文化激励

文化激励是通过塑造和维护积极的团队文化来激发团队成员的动力。团队文化是团队价值观、信仰、习惯和行为规范的集合，它塑造了团队成员如何互动、如何完成任务，以及如何解决问题的方式。传播积极的团队文化，可以对团队成员进行自我激励，使他们更愿意为团队的目标和理念付出努力。这包括强调团队的共享目标，提倡公平和透明的工作环境，鼓励创新和风险承担，以及对个人贡献的认可和赞赏。只有当团队成员对团队的文化感到自豪和满意时，他们才会全身心地投入工作中去。

### 【案例】中化环境科技

中化环境科技是国内最早开展化工环保研究的国家高新技术企业，主营业务为 EPC 工程，其中设计业务是龙头。2021 年中建集团调查表明，公司共有设计人员 80 余人。2019 年之前，企业面临着以往因机制不到位而存在的"吃大锅饭"的现象。面对"三期叠加"的转型压力，为充分挖掘团队潜能，公司坚持业绩导向，推行工时制改革，薪酬资源充分向奋斗者倾斜。

设计团队奖金总额与公司业绩相挂钩，鼓励"做大蛋糕"。工时制改革后，设计团队奖金总额由目标奖金和项目利润奖金两部分组成。当奖金与项目利润挂钩后，工时耗费减少了，合同额增加了，利润率提高了，团队积极性被调动起来，团队通过创造增量价值与公司一道分享收益。

个人激励额度与个人工时相挂钩。工时分为管理工时和生产工时，其中生产工时与图纸量挂钩而非与工作时间挂钩，传递看功劳不看苦劳的管理导向；公司出台工时管理办法，将工时预算下达、申报、核定的流程予以规范化，保障规则清晰，过程公平；核定奖励时先按照设计团队全年奖金总额和全年工时总数计算工时单价，再根据个人实际完成工时数进行奖金分配，贯彻落实多劳多得、少劳少得、不劳不得的激励导向。

注重激励时效性，过程中动态兑现。公司每季度完成工时核算后即预发一定比例的奖金，年底统一清算，并针对个人全年奖金未达层级基本工时门槛，或员工处于累计工时制排名后 1/3 等情况建立追索扣回机制，体现激励与约束相统一。

工时制改革拉大了不同绩效类别的员工奖金差距，提升了设计效率。2019 年，设计团队全员完成 13.5 万工时，全年签署合同 95 项，有力地保障了辽中、京泰等公司重点项目一次点火成功，实现收入近 2000 万元、税前利润 600 余万元，首次实现扭亏为盈，超额完成预算任务。

### 【案例】胡萝卜＋大棒理论

管理学领域中流行这样一句话："一手胡萝卜，一手挥大棒。"意思是对部下施威、批评或者责罚，使他警醒于自己的错误，待他的愧疚之心平息下来，又要恰当地给他一点甜头，引导他朝正确的方向走。

如果我们把领导的发威比喻为"火攻"，就可以把领导的施恩视为"水疗"，但是在管理员工的过程中，一味地"火攻"和"水疗"都不能达到理想的效果。唯有"水""火"并进，双管齐下，才是最好的方法。

三洋电机公司前副董事长后藤清一先生年轻的时候，曾在松下公司任职。某一次，因为一个小的错误，他惹恼了松下幸之助。当他进入松下幸之助的办公室时，松下幸之助正气急败坏地拿起一把火钳死命地往桌子上拍击，然后对后藤清一大发雷霆。后藤清一被骂得狗血淋头，正欲悻悻离去，忽然听见松下幸之助说道："等等，刚才因为我太生气了，不小心将这火钳弄弯了，所以麻烦你费点力，帮我弄直好吗？"后藤清一很无奈，只好拿起火钳拼命敲打，而他的心情也随着这敲打声逐渐归于平稳。当他把敲直的火钳交给松下幸之助时，松下幸之助看了看后说道："嗯，比原来的还好，你真不错！"然后高兴地笑了。

批评之后，反以题外话来称赞对方，这是松下幸之助的高明之处。后藤清一走后，松下幸之助悄悄地给后藤清一的妻子拨打了电话，对她说："今天你先生回家，脸色一定很难看，请你好好照顾他！"本来后藤清一在挨了松下幸之助的一顿臭骂之后，决定辞职不干，但松下幸之助的做法，反而使后藤清一佩服得五体投地，决心继续效忠于他，而且要干得更好。

无论是哪一家公司，当员工犯下不可原谅的错误时，管理者必然要对其加以斥责。然而聪明的管理者，在痛斥部属之后，务必不忘立即补上一句安慰或鼓励的话语。也就是说，管理者首先用"火攻"来镇住局面，但是并没有就此结束，而是接着通过"水疗"把恩泽缓缓地传递下去，以浸润到各个员工的心中。如此恩威并举，员工不得不对你心服口服。

任何人在遭受管理者的斥责之后，必然垂头丧气，信心丧失殆尽，心中难免会想："我在这家公司别想再往上爬了！"如此所造成的结果必然使他更加自暴自弃，甚至会产生挂冠而去的念头。

然而，此时管理者若能适时地用一两句温馨的话语来鼓励他，或在事后私下对其他部属表示："我是看他有前途，所以才舍得骂他。"员工听到这样的话后，更容易认为："原来上司也不是冷酷无情的呀。"他们也许会想："好好干仍有升职加薪的机会，努力吧，领导也许会因为我的出色表现对我另眼相看呢。"

### ［点评］

美国著名企业家玛丽·凯在《用人之道》一书中这样说道："决不可只批评不表扬，这是我严格遵循的一条原则。你无论批评什么或者批评哪个人，也得找点值得表扬的事情留在批评后。这叫作'先批评，再表扬'。"

当然，这种方式并不是绝对的，表扬、批评的方式和尺度可以灵活掌握。总之，有批评也要有表扬，这样才能缓和气氛，让员工保持积极情绪，而且员工对管理者的批评也更容易接受。更重要的是批评后要给员工改过的机会。

# 第三节　激励实务

在理论引导下，我们将进入实践层面，讨论如何在团队中运用激励。激励实务的应用需要结合具体环境、团队成员的个体差异及组织目标进行，同时综合利用各种激励工具。本节将分别从工作任务、工作能力要求、奖励报酬和批评管理等方面进行探讨。

## 工作任务

### 一、在激励实践中的重要性

一个具有挑战性和意义的工作任务可以在团队成员中产生强烈的内在激励作用。工作的挑战性可以让团队成员产生成就感，而工作的意义则可以让他们感到自己的工作有价值，这两方面的感受都是内在激励的重要来源。因此，在分配工作任务时，管理者需要确保任务本身具有足够的挑战性和意义，以激发团队成员的内在动力。

### 二、提供自我实现的机会

赋予团队成员更多的责任和自主权，可以让他们有机会展示自己的能力，实现个人价值。同时，通过提供学习和发展的机会，帮助团队成员提高自己的技能和知识，也能增强他们的内在动力。

## 工作能力要求

团队成员在面对任务时，可能会有一系列的自我评估，例如"我是否有能力完成任务？""我是否有足够的知识和技能去解决问题？"当团队成员确信自己有能力成功完成任务时，他们的工作积极性和效率往往会提高；相反，如果他们对自己的能力产生怀疑，那么可能会导致士气低落，甚至在面对困难时放弃努力。

因此，一个团队的管理者，需要确保团队成员具备完成任务的必要技能。这需要从团队组建阶段就开始关注。如在选聘时，就应重视候选人是否具备完成特定工作的能力。如果团队成员在某些方面缺乏必要的技能，应及时提供培训和支持。例如，如果一个项目需要团队成员具备一些特定的软件操作技能，那么可以安排相关的培训课程，以提升团队成员的能力。

此外，对团队成员的持续培训也非常关键。这不仅可以保持团队的竞争力，而且是对团队成员的一种激励，因为这会让他们看到自我发展和提升的可能性。团队管理者应定期评估团队成员的能力和知识，并提供合适的学习资源和机会。

## 奖励报酬

设定明确的绩效指标是实施奖励报酬制度的前提。绩效指标是衡量团队成员工作表现的标准，包括工作效率、任务完成度、创新能力、团队协作能力等各个方面。明确的绩效指标使团队成员明确知道自己需要达到什么样的标准，同时也使管理者能够根据绩效指标进行公正、客观的评价。

给予表现出色的团队成员适当的奖励，是奖励报酬制度的核心部分。奖励形式多种多样，可以是经济报酬，如奖金、股权；也可以是非经济报酬，如职位晋升、荣誉表彰等。值得注意的是，奖励应与团队成员的个人需求和期待相匹配，这样才能最大限度地激发他们的积极性。

奖励报酬制度并非一成不变，它需要根据团队的变化、团队成员的反馈及组织目标的变化进行相应的调整。一个有效的奖励报酬制度，应具备灵活性，以适应不断变化的环境和满足不同的需求。

## 批评管理

批评管理在团队激励中的作用经常被低估。在一些人的认知中，批评是消极的、伤人的，然而，当批评被正确应用时，它能够转化为强大的激励工具，帮助团队成员提升自我，并推动团队整体的发展。

### 一、批评是纠正错误的手段

在工作中，我们难免会犯错。这些错误可能会阻碍团队的发展，因此，必须尽早发现并予以纠正。有效的批评不仅能帮助个人意识到自己的错误，而且能提供纠正错误的方法，从而防止错误再次发生。

### 二、批评是反馈和学习的机会

团队成员能否得到及时、明确的反馈，直接关系到他们的学习和成长。通过批评，团队成员可以了解自己的表现如何，哪些方面做得好，哪些方面需要改进。这些反馈有助于他们调整自己的行为，提高工作效率。

有效的批评应该是具体的。批评的内容必须与具体的行为或结果相关，而不是对个人的全面否定。例如，不说"你的工作态度不好"，而应该说"你最近几次的报告都延期交付，这对整个团队工作进度产生了负面影响"。

有效的批评还需要及时。一旦发现问题，应立即提出，以便团队成员能及时纠正。延迟的反馈会使人忘记自己的行为，或者让问题变得更加严重。

### 三、有效的批评应以解决问题和改进为目标

在提出批评时，不仅要指出问题，还要提供解决方案，或者与团队成员一起讨论如何改进。这种批评不是为了挫伤团队成员的积极性，而是为了帮助他们更好地完成任务，为团队贡献更多的价值。

### 【案例】华为员工激励机制

#### 一、文化激励

企业文化是一种无形的激励力量，它可以潜移默化地激励全体员工共同奋斗，实现企业的目标。华为的企业文化在我国本土企业中别具一格，其核心便是华为的"狼性文化"。华为总裁任正非很崇尚狼，认为狼所具有的团结互助、集体奋斗、自强不息等精神应是一个企业的文化之魂。这种"狼性文化"使华为的员工具有了对市场敏锐的嗅觉，以及找准目标便奋不顾身进攻的精神。这使华为获得了高绩效，并且使其在同国内、国外的同行进行竞争的过程中脱颖而出，迅速扩张，不断地壮大着华为的实力。

#### 二、物质激励

（一）高薪激励

华为的员工工资之高在中国本土企业中是数一数二的，华为的高薪一方面使得大量的优秀人才聚集华为，另一方面也激励了人才的积极性。此外，为了更进一步地激励销售人员，华为将他们的业绩与自己的团队业绩挂钩，而不是像多数公司那样给他们提成。这样可以有效地避免销售人员只重视当前的业绩，而忽视了与客户长期关系的维系。尽管如此，数据显示华为的销售人员收入还是非常高的。

（二）员工持股激励

华为在高薪激励的同时还推行全员持股制度，这成为对员工长期激励的最好办法。员工持股制度的推行使得华为与员工的关系得到了根本的改变。员工与华为从原来的雇佣关系变成了伙伴式的合作关系，这种关系让员工对企业有了极大的归属感，使员工将自己视为企业真正的主人，自觉地把自己的前途、命运与华为的前途、命运紧紧地联系在一起。

#### 三、精神激励

（一）荣誉奖

华为非常注重奖励对员工的激励作用，甚至为此专门成立了一个荣誉部，负责对员工的考核与评奖。无论员工在工作的哪一方面有所进步，都可以得到荣誉部门给予的奖励。华为的荣誉奖涉及的方面与人员既广又多，许多员工在毫不知情的情况下被荣誉部告知由于员工的进步或者特殊贡献而得到了公司的某种奖励。此外，如果员工得到了荣誉奖，那么一定少不了相应的物质奖励。通过精神与物质相结合的奖励，一方面使员工感受到公司对其努力成果的肯定，另一方面会激发其工作动力，使其向更高的台阶迈进。

（二）职权激励

职权激励在华为的激励制度中起到了非常重要的作用，主要表现在为华为留住人才这一方面。华为的员工很大一部分都是高素质、高学历。这些员工在期望获得高薪的同时还非常注重实现自身价值，并强烈地期望得到公司或社会的认同与尊重。所以，华为对优秀员工进行充分的授权，并赋予相应的职称，以此显示对他们的信任与尊重。华为用这种激励手法使员工得到了精神与物质的双重收获，因而更愿意贡献自己的力量与才智，从而对公司事务有了更强的参与感和更多的自主性。

第五章 激励机制设计

### 四、其他激励

#### （一）科学的职业生涯规划

为了使员工更好地把握自己的事业目标，激励员工不断地朝着正确的方向前进，华为给自己的员工定制了职业生涯规划。对于新员工，华为会给他们提供富有挑战性的任务，以帮助他们迅速进入良好的工作状态，并最大限度地激发他们的斗志与激情。对于工作三年以上的员工，华为会对他们进行培训激励，如派研发人员出国深造等。对于工作满十年的员工，华为会选择环境设施激励策略，即优化工作环境与设施，促进员工更好地进行创新工作。

#### （二）完善的绩效考评制度

华为也采用了现代企业普遍实行的绩效考评制度，华为的每位员工都需要制定绩效目标，然后根据这个目标由直接主管进行不定期的辅导和调整。在年底的评估考核之前，每位员工都要对目标完成过程中存在的问题向主管进行一次甚至多次的回顾和反馈。年底的考核结果还需经过管理层的横、纵向比较与多向沟通，不断地进行修正，力图使考核结果更加公平、客观。最后考核结果与激励机制挂钩，真正实现劳者多得。

#### （三）舒适的工作环境

在华为工作过的员工，无不对其舒适的工作环境有着深刻的印象。华为的百草园是华为员工在华为的温馨家园，里面有超市、休闲中心、餐厅、美发厅，一应俱全。在华为无论衣食住行，一张工卡全部解决。这里对于整日专注于科技项目、无暇顾及生活琐碎事务的研发人员来说无异于人间天堂。公司还定期举办一些运动比赛等活动，通过这些活动拉近了员工之间的距离。这一舒适的工作环境也在一定程度上对员工起到了激励作用。

### 【案例】 如何批评

工程部的14名职员由李、王两位性格不相同的正、副经理带领，但近一个月内发生了一连串的事情，造成李、王经理的看法不同。其中一件事情是这样的：张飞是新来的大学生，9月底报到上班，但一个月之内有两次上班迟到，还有一次，由于粗心大意将一个重要报告的数据写错，但被及时发现没有造成重大影响。王副经理每次发现张飞的问题，就当场对张飞迟到及工作不细致进行了批评。

其余的几件事也大都与此类似，几名职员或是因为违反工作纪律，或是因为工作不负责任，或是因为背后说同事坏话，被王副经理发现后，受到了批评。

李经理认为王副经理的处理手法过于粗暴、简单，不应该批评职员，而应该讲求一定的领导艺术性，待事情稍过在恰当的时间采用暗示引导、自身示范等手法对职员进行引导和启发。

你对李、王两位经理的看法是怎样的？你认为进行批评的时候有哪些注意事项？

[分析]

1. 你对李、王经理的看法是怎样的？

（1）批评是必需的。

一般人大多不愿正面批评别人以免造成摩擦，但发生错误后如果没有当场纠正，慢慢累积到非常严重才开口，往往容易变成破坏性的批评，批评者语带威胁或言语刻薄，被批评者因而心生反感，批评者又因对方态度而被激怒，造成恶性循环。因此，及时而公正的批评是必需的。

（2）多进行建设性批评。

建设性批评强调对方的功劳及可改善之处，而不是借问题进行人身攻击、批评对方个性上的缺陷，以防止对方采取防卫性姿态，听不进忠告。

2. 进行批评时应注意什么？

（1）具体。

批评时应具体说明问题之所在。同样的，称赞对方时也要具体说明，否则对方也不容易从中学习。

（2）提出解决方案。

批评时应针对问题，提出对方未曾想到的方向、症结，或相应的措施，让被批评者去思考自己的问题。

（3）私下晤谈。

批评要注意场合，尽量采用与当事人私下面谈的方式。在公开场合批评，较容易令对方不自在或有受辱的感觉。私下晤谈的效果较佳，一方面使对方了解所犯的错误，另一方面也给对方提供说明或澄清的机会。

（4）体谅别人。

批评时应有同情心，考虑别人听到批评后的感受。如果以打压或贬损等方式来批评别人，不但不容易被接受，反而会引起怨恨、自我防卫与反弹现象。

# 第四节　激励的可持续性

在我们探讨激励机制的应用之后，一个重要的问题自然浮现出来：我们如何确保激励的可持续性？激励的可持续性是一个复杂的问题，涉及多个方面的因素。在这一节，我们将从激励的公正性、针对性和有效性三个维度进行深入探讨。

## 激励的公正性

公正性在激励机制中的重要性无法被忽视。激励机制的公正性会对团队成员的满意度和激励效果产生重大影响，且直接关系到激励的可持续性。当团队成员感受到激励分配的公平和透明时，他们更可能对工作保持高度热情和积极投入，进而实现更高效率，得到更好的结果。因此，我们将详细讨论激励的公正性及其对团队的影响。

对于程序公正性，管理者需要确保所有团队成员都了解激励制度的运作方式，有机会参与到相关决策中，且规则公开、明了。对于结果公正性，激励的分配应与团队成员的贡献相匹配。也就是说，努力工作的成员应得到相应的回报，而那些表现不佳的成员则只能得到较少的奖励或者受到适当的惩罚。这种基于绩效的激励分配是许多组织的常见做法，可以创造一个公正、公平的工作环境。

如果团队成员感到激励分配的不公，则可能会对工作产生消极情绪，例如失去积极性、抱怨增多等。更糟糕的是，他们可能会对组织的整体公正性和管理者的诚信产生怀疑，从而影响到团队的整体氛围和效率。而一旦这种信任被破坏，恢复起来将会十分困难。因此，为了维持激励的可持续性，必须始终保持其公正性。

确保公正性的策略可以包括：制定明确、公平的激励分配规则；透明化激励决策过程，让所有团队成员都能了解和参与；公正、无私地执行激励规定，避免任何可能的偏见或者不公正的情况；定期评估激励的公正性，针对可能的问题进行修正和改进。通过这些方法，我们可以实现公正的激励，从而保证激励的可持续性。

# 激励的针对性

团队成员的需求和动机是多元化的。根据马斯洛的需求层次理论，人的需求可以被划分为生理需求、安全需求、社交需求、尊重需求和自我实现需求。

一种有效的激励机制应当能够满足团队成员的个性化需求。这就需要管理者具有深厚的人力资源管理知识；同时需要具备优秀的洞察力，对团队成员的需求和动机有深入的理解。例如，对于寻求自我实现的团队成员，激励机制可以提供更多的学习和发展机会；对于重视稳定性的团队成员，激励机制则可以提供稳定的工作环境和良好的福利待遇。

为了提供有效的针对性激励，管理者需要对团队成员进行个性化的评估。这可以通过一对一的交谈、调查问卷或者其他的方式来实现。通过这些方式，管理者可以了解团队成员的需求、目标、兴趣和动机，从而设计出更具针对性的激励方案。

# 激励的有效性

有效性是衡量任何激励机制成败的重要指标，它直接决定了激励的持久性。对这一点的理解，可以从如何引导团队成员、定期评估激励机制，以及管理者的角色三个方面来展开。

## 一、有效的激励机制应具备指向性

有效的激励需要明确并引导团队成员朝着既定的目标努力。这一点不仅体现在团队的长期战略目标上，也体现在团队成员的短期行为和个人成长目标上。当团队成员能清晰地看到自身的努力如何帮助团队达成目标，以及自身如何从中获益，激励作用便得以实现。

## 二、激励机制需要定期评估和修订

这是因为团队的状况和需求是动态变化的。例如，随着团队成员能力的提升，初级阶段的激励可能不再适用；随着团队目标的达成或调整，需要调整激励机制以符合新的目标。此外，可能出现一些未预见的反应，如激励机制被滥用或导致不良竞争等。这些都需要管理者进行定期的评估，然后根据评估结果对激励机制进行必要的修订。

## 三、管理者在激励有效性的保证中扮演重要角色

管理者需有敏锐的洞察力，捕捉团队的动态变化，了解团队成员的需求和反应。同时，管理者需要具备灵活性，能够根据实际情况调整激励策略。另外，管理者也要具备坚

定性，维持激励的稳定性和连续性，因为频繁无序的变化可能会导致团队成员的困惑和信任度下降。

因此，确保激励的有效性，需要我们把握住方向、实行动态管理，并通过敏锐、灵活且坚定的领导，实现激励机制的可持续性。

**【案例】张三"画饼"**

张三所在公司的奖励制度是通过建立奖励基金的形式来发挥激励作用的，公司根据年度工资总额的一定的百分比来确定基金的数额，例如 5%，用来为下年度的晋升和绩效奖励增加薪金。理论上可以对优秀员工多奖励，但实际上，每年对每个员工都要给予一定的奖励，而不论其是否优秀，否则管理者会有麻烦。为了减少抱怨，奖金几乎是平均分配，没有起到激励作用；且由于数量较少，就激励而言实际上是无用的。张三一直为此很苦恼，直到他参加了一个管理培训班。在班上，著名管理专家对这种过分重视金钱和加薪的问题予以评价，指出钱并不能激励人！然后他列出了一些能够激励人的因素，大致如下：

1. 富有挑战性的工作。

2. 富有趣味的工作。

3. 富有变化的工作。

4. 行动自由。

5. 责任。

6. 成就感。

7. 个人的成长与发展。

8. 荣誉。

9. 良好的合作者。

10. 优越的工作条件。

11. 薪金。

工资排在最后，真令人吃惊。此后，张三不再关心奖金的问题了。在管理培训班结束后，他对公司一个表现突出的员工进行考评，当天该员工正好工作满一周年。张三先强调了其贡献，特别表扬了其一年来的工作成就；然后讨论了以后如何充实其工作，使工作变得更有趣味和挑战性，还为以后几个月的工作制定了目标与达到目标的途径，以及相应的评价标准。当最后谈到加薪的数额时，员工极为不满和恼怒："什么？只有 5%！你还是把刚才那些漂亮字眼留给其他人吧——表扬是不能当饭吃的！"

# 第六章 薪酬与非薪酬激励

随着团队激励机制的设计和实施，我们逐渐进入一个更为复杂和关键的层面——如何通过薪酬与非薪酬激励来有效促进团队成员的积极参与和协同合作。在之前的章节中，我们已经探讨了团队的基本构成和发展，介绍了激励机制的总体设计。现在，我们将进一步深入探索激励在实际应用中的具体形式。

薪酬与非薪酬激励是组织行为中不可或缺的两个方面。薪酬激励关注的是通过有形的报酬来实现激励，例如工资、奖金和福利等；非薪酬激励则更注重无形的、情感上的激励，如工作满足感、职业成长、承认和赞誉等。这两者相辅相成，共同构建了一个完整的激励体系。

在团队管理中，薪酬与非薪酬激励不仅与团队成员的工作满意度和忠诚度有关，还与团队的整体效率和效益密切相关。正确理解和有效运用薪酬与非薪酬激励，将有助于团队达成目标，促进成员之间的和谐合作，最终推动组织不断向前发展。

在本章，我们将详细探讨薪酬管理的概念、薪酬体系的设计，以及员工福利与激励之间的相互作用。我们还将深入分析非薪酬激励的种类和作用，以及如何通过各种激励手段建立和维护一个积极、有凝聚力的团队文化。

## 第一节 薪酬管理概述

薪酬管理是组织中一项至关重要的任务，涉及组织如何规划、实施和控制薪酬政策，以便在吸引、激励和留住员工方面取得最佳效果。接下来，我们将从以下几个方面详细了解薪酬管理的含义，以及激励作用。

### 薪酬管理的定义

薪酬管理是一个全面的过程，涉及评估工作岗位、确定工资结构、设定激励机制、实施福利计划及监控薪酬体系的执行情况。它不仅包括固定工资、奖金、佣金和津贴等直接薪酬，还涵盖医疗保险、退休金、员工股票计划等间接薪酬。以下是薪酬管理的构成要素和性质。

#### 一、属于组织结构的一部分

薪酬管理是组织内的一个重要部分，旨在确保员工的报酬与他们的工作绩效、技能、经验、市场价值相符。由此，可以增强员工的满意度和忠诚度。组织结构是指企业内部的职能分工、责任关系、沟通协作和权力分配方式。

（一）与职能和等级对应

组织内部通常按照职能和等级分工，薪酬管理也按照这些职能和等级来确定薪资水平和其他补偿。

（二）确保内部公平性

确保相似职能和等级的员工获得相似的薪酬。薪酬管理有助于维持组织内部的公平性。

（三）反映组织目标和战略

薪酬结构常反映组织的目标和战略方向。例如重视创新的组织可能通过激励金奖励那些推动创新的员工。

（四）支持组织文化

薪酬管理也可以反映和支持组织文化和价值观，如强调团队合作的组织可能设置团队绩效奖金。

## 二、包含奖励和激励机制

薪酬管理不仅确定员工工作的报酬，还是奖励和激励的重要机制。通过适当的薪酬体系，组织可以激励员工达到和超越既定的业绩目标。

（一）奖励工作绩效

薪酬可以作为对员工工作绩效的直接奖励，包括绩效奖金、提成或晋升等。

（二）激发积极态度

薪酬可以激发员工的积极态度和参与感，包括股票期权、健康福利等。

（三）目标导向

薪酬可以设定为与具体业务目标和关键绩效指标（KPI）对齐，从而确保员工的努力与组织目标一致。

（四）非物质激励

薪酬管理还包括非物质激励，如职业发展机会、培训、工作灵活性等，以满足员工的不同需求和期望。

（五）调动员工主动性

通过与员工的需求和愿望相匹配的激励机制，组织可以有效地调动员工的工作主动性和热情。

## 三、市场竞争性

薪酬管理还涉及将组织的报酬结构与同行业或同地区的其他公司相比较。这有助于确保组织在市场上具有竞争力，并能吸引和留住顶级人才。市场竞争性是薪酬管理中确保组织的报酬体系与市场或行业标准相匹配的过程。

（一）市场薪酬调查

组织通常会进行市场薪酬调查，以了解同行业或同地区的类似职位的薪酬水平。这有助于确定一个具有竞争力的薪酬范围。

（二）吸引和留住人才

通过与市场保持一致，组织可以吸引和留住优秀的人才。太低的薪酬可能会导致人才流失，而过高的薪酬则可能不符合组织的财务目标。

（三）适应市场变化

市场薪酬可能会随着经济、行业趋势和供需变化而变化。组织必须灵活调整其薪酬体系以适应这些变化。

## 四、合法性和合规性

薪酬管理还必须符合各种法律和监管要求，包括最低工资规定、平等报酬等。这要求组织在制定薪酬政策时要考虑到各种法律约束。合法性和合规性是确保组织的薪酬体系符合法律和监管要求的过程。这涉及以下几个关键方面。

（一）最低工资规定

国家和地方都有最低工资规定。组织必须确保员工薪酬不低于法规标准。

（二）平等报酬

这些法规要求组织确保同工同酬，无论员工的性别、种族、年龄等。

（三）税务合规

薪酬管理还包括正确处理税务问题，如扣税和社会保险贡献等。

（四）福利和补偿法规

某些法规可能涉及员工福利和补偿，例如健康保险、退休金计划等。

（五）合规审计和记录保管

组织可能需要进行定期合规审计，并保存与薪酬相关的记录以证明其符合所有适用的法规。

## 五、整合性和一致性

良好的薪酬管理体系应确保公平和一致。这意味着类似职责和角色的员工应得到类似的薪酬，以避免不公平和士气低落。整合性和一致性是指在组织内部，对于相同或类似职责和角色的员工，确保他们得到公平和相似的薪酬待遇。

（一）公平性原则

确保类似职位和工作绩效的员工得到相似的报酬，有助于提高组织内的公平感和透明度。

（二）一致的政策和程序

通过统一的薪酬政策和程序，组织可以确保所有员工被平等对待，消除可能导致不满和冲突的不一致。

（三）促进团队合作

一致性有助于消除团队成员之间的摩擦和不满，从而增强团队的凝聚力和合作。

（四）遵循合法法规

在某些情况下，一致性也与合法性和合规性相结合，如平等报酬法案等。

## 六、灵活性和适应性

随着市场和组织需求的变化，薪酬管理体系必须具有足够的灵活性来适应这些变化。这可能包括周期性的薪酬审查和调整。灵活性和适应性是指组织的薪酬体系能够灵活适应市场和组织变化的能力。

（一）市场敏感性

薪酬体系应能够迅速响应市场变化，如竞争对手的薪酬变化或行业趋势。

（二）组织战略对齐

如果组织的战略或目标发生变化，薪酬体系应能够迅速调整以反映这些变化。

（三）个人和团队绩效灵活奖励

薪酬体系应能够灵活地奖励高绩效员工或团队，激励他们继续努力。

（四）适应法规变化

当地法规和政府政策可能会改变，薪酬体系应能够迅速适应这些法规变化，确保合法合规。

# 薪酬管理与激励机制的关系

## 一、薪酬管理与激励机制的基本概念

（一）薪酬管理

薪酬管理是一项关键的组织管理活动，涉及员工薪水、福利和其他形式的报酬的设计、实施和维护。优秀的薪酬管理能够激发员工的积极性和忠诚度，从而增强团队绩效。

（二）激励机制

激励机制是管理者用以诱导和促使员工朝着组织目标努力工作的方法和手段。除了薪酬，激励还可以包括晋升机会、工作环境改善、肯定和赞誉等。

## 二、薪酬与激励的相互作用

（一）薪酬作为激励手段

薪酬是员工努力工作的直接回报，通常被视为明显的激励方式。当员工知道努力会得到金钱上的回报时，他们便可能会更努力工作。

（二）薪酬与非薪酬激励的结合

薪酬并不是唯一的激励手段。其他形式的激励如职业发展、工作满意度等，也可以与薪酬相结合，产生更强的激励效果。

（三）薪酬与工作绩效的关联

合理的薪酬体系可以使员工看到努力工作与获得更高薪酬之间的明确联系。与绩效挂钩的薪酬机制，可以更好地激励员工。

（四）薪酬管理的挑战

过度依赖薪酬作为激励可能导致一些问题，如激励不足、公平性问题等。薪酬管理需要综合考虑多方面因素，包括员工需求、组织目标等，以确保其作为有效的激励手段。

薪酬与激励的关系是复杂的，需要细致的设计和精心的管理。理解并运用适当的理论和实践，可以确保薪酬体系既公平又有助于激发员工的积极性和效率。

### 【案例】以酒代薪

新闻中曾报道湖北某企业"以酒代薪"，即用酒来抵发员工四成的工资。

先且不说这对该企业员工的士气和工作积极性有多大的影响，光这个"以酒代薪"的做法就已经违反了国家相关的法律规定。

根据劳动部在1994年发布的《工资支付暂行规定》第五条明确规定："工资应当以法定货币支付。不得以实物及有价证券替代货币支付。"《中华人民共和国劳动法》第五十条规定："工资应当以货币形式按月支付给劳动者本人。不得克扣或者无故拖欠劳动者的工资。"

# 第二节　薪酬设计

薪酬设计是组织内激励机制的核心部分，关系到组织目标的实现，以及员工的满意度和绩效。正确的薪酬设计能够平衡组织的利益和员工的期望，激发员工的积极性和创造力。我们将从以下几个方面深入探讨薪酬设计的理念和方法。

## 薪酬体系的基本构成

薪酬体系是企业用以激励员工、促进团队协作和提高效率的关键组成部分。它是对员工绩效、贡献和能力的有形回报。一个科学、合理、公平的薪酬体系能够激发员工的工作积极性，增强组织凝聚力，促进企业目标的实现。

### 一、基本工资

基本工资是员工职位、职责和工作时间所对应的固定工资部分。它体现了员工的基本收入水平和企业对员工职位价值的评估。以下是基本工资的关键特点和构成要素。

（一）确定性

基本工资通常是固定的，不会因为员工的短期绩效波动而改变。

（二）一致性

在同一职位和职责下的员工，基本工资应保持一致。

（三）法规遵循

基本工资应不低于国家和地方规定的最低工资标准。

（四）反映职位价值

基本工资应与员工的职位、技能和职责相匹配，反映企业对职位的价值评估。

## 二、绩效工资

绩效工资是根据员工的工作绩效支付的工资部分。与基本工资不同，绩效工资的高低受到员工工作表现的直接影响。以下是绩效工资的关键特点和构成要素。

（一）动态性

绩效工资是浮动的，根据员工在特定评估期间的表现而变化。

（二）激励作用

通过与工作绩效挂钩，绩效工资起到激励员工提高工作效能和效果的作用。

（三）公平性

绩效工资的支付应该基于明确、公平、透明的绩效评估体系，确保员工被公平对待。

（四）可衡量性

绩效工资的决定需要基于可衡量的绩效指标，如销售额、项目完成率等。

## 三、奖金与津贴

奖金与津贴是员工薪酬体系中的重要组成部分，它们旨在激励员工通过对公司目标的支持和个人表现的突出来提高工作效率。

（一）奖金

奖金通常是基于特定绩效指标或目标的达成而提供的金钱奖励。这些目标可能是个人的，也可能是团队或整个组织的。包括：

1. 绩效奖金：根据个人或团队在特定时期内的表现。

2. 目标奖金：达成特定业务或项目目标。

3. 分红：通常与公司的整体利润挂钩。

（二）津贴

津贴是组织提供的额外支付，用以覆盖员工在工作中可能产生的某些费用或作为特定条件下的补偿。包括：

1. 交通津贴：覆盖员工通勤费用。

2. 餐饮津贴：涵盖工作期间的膳食费用。

3. 居住津贴：对于需要迁居工作的员工提供的补偿。

4. 特殊技能津贴：针对某些特殊技能或资质的额外补偿。

## 四、长期激励

长期激励是一种激励手段，重点是促进员工与组织长期目标的一致性。

（一）股权激励

股权激励是通过授予员工公司股份或股份购买选项，让其在公司的长期成功中直接受益。

（二）养老金计划

长期激励的一种形式，通过为员工的退休提供资金来增强员工与公司的长期联系。

（三）职业成长与发展

通过提供教育、培训和职业发展机会，组织可以鼓励员工长期留在公司，并积极参与公司的长期目标。

长期激励是一种复杂但有效的激励手段，能够更好地促进员工与公司目标的一致性，并有助于吸引和留住顶级人才。

## 五、福利与社会保险

（一）员工福利

组织为员工提供的除薪酬之外的一系列待遇，包括健康保险、退休计划、带薪休假、教育津贴等。员工福利有助于增强员工对公司的忠诚感和归属感，从而提高团队的整体士气和绩效。

（二）社会保险体系

由政府或其他官方机构组织的保障体系，旨在为个人在失业、疾病、残疾或老年时提供财务支持。包括：

1. 养老保险：为确保员工在退休后有一定的生活保障。
2. 医疗保险：用于减轻员工医疗支出的负担。
3. 失业保险：为失业期间的员工提供一定的经济援助。
4. 工伤保险：为员工受到工作相关伤害或疾病提供保障。
5. 生育保险：支持员工的家庭计划和新生儿护理。

（三）企业福利与社会保险的结合

组织通过结合企业福利与社会保险，为员工提供全面的支持体系。例如，组织可以提供额外的健康保险覆盖范围，或者匹配员工的退休基金贡献。这些措施可以增强员工的工作满意度和积极性，从而提高团队的整体效率和效益。

（四）福利、社会保险与激励的关系

福利和社会保险不仅是保障员工基本权益的重要手段，而且是组织激励策略的一部分。通过提供有吸引力的福利套餐，组织能够吸引和留住顶级人才，同时也能激励员工努力工作和致力于团队目标的实现。

（五）福利管理的挑战与对策

福利管理也带来了一些挑战，例如成本控制、合规性和员工满意度的平衡等。组织必须谨慎考虑福利计划的设计和执行，确保它们符合财务目标、法规要求，并能满足员工的需求和期望。

# 薪酬体系的设计流程

薪酬体系的设计是一项复杂的任务，涉及多个环节和因素。有效的薪酬体系可以激励员工，提高生产效率，增强组织竞争力。以下是薪酬体系的常规设计流程。

## 一、设立薪酬设计小组

在创建一个薪酬体系时，首先需要组建一个由多方面专家组成的薪酬设计小组。该小组的成员应包括人力资源管理专家、财务专家、业务领导者和员工代表。以下是设立小组的关键步骤。

（一）确定目标和范围

需明确其使命和目的，并明确是针对整个组织的薪酬体系设计还是针对特定部门或层级。

（二）选择合适的成员

小组成员应具有不同的专业背景和经验，以便能够从多角度审视薪酬体系的设计。

（三）设立明确的时间表

应设立明确的时间表，包括关键里程碑和目标日期，以确保项目按时完成。

（四）确保资源支持

必须确保小组有足够的资源和支持，包括必要的预算、工具和信息访问权限。

## 二、进行薪酬调查

薪酬调查是收集、分析、解释与组织或竞争对手薪酬和福利实践有关的数据的过程。这有助于确保组织的薪酬体系与市场趋势、竞争态势保持一致。以下是进行薪酬调查的关键步骤。

（一）确定调查的范围和目标

明确调查的目的，例如了解行业的薪酬趋势、竞争对手的薪酬结构等。

（二）选择合适的数据源

这可能包括购买的经过调查的公开可用的统计数据、同行业的共享数据等。

（三）收集和分析数据

通过适当的方法收集所需数据，并进行初步分析，以便了解当前薪酬水平和趋势。

（四）与现有薪酬体系比较

分析组织现有薪酬体系与市场数据之间的关系，找出潜在差距或不一致之处。

（五）制定推荐方案

根据调查结果，提出针对现有薪酬体系的改进和调整建议。

## 三、评估职位价值

评估职位价值是薪酬体系设计中至关重要的一步。职位价值的评估可以确保公司的薪酬结构与其商业战略、文化、市场实际情况、职位之间的内部相对价值相匹配。以下是评估职位价值的主要流程。

（一）确定评估方法

选择合适方法。需考虑公司具体需求和目标，如职位排名、职位分类、因素比较等。

（二）收集职位信息

收集职位描述、职责、资格、技能等信息，确保对职位有全面的了解。

（三）评估职位

根据选择的方法和收集到的职位信息对职位进行评估，确定职位的内部相对价值。

（四）归类和排名

将职位按照评估结果归类和排名，以便于在整个组织中正确定位。

## 四、设定薪酬结构

薪酬结构是公司薪酬体系的核心，它确定了职位薪酬的相对位置和薪酬水平。以下是设定薪酬结构的关键步骤。

（一）确定薪酬政策

薪酬政策是设定薪酬结构的指导方针，要与公司的整体战略和文化相符合。

（二）市场调查

通过市场调查了解同类职位在同行业中的薪酬水平，以确保薪酬竞争力。

（三）设定薪酬档次

根据职位评估的结果和市场调查的数据，设定不同职位的薪酬档次。

（四）制定薪酬政策执行细则

详细规定薪酬结构的实施，包括基本工资、绩效奖金、福利等，确保薪酬政策的透明度和公平性。

（五）持续监测和评估

薪酬结构不应是一成不变的，需要定期监测市场变动，评估薪酬结构的有效性，并在必要时进行调整。

## 五、设计薪酬组成

薪酬组成是员工薪酬体系的一个关键部分，旨在公平、合理地反映员工的工作表现和价值。薪酬组成通常包括以下几个方面。

（一）基本工资

作为员工固定收入的一部分，反映了员工的基本职责和资历。

（二）奖金和激励

旨在鼓励和奖励特定的工作绩效或目标的达成。

（三）福利

包括医疗保险、退休金、年假等，以增加员工的满意度和忠诚度。

（四）长期激励

如股权激励，以促进员工与组织长期目标的一致性。

（五）其他待遇

可能包括教育援助、通勤补贴等，以反映特定角色或组织的独特需求。

此外，设计薪酬组成时需考虑的因素还应包括：

1. 市场竞争情况和行业标准。

2. 组织的战略目标和文化。

## 六、制定薪酬政策

薪酬政策是组织用来管理和指导薪酬体系的规则和准则。以下是制定薪酬政策的关键步骤。

（一）分析组织需求

了解组织的战略目标、文化和市场位置，确定薪酬政策的目的和方向。

（二）市场调查

收集和分析行业和地域的薪酬数据，以确保薪酬体系的竞争力。

（三）定义薪酬结构

设立薪酬级别和范围，明确不同级别和职位的薪酬区间。

（四）设立奖励机制

根据组织目标和员工绩效，设立合理的奖金和激励制度。

（五）制定福利计划

考虑员工需求和组织战略，提供吸引人的福利套餐。

（六）法规遵从

确保薪酬政策符合相关法律法规要求，包括平等报酬、最低工资规定等。

（七）沟通和执行

将薪酬政策清晰地传达给所有利益相关方，并确保其在组织内的一致执行。

（八）定期审查

根据市场变化和组织需求，定期审查和更新薪酬政策。

## 七、评估与反馈

（一）评估的重要性

评估是薪酬体系设计流程中的关键环节。它不仅有助于了解薪酬体系是否有效地满足了组织和员工的需求，而且还能确保薪酬体系与组织的总体战略和目标相一致。

评估过程主要包括以下几个方面。

1. 效果评估：衡量薪酬体系是否达到了预定的目标，如提高员工满意度、增加留存率等。

2. 成本效益分析：分析薪酬体系的成本与收益，确保组织的投资获得合理的回报。

3. 过程评估：分析薪酬体系设计和实施的流程，以找出潜在的改进领域。

（二）反馈的角色

反馈是评估过程中不可或缺的一环，它涉及从多个层面收集信息，并将这些信息反馈给相关的人员。

有效的反馈机制能够：

1. 增加透明度，促进员工理解和接受薪酬体系。

2. 提供改进的机会，采纳员工的意见和建议进行不断优化。

3. 强化员工的归属感和参与感，从而提高其工作满意度。

## 八、与法规相一致

### （一）法规环境

薪酬体系的设计和实施必须符合所在地区和行业的法规要求。法规可能涉及薪资水平、福利、工时、平等待遇、税务等方面。这些法规可能会随政府政策和社会需求的变化而变化。

### （二）法规合规策略

了解并理解适用于组织的所有相关法规，确保薪酬体系的设计符合这些法规的要求。

持续监测：随时关注相关法规的变化，并及时调整薪酬体系以确保持续合规。

内部政策与程序：制定内部政策和程序以确保组织的所有成员理解并遵循相关法规。

合规审查：定期进行合规审查，评估组织在薪酬管理方面的合规性，并根据需要进行调整。

### （三）遵循法规的重要性

遵循法规不仅是法律要求，而且是道德责任。违反法规可能会导致法律诉讼、罚款甚至声誉损失。此外，合规的薪酬体系有助于建立员工和公众对组织的信任和尊重。

薪酬体系的设计是一项复杂的任务，它涉及对组织目标、市场动态和员工需求的深入理解。通过上述流程，组织可以创建一个公平、竞争、激励的薪酬体系，以支持其长期战略并激励员工达到更高的绩效水平。

# 薪酬日常管理

薪酬日常管理是公司人力资源部门不可或缺的一项重要职责，它直接关系到员工的满意度、工作积极性和团队凝聚力。

## 一、薪酬制度执行

薪酬制度执行是确保薪酬体系在组织和团队中得到有效实施的过程。执行薪酬制度涉及的方面广泛，包括制定明确的方针和政策、开展沟通、确保合规、持续的评估和调整、利用科技工具。

### （一）制定明确的方针和政策

组织必须确立明确的薪酬方针和政策，以指导薪酬制度的执行。这些方针和政策应符合组织的整体战略和文化，并体现公平、透明和竞争力。

### （二）开展沟通

沟通是薪酬制度执行的关键环节。组织需要清晰地向员工解释薪酬体系的结构、计算方法和支付程序。有效的沟通可以增强团队成员对薪酬制度的理解和接受度。

### （三）确保合规

组织必须遵循各种法律和法规，例如劳动法、税法等。合规不仅有助于避免法律风险，还能增强组织的声誉和员工的信任。

**（四）持续的评估和调整**

应定期评估和审查薪酬制度执行的效果。根据市场的变化和组织目标的调整，薪酬体系可能需要进行适时的调整。

**（五）利用科技工具**

现代薪酬管理可以利用各种科技工具进行协助。

## 二、薪酬发放管理

**（一）发放政策与流程**

薪酬发放管理是薪酬管理体系的重要环节之一，涉及员工薪酬的准确、及时、合法的分配。

1. 发放政策：公司应明确薪酬发放的具体政策，包括发放频次（如月度、季度等）、发放渠道（如银行转账、现金支付等）和税务处理等。

2. 发放流程：清晰的发放流程有助于确保薪酬的准确性和及时性。流程可能包括核算、审批、转账、通知等阶段。

**（二）准确性管理**

确保薪酬的准确性是管理的核心任务。错误可能会导致员工不满，并涉及法律风险。

1. 核对工资单：对员工工资单的明细进行核对，确保没有计算错误。

2. 合规性检查：确保所有的支付都符合相关法律和监管要求。

**（三）发放效率与满意度**

高效的发放流程不仅能够节省企业资源，还能提高员工满意度。

1. 自动化流程：许多企业通过自动化软件来管理薪酬发放，减少人工错误和提高效率。

2. 员工反馈：定期收集和分析员工关于薪酬发放的反馈，以改进流程和增加满意度。

## 三、薪酬沟通与透明度

**（一）薪酬沟通的重要性**

薪酬沟通是组织内部沟通的关键环节，涉及员工对公司薪酬结构、政策、福利等的理解和认同。良好的薪酬沟通可以增强员工的归属感，促进他们的工作满意度和积极性。

1. 增强透明度：通过明确沟通公司的薪酬体系、结构和政策，使员工了解自己的工资是如何确定的，从而增强透明度和公平感。

2. 促进信任：透明的薪酬沟通有助于建立员工和管理层之间的信任，增强团队凝聚力。

3. 激发工作动力：明确的薪酬沟通能让员工了解工作绩效与薪酬之间的直接关系，激发其工作动力。

**（二）薪酬透明度的实现方式**

1. 公开薪酬范围：将职位的薪酬范围公之于众，让员工了解不同职位、不同级别的薪酬标准。

2. 定期沟通会议：定期组织薪酬沟通会议，解释公司的薪酬政策，回答员工的问题，增强理解。

3. 建立薪酬查询系统：允许员工通过内部系统查询自己的薪酬、福利和奖金情况，确保信息透明。

（三）持续改进与挑战

实现薪酬透明度并不是一次性的任务，需要持续努力和改进。

1. 适时更新：随着组织发展和市场变化，应适时更新薪酬体系，并及时与员工沟通。

2. 平衡隐私与透明度：透明度不应侵犯个人隐私，要在公开信息和保护隐私之间找到平衡。

3. 培训管理人员：管理人员是薪酬沟通的关键，其应接受有关如何有效沟通薪酬的培训。

**【案例】诺基亚薪酬体系**

诺基亚（Nokia）公司是一家总部位于芬兰埃斯波，主要从事移动通信产品生产的跨国公司。

诺基亚内部的薪酬体系帮助员工明确工作目标。当代管理大师肯·布兰查德在其著作《一分钟经理》中指出："在相当多的企业里，员工其实并不知道经理或者企业对自己的期望，所以在工作时经常出现'职业偏好病'，即做了过多经理没有期望他们做的事，而在经理期望他们有成绩的领域里却没有建树。造成这样的情况，完全是由于经理没有为员工做好目标设定，或者没有把目标设定清晰地传递给员工。"

这个观点指出了员工绩效管理里一个长期为人忽视的问题——在许多情况下，员工的低效业绩，并不是因为员工的低能力或低积极性，而是因为目标的不明确。而绩效体系是整个薪酬体系的基础，如果没有解决好这个问题，薪酬体系的合理性与公平性必然会受到挑战。精于管理的诺基亚早就看到这个问题，其解决方案甚至比肯·布兰查德的解决方案更具前瞻性和战略性。

诺基亚则认为，既要对每一个员工的工作目标又要对员工的发展方向进行明确的界定与有效的沟通。只有这样，员工才能在完成眼前工作目标的基础上，与企业的发展保持同步，才能在企业成长的同时，找到自己更大的发展空间。而且诺基亚提倡，在这个目标确定的过程中，员工才是主动角色，而经理则应该从旁引导。《IT时代周刊》记者采访得知，为了达到这个目标，诺基亚启动了一个名为IIP（invest in people，人力投资）的项目：每年要和员工完成2次高质量的交谈，一方面要对员工的业务表现进行评估，另一方面还要帮助员工认识自己的潜力，告诉他们特长在哪里，应该达到怎样的水平，以及某一岗位所需要的技能和应接受的培训。

通过IIP项目，员工可以清晰地感觉到，诺基亚是希望员工获得高绩效、拿到高薪酬，并且不遗余力地帮助员工达到这个目标。这就为整个薪酬体系打下了良好的基础。

**一、薪酬参数保持行内竞争力**

诺基亚认为，优秀的薪酬体系，不但要求企业有一个与之相匹配的公平合理的绩效评估体系，更要在行业内的企业间表现出良好的竞争力。比如说，如果行业内 A 层次员工获得的平均薪酬是 5000 元，而诺基亚付给企业内 A 层次员工的薪酬只有 3000 元，就很容易造成员工流失，这样的薪酬体系是没有行业竞争力的。然而这里又存在一个问题，如果企业员工的薪酬水平远高于行业内平均水平，就会使企业的运营成本高于同行业，企业的盈利能力就会削减。这同样也是不利于企业发展的。

为了确保自己的薪酬体系具备行业内竞争力而又不会带来过高的运营成本，诺基亚在薪酬体系中引入了一个重要的参数——比较率（comparative rate），计算公式为：诺基亚员工的平均薪酬水平/行业同层次员工的平均薪酬水平。例如，当比较率大于 1，意味着诺基亚员工的平均薪酬水平超过了行业同层次员工的平均薪酬水平；当比较率小于 1，说明前者低于后者；等于 1，则两者相等。

为了让比较基数（行业同层次员工的平均薪酬水平）保持客观性和及时性，诺基亚每年都会拨出一定的经费，让专业的第三方市场调查公司进行大规模的市场调查。根据这些客观数据，再对企业内部不同层次的员工薪酬水平做适当调整，务求每一个层次的比较率都能保持在 1～1.2 的区间内（即行业同层次员工的薪酬水平的 1～1.2 倍）。这样既客观有效地保持了薪酬体系在行业内的竞争力，又不会带来过高的运营成本。

## 二、精英员工高薪酬

帕累托法则（Pareto's law）又称 80/20 法则，它概括性地指出了管理和营销中大量存在的一种现象，比如：20% 的顾客为企业产生了 80% 的利润，或 20% 的员工创造了企业80% 的绩效。根据前者，营销界衍生出一套大客户管理（key customer management）理论与方法；而后者则促进了人力资源管理上的一种新理论——重要员工管理（key staff management）理论的产生。

诺基亚是重要员工管理理论的推崇者，从其薪酬体系中即可明显发现这一点。例如，诺基亚的薪酬比较率明显地随级别升高而递增：在 3～5 级员工中，其薪酬比较率为 1.05；而在更高一层的 6 级员工中，其薪酬比较率为 1.11；到了 7 级员工，这个数字提高到了1.17。也就是说，越是重要、越是对企业有贡献的精英员工，其薪酬比较率就越高。这样，就确保了富有竞争力的薪酬体系能吸引住企业的重要员工。

这还使得诺基亚的薪酬体系有一个特征：级别越高的员工，其薪酬就越有行业竞争力。这让高层人员的稳定性有了较好保证，有效避免了企业高层动荡带来的伤害，使诺基亚的企业发展战略保持了良好的稳定性。而这对于企业的持续发展来说，是至关重要的。

而在不同层次的薪酬结构上，诺基亚也根据重要员工管理原则做了相应的规划，其薪酬结构上有三个趋向性特征：基本工资随着等级的升高而递增；现金补助随着等级的升高而降低；绩效奖金随着等级的升高而升高。重要员工管理理论在诺基亚薪酬体系中的嵌入，不仅保证了高层员工有更好的稳定性和更好的绩效表现，也给低层员工开拓了一个广阔的上升空间。诺基亚的薪酬体系表现出相当强的活力与极大的激励性。

## 三、人文关怀

值得一提的是，诺基亚北京公司薪酬体系中的现金福利部分，有一个排满中国节日的现金福利发放表：春节每个员工发放现金福利 600 元，元旦 200 元，元宵节 100 元，中秋节 200 元，国庆节 300 元，员工生日发放 400 元。

诺基亚是一个典型的跨国公司，其现金福利的发放，虽然不算一个大数目，却完全是按照中国传统的节日来设计的。其中体现出的对中国文化的理解，让中国员工有被尊重与被照顾的感觉。而"员工生日"现金福利的规定，更是让员工感受到细致入微的人文关怀。

在薪酬体系中表现出来的对中国文化与中国员工的尊重，使员工的"受尊重、被确定"的组织认同需求得到满足，这无疑是诺基亚薪酬制度上的另一个闪光点。

### 【寓言】乞丐和狗

有一个老乞丐，过着食不果腹的日子，他每天沿街乞讨，饥寒交迫地过着他的余生。在一个冬夜，老乞丐行走在雪地里，四处张望，试图寻找一个相对暖和一些的地方来度过这个寒冷的夜晚。突然，不知是什么东西绊了他一下，老乞丐重重地摔倒在地上。他慢慢地爬起来，低头一看，是只断了一条腿的狗横卧在马路中间，这只狗用绝望的眼神看着他，眼里噙着泪花。

老乞丐看着它，心里不知不觉地产生一种酸楚的感觉，悲叹自己的命运和这只狗是何其相似。于是他在附近找了一些树枝和绳子把狗的腿绑了绑，然后带着它蜷在一个墙角下过了一夜。

几天如一日，时间过去了一个星期，这只狗的断腿有些灵活了，它的精神头也足了。这些日子里，老乞丐靠每天在垃圾堆里捡一些人们吃剩的骨头喂这条狗，但是骨头的数量根本就无法满足这条狗的胃口，这是没有办法的事实，因为他也整天饿着肚子。老乞丐看着这只狗已经能够顺利行走了，满意地拍拍它的脑袋，对它说："走吧，在我这儿你会被饿死的，快去寻找一家好主人吧。"可是这只狗就在他身边摇着尾巴，用舌头不断地舔着他那粗糙的手心，眼里充满期望的目光，好像在说："我以后不会离开你的。"

老乞丐看着这一幕，眼泪禁不住夺眶而出，他活了这么大的岁数，到现在才真正感觉到了一次从小到大都没有的成就感。显然，老乞丐有些激动了，激动得双手有些颤抖，他用这双颤抖的双手搂着狗的脑袋，终于做出了最后的决定，那就是要与它相依为命，度过自己的残生。到了夜晚，这只狗主动给老乞丐叼来杂草铺地，白天为他带路，老乞丐依然每天为它捡着骨头，虽然他们仍然还是总饿着肚子，可是快乐却总是光顾着他们。

有一天，在一座大饭店门前，他们享受了一顿意外的美餐。有一家人在这个饭店里举办婚礼，主人今天异常地高兴，把很多的剩菜剩饭给了这个老乞丐。最后，老乞丐吃得挪不动步了，他的狗看着剩下的一大堆骨头也没有了胃口，老乞丐指着狗身上溜圆的肚皮哈哈大笑，狗也看着老乞丐鼓起的肚子汪汪乱叫，似乎在说："你不用笑我，你也差不多。"

但是，美好的场景终究是一时的，他们不得不回到现实中来。接下来，他们依然要面对饥饿，老乞丐倒是无所谓，因为他已经习惯了这种生活，可是他的狗不一样，美餐已令它难以忘怀。

终于，在一个冬夜，还是像他们相遇时那样寒冷的一个冬夜，它离开了他。第二天清晨，老乞丐又来到那家饭店门口，躲到墙角，看着他的狗在饭店门口不停地摇着尾巴，他叹了一口气，含着眼泪走了。

[分析]

"薪酬激励"，这是一个企业管理者提起来就头疼的难题。它是一把"双刃剑"，既是企业发展的"发动机"，同时也是一个无所不能的"破坏者"。有的管理者认为，奖励自己的员工就要到位，其实这样的认识是偏颇的，一个人的欲望是无止境的，员工也不例外。作为企业的领导者，不妨想想当年自己创业时的情景，如果没有当年日益膨胀的欲望，怎么会有今天的成就？

当然，我们不提倡企业在员工身上节约成本，而应在奖励的方式方法上下足功夫。比如：主管准备拿出 5000 元奖励某个员工，一次全部给他的效果应该是没有分 5 次给他的效果好。

其中蕴含着什么道理呢？分时段、分金额奖励员工，会让员工感到自己在不断地受到激励，从而能不断地激发他的动力，发挥他最大的潜能，我们不妨称之为分步激励法。

根据心理学研究表明，在员工的心里，奖励的金额可能不如奖励的次数重要，这就产生了"1＋1＋1＋1＋1＞5"的现象。为什么这个不等式中会有大于号出现呢？因为在不等式的前边隐藏了"员工心理"的成分。

[点评]

作为企业的领导者，头脑中要时刻装着企业的危机意识，企业发展得好时，可能奖励员工不是一个问题。企业一旦出现这样或那样的问题，尤其是在财务方面出现了问题时，奖励员工很可能就会成为最大的难题，此时，薪酬激励就会变成一颗"定时炸弹"，随时都有可能引爆员工的不满情绪。

分步激励法在此时就会凸显其巨大的作用。股权激励法则与分步激励法恰恰相反，它是企业一次性给予，员工虽然看得见但要分时段、分多次且还要努力才能够拿得到。股权激励法比分步激励法又前进了一步。

# 第三节　员工福利与激励

员工福利是一种补充薪酬，是激励和留住员工的重要手段。它包括健康保险、退休计划、员工股票购买计划、带薪休假等。员工福利不仅是一种福利，还是一种强大的激励机制，能够提高员工的满意度和忠诚度，从而增强团队的稳定性和凝聚力。

## 员工福利的概念与重要性

### 一、员工福利的概念

员工福利，也称为福利报酬或附加福利，指组织向员工提供的除基本薪资和奖金之外的利益和服务，通常涵盖健康保险、退休计划、员工休假、教育津贴、食堂设施等。员工福利可以是有形的，也可以是无形的。

（一）有形福利

如医疗保险、退休金、餐食补贴等。

（二）无形福利

如良好的工作环境、职业发展机会、工作生活平衡等。

（三）法定福利

法定福利是指根据法律规定，组织必须为员工提供的福利，如社会保险等。

（四）自愿福利

自愿福利是指组织为了吸引和留住员工、增加员工满意度而自愿提供的超出法定要求的福利，如员工培训、健身房会员等。

## 二、员工福利的重要性

员工福利的重要性在团队管理和激励方面有着深远的影响。

（一）增强员工满意度

通过提供有吸引力的福利套餐，组织可以增强员工的满意度和忠诚度。

（二）吸引和留住人才

优越的福利套餐可以使组织在竞争激烈的人才市场中脱颖而出。

（三）提高生产效率

良好的福利条件可以激励员工投入更多的努力，从而提高生产效率。

（四）强化团队精神

通过共享福利，组织可以培养共同价值观和团队凝聚力，进一步强化团队精神。

（五）支持员工发展

如教育津贴和职业培训，可以支持员工个人和职业发展，有助于团队长期成功。

综上所述，员工福利不仅是人力资源管理的重要组成部分，也是现代组织激励、留住和培养人才的关键工具之一。从组织行为学的角度来看，员工福利对于创建积极的工作氛围和推动组织成功具有重要意义。

# 员工福利与激励的关系

员工福利是团队激励体系的一部分，与激励有着密切的关联。通过提供吸引人的福利套餐，企业可以表达对员工的认可和关怀，从而激发员工的积极性和归属感。许多研究显示，与薪酬相比，福利往往在激励员工方面有着更为深远的效果。

福利激励作为一种非经济形态的激励手段，通过为员工提供某些额外的福利和待遇来提高员工的满意度和工作积极性。成功的福利激励不仅依赖于所提供的福利类型，还在于其实施策略。以下是实施福利激励的主要策略。

## 一、需求分析

通过调查、访谈等手段了解员工的需求和期望，确保所提供的福利能够直接对应员工的实际需求。

## 二、目标明确

设立明确的福利目标，如提高员工满意度、降低员工流失率等，并将这些目标与公司的长期目标相结合。

## 三、福利的定制化

认识到不同的员工可能有不同的需求和价值观，因此提供一些可以定制的福利选择，让员工根据自身情况选择最适合自己的福利。

## 四、公平性原则

确保福利的公平分配，避免因为福利的不公平分配造成员工间的矛盾和冲突。

## 五、透明化管理

公开和透明地展示福利政策和分配情况，让员工了解并信任福利激励的流程。

## 六、持续性评估

定期评估福利激励的效果，通过员工反馈和相关数据分析不断优化和调整福利政策。

## 七、与绩效相结合

将一些福利与员工的工作绩效相结合，进一步激励员工的工作积极性。

## 八、法律合规

确保所有福利政策符合相关法律法规，避免可能的法律风险。

## 九、有效沟通

与员工保持有效沟通，确保他们了解和认同福利政策，并在实施过程中收集反馈，以进行必要的调整。

## 十、外部比较

与同行业或其他相关行业进行比较，确保公司的福利政策在市场上具有竞争力。

总的来说，福利激励的实施策略要求公司在理解员工需求的基础上，制定明确、公平、透明、合法的福利政策，并通过持续的评估和沟通来确保福利激励的效果。这样的策略可以增强员工的归属感和满意度，从而提高整个团队的凝聚力和工作效率。

**【案例】腾讯里程碑方案**

针对大厂"35岁"现象，腾讯推出了员工"法定退休腾讯专属福利"及员工"职业里程碑"关怀方案。

该方案中，员工"职业里程碑"从过去的3个节点升级为6个节点，即从原来的入职1年、10年、20年3个重要节点，升级为入职1年、5年、10年、15年、20年、法定退休6个重要节点，每个节点员工都能享受到不同实物礼品或特色权益。新增的"5年"节点对应权益为一份长期健康保障，即使员工从腾讯离职仍可继续持有。新增的"15年"节点对应权益为"终身健康保障"和"长期服务回馈权益"，前者为公司赠予一份终身健康保险，后者含长期服务纪念礼品、长期服务感谢金、长期服务荣誉金。

是否提前解锁"长期服务回馈权益"，由员工自主申请，权益标准参照此前公司推出的"法定退休腾讯专属福利"。对于满足15年入职年限又尚未达到法定退休年龄的员工，将可以自由选择是否"提前退休"，开启新的人生历程。不提前解锁该项权益的员工，可以继续在腾讯发光发亮，并获得更好的保障。

**【点评】**

薪酬福利激励是目前大多数企业中最重要的激励手段，相比于高薪，福利能够更持久地激励员工，满足员工的不同层次的需求：生理需要、安全需要、社交需要、尊重需要及自我实现需要。

而现实中，企业在福利体系上的投入很多，但员工则认为福利是企业应该给予自己的，使得福利体系的激励机制根本没有发挥出来。企业做了投入，但员工却没感受到，为什么会这样呢？

心理学研究表明人的需要会引发动机，有了动机之后才会引起行为，由此可以看出需要是人类行为的出发点。因此，企业要想最大程度地发挥福利体系的激励作用，就应该使福利的设置能够满足员工的需要。各企业有各企业不同的特点，因此员工福利关怀方案设计也会有不同的特点。

# 第四节　非薪酬激励

非薪酬激励是一个多层次、多元化的概念，与传统的薪酬激励不同，它不直接与金钱和有形奖励相连，而是关注于个体的心理需求和社交动机。下面，我们将详细探讨非薪酬激励的类型及其在团队管理中的作用。

## 非薪酬激励的类型

非薪酬激励指的是不以金钱形式奖励员工的激励方式。其通常更注重精神层面和职业成长方向的鼓励与支持。以下是非薪酬激励的主要类型。

### 一、职业发展机会

提供员工晋升和职业成长的机会，如培训、教育支持、职业规划等。职业发展机会作为一种非薪酬激励方式，强调的是提供员工专业增长和职业前景的机会。具体表现为以下几个方面。

**（一）培训与教育支持**

企业可提供或资助员工参与专业培训、研讨会、进修学习等，以提升员工的专业技能和知识水平。这类支持可以是针对当前工作职责的，也可以是针对未来职业发展方向的。

**（二）职业晋升通道**

清晰的晋升路径和提升机会可以激发员工的积极性和工作投入。员工看到自己的努力能够转化为实实在在的职位提升和职责增加，会更加投入工作。

**（三）个人职业规划**

企业可与员工一起制定长期职业规划，帮助员工明确职业方向和目标，并提供支持和资源。

## 二、工作满足感的提升

工作满足感是员工对自己工作内容、环境、成果等方面的满意度。例如赋予权力、任务丰富化、工作自主化等方式，让员工感受到工作的价值和成就感。

### （一）赋予权力

让员工在工作中有更多的决策权，可以提升其对工作的控制感和满足感。

### （二）任务丰富化

通过增加工作的多样性、挑战性等，让员工在工作中感受到成长和挑战。

### （三）工作自主化

让员工自己安排工作的时间、地点和方式，有助于提高工作效率和满足感。

## 三、公开表扬与认可

通过公开的方式表彰员工的贡献和努力，增加员工的自尊和自信。

### （一）公开场合的表扬

在团队会议、企业活动等场合对员工进行公开表扬，可以大幅提升员工的自信和自豪感。

### （二）荣誉与证书的授予

可以设计一些特别的荣誉称号、证书等，对员工的突出贡献给予形式化的认可。

### （三）领导的个人肯定

领导及时的赞誉和肯定，即使是一句简单的"干得好"，也能极大提升员工的满足感和归属感。

## 四、工作环境与文化

良好的工作环境和公司文化也是一种重要的非薪酬激励，包括团队合作精神、友好的同事关系、和谐的上下级关系等。

### （一）团队合作精神

公司可以通过组织团队建设活动、交流会议等方式，促进员工间的相互了解和合作，增强团队合作精神。

### （二）友好的同事关系

鼓励员工之间的友谊和相互尊重，通过组织员工聚餐、庆祝生日等活动增进彼此间的感情。

### （三）和谐的上下级关系

倡导开放和公平的沟通环境，鼓励员工与上级分享想法和反馈，增强彼此之间的信任和理解。

## 五、弹性工作制度

允许员工根据需要自由调整工作时间和地点，更好地平衡工作和生活。

（一）弹性工作时间

员工可以自主选择工作时间，以适应自己的生活节奏和工作习惯。

（二）远程工作机会

为员工提供在家工作或其他远程地点工作的机会，增强工作与生活的平衡。

（三）休假安排

根据员工的需要和工作压力合理安排休假，确保员工得到充分休息和恢复。

## 六、员工参与决策

鼓励员工参与公司的决策过程，让员工感受到对公司的归属感和控制感。

（一）透明度

公司应公开和透明地分享决策过程，让员工了解决策背后的理由。

（二）意见收集

鼓励员工提出自己的看法和建议，甚至可以通过投票方式让员工直接参与某些决策。

（三）反馈机制

建立有效的反馈机制，以确保员工的声音得到回应，并对决策过程进行持续改进。

## 七、领导关怀与支持

领导的关怀与支持在组织内部有着关键的作用。通过向员工展示同理心、理解和关心，领导可以使员工增加信任感和忠诚度。

（一）一对一沟通

设立定期的一对一沟通时间，让员工与领导之间有机会交流与分享，以及探讨职业发展道路。

（二）敞开式沟通

领导的开放和信息的透明可以降低信息不对称造成的问题，使员工感受到被重视和被信任。

（三）提供必要支援

无论是工作上的挑战还是生活上的困扰，领导的及时支援都会让员工感到温暖和充满力量。

## 八、个人与团队成长

个人与团队的成长不仅可以提高工作效能，还可以增强团队凝聚力和员工的满足感。

（一）个人成长计划

为员工设立个人成长计划，并提供必要的培训和支持。

（二）团队协同培训

组织团队协同培训和团建活动，提升团队的合作效率和氛围。

（三）领导力培养

为有潜力的员工提供领导力培养机会，培育未来的领导人才。

## 九、社会责任与义工活动

公司的社会责任和员工参与的义工活动不仅展现了企业的社会担当，也增强了员工的归属感和使命感。

（一）社会责任项目

公司可设立或参与各类社会责任项目，如环保、教育支援等。

（二）员工义工计划

鼓励和支持员工参与社区服务和义工活动，增强社会责任感。

（三）反馈与共享

通过定期的反馈和共享活动成果，增强企业与员工间的共同目标感。

# 非薪酬激励在团队管理中的作用

非薪酬激励在团队管理中占有重要地位，其对于团队的长远成功、员工满意度和持续发展具有深远的影响。以下是非薪酬激励在团队管理中的具体作用。

## 一、强化团队凝聚力

团队凝聚力是团队成功的关键要素之一。它指的是团队成员之间相互依赖、紧密合作以达到共同目标的意愿和能力。通过非薪酬激励的手段，团队凝聚力可以得到显著提高。

（一）认可和赞扬

人们普遍渴望得到他人的认可和尊重。对团队成员的特殊贡献或成就给予适时的认可和赞扬，可以加强团队成员的归属感，进一步促使他们为实现团队目标而努力。

（二）荣誉和声誉

团队中的荣誉制度，例如设立"最佳团队成员""优秀项目贡献奖"等，能够激发团队成员的自豪感。与之类似，团队声誉的建立也是非薪酬激励的重要组成部分，强调团队整体形象的塑造可以使团队成员更愿意投身于团队的共同目标之中。

（三）晋升机会

为团队成员提供晋升机会，例如增加更多责任或更高级别的角色，可以激发他们的职业发展激情。这不仅增强了团队成员对团队的忠诚度，而且通过实现个人职业成长来促进团队凝聚力。

（四）工作挑战

为团队成员提供新的和更有挑战性的工作任务也是增强凝聚力的有效方式。这些挑战可以激发成员的创造力和求知欲，促使他们更加专注和投入，从而提高团队整体的执行效率和创造力。

非薪酬激励的力量不容小觑。通过采取上述方法，团队可以增强内部的相互关系，推动共同目标的实现，从而在不增加金钱成本的前提下，大大提高团队凝聚力。团队领导者和管理者应该充分认识到非薪酬激励的重要性，并灵活运用这些策略，以促进团队的健康发展和成功。

## 二、提高员工满意度

在组织中，员工满意度是一个复杂且重要的指标，它不仅关乎个人的职业幸福感，也影响着团队的整体凝聚力和组织的长期稳定性。非薪酬激励作为一种有效的激励手段，更侧重于满足员工的心理和情感需求。以下几个方面阐述了非薪酬激励如何助力提高员工满意度，降低离职率。

（一）提供专业成长机会

专业成长机会是许多员工追求的核心需求。与薪酬、福利等物质激励相比，提供学习和成长的空间更能激发员工的积极性和忠诚度。例如，组织可以通过提供内部培训、外部学习课程，参加专业研讨会等方式，帮助员工提升专业技能和扩展职业视野。

（二）工作环境优化

一个舒适、积极的工作环境可以显著提升员工的工作满意度。从办公设施、团队氛围到工作流程合理化，这些看似细微的改进都能够让员工感受到组织的关怀和支持，从而更投入工作。

（三）确保工作与个人价值观的匹配

通过与员工沟通理解其个人价值观，组织可以确保员工的工作与其个人信念、追求相匹配。当员工认为工作与自己的价值观契合时，将更有动力和满足感。

（四）促进工作生活平衡

在快节奏的工作环境中，工作生活平衡的重要性日益突出。非薪酬激励可以通过灵活的工作时间、远程工作等政策，帮助员工在事业和个人生活之间找到平衡，从而提高工作满意度。

非薪酬激励不仅是一种激励手段，更是一种人本管理的哲学，关乎组织与员工的长期合作关系。通过满足员工的心理和情感需求，组织不仅能提高员工的工作满意度，更能增强团队凝聚力，降低离职率，从而实现团队和组织的共同发展。

## 三、促进个人目标与组织目标的一致

为员工提供符合其价值观和职业目标的非薪酬激励，能够增强个人目标与组织目标的一致性，从而推动组织目标的有效实现。

（一）个人目标与组织目标的冲突与一致

在组织管理的实践中，个人目标与组织目标往往存在冲突和分歧。员工可能追求个人成长、职业发展和工作满足感，而组织则侧重于效率、生产力和利润的最大化。这种冲突可能会阻碍组织目标的实现，降低团队的凝聚力和效率。

（二）非薪酬激励的作用

非薪酬激励通过识别和满足员工的个人需求和价值观，构建了一个将个人目标与组织目标结合在一起的桥梁。非薪酬激励可能包括职业发展机会、培训和教育、承认和表彰、更有利的工作安排等。

1. 职业发展机会：提供员工提升自己技能和晋升的机会，有助于激发他们的积极性和忠诚度。

2. 培训和教育：通过专门的培训和教育计划，帮助员工提高能力和适应组织的需求。

3. 承认和表彰：对优秀员工的公开认可可以提高其归属感，促使他们更加努力地为组织目标工作。

（三）实现目标一致的策略

1. 了解员工需求：深入了解员工的个人目标和价值观，设计符合他们需求的非薪酬激励方案。

2. 灵活定制激励方案：不同员工的需求可能有所不同，因此方案应具有灵活性，以适应各种情况。

3. 持续监测和评估：方案应定期评估和调整，以确保其始终与员工需求、组织目标保持一致。

促进个人目标与组织目标的一致不仅可以提高组织的效率和生产力，还可以增加员工的满意度和忠诚度。通过为员工提供符合其价值观和职业目标的非薪酬激励，组织可以构建一个更加和谐、有效的工作环境，从而推动组织目标的有效实现。

## 四、增强员工创新能力与积极性

在现代组织中，创新能力与积极性是促进组织增长和绩效提升的关键因素。非薪酬激励是一种强大的工具，可以用来增强员工的这些关键素质。下面将详细探讨非薪酬激励是如何实现这一目标的。

（一）提供培训

提供培训不仅有助于增强员工的技能和能力，而且可以激发他们的创造力和创新思维。培训可以是正式的，如工作坊或研讨会，也可以是非正式的，如同事间的指导和合作。

1. 创新思维培训：通过教授创新方法和技巧，帮助员工思考和解决问题的新方式。

2. 跨部门培训：跨部门或跨职能团队的培训可以打破孤岛思维，促进跨领域的合作和创新。

3. 技能提升：新技能和新工具的培训可以保持员工的知识、技能与行业最新趋势同步，以增强创新能力。

（二）提供项目机会

组织通过提供有挑战性和有意义的项目机会，激发员工的积极性和投入。

1. 实际项目经验：让员工参与实际项目，允许他们尝试新的角色，以增强其自信和动机。

2. 跨部门合作：鼓励不同部门间的合作，可以促进新思路和解决方案的产生。

3. 自主选择项目：允许员工选择有兴趣的项目以提高工作满意度，并激发更多创新精神。

（三）创建自主工作环境

创建一个支持自主和创造性工作的环境是增强员工创新能力和积极性的一个关键方面。

1. 灵活工作安排：提供灵活的工作时间和地点，在最有效的时间和地点工作可以提高员工的效率和满意度。

2. 鼓励试错文化：鼓励尝试和失败，强调从失败中学习，促进更大胆的创新。

3. 支持个人成长：提供资源和支持，帮助其实现职业目标，以增强其投入和满足感。

非薪酬激励如提供培训、项目机会、自主工作环境等，不仅能增强员工的创新能力和积极性，还能促进团队整体的创新能力和效率提升。组织可以通过这些方式深化员工的职业发展，增强员工的归属感和满意度，并在更广泛层面上促进组织的持续增长和成功。

## 五、有助于企业文化的塑造

非薪酬激励不仅关注员工的物质需求，而且还反映企业的价值观和文化。通过实施一系列与企业价值观和文化相匹配的非薪酬激励措施，企业能够塑造积极的企业文化和品牌形象。

（一）强调员工成长

通过提供培训、教育、职业发展机会等非薪酬激励，企业能够展示对员工成长和发展的承诺。这样的措施鼓励员工不断提高自身的技能和能力，同时也强化了企业对人才培养和提升的重视。

（二）团队合作的推动

许多非薪酬激励措施强调团队合作和协作精神。例如，团队建设活动、项目合作、内部竞赛等方式可以促进团队成员之间的沟通和协同，从而塑造积极的团队文化。

（三）社会责任的体现

通过社会责任项目、志愿服务机会等非薪酬激励方式，企业能够展示其对社会和社区的关注。这样的措施反映了企业的社会责任感，有助于塑造良好的企业形象。

## 六、降低激励成本

非薪酬激励通常成本较低，更容易实施和维持。与传统的薪酬激励相比，非薪酬激励提供了一种灵活、经济的激励方式。

（一）成本效益分析

非薪酬激励措施往往不涉及直接的财务支出，如提供更灵活的工作时间、工作环境改善等。这些措施通常更加经济实惠，同时也能有效地提高员工的满意度和忠诚度。

（二）资源有限情况下的应用

在资源有限或预算受限的情况下，非薪酬激励成为一种非常有效的解决方案。通过非薪酬激励，组织能够在不增加财务负担的情况下，创造积极的工作环境，激发员工的工作热情。

非薪酬激励不仅是一种有效的团队管理工具，而且是一种重要的战略资源，能够增强团队效能、促进个人成长和推动组织发展。合理设计和有效执行非薪酬激励措施，能够在不增加财务负担的同时实现团队激励的目的。有效的非薪酬激励方案，可以从多方面加强团队管理，进而推动组织目标的实现。

### 【案例】00后"整顿职场"

#### 一、职业取向多样化

调查显示，与70后和80后不同，即将通过新一轮学校招聘进入社会的00后年轻人普遍认为，工作不仅仅是为了获得工资来满足他们的生活，更是为了满足兴趣和意义。良好的商业品牌、有利于个人发展的管理团队、鼓励创新、尊重个性文化等关键词已成为衡量职业的重要因素，年轻人的职业取向越来越多样化。调查显示，在所有30个职位关键词中，超过13%的受访者选择了完善的培训和晋升体系，而有竞争力的薪酬和年终奖金分别占近10%和8%。

#### 二、软性福利更受欢迎

在员工福利方面，软性福利对年轻人的吸引力已经超过了硬性福利。调查显示，受访者普遍认为五险一金、节日员工福利礼品、交通补贴、企业班车应属于企业的标准福利，这些关键词在选择学校招聘职位时并不是有利的竞争因素。而受欢迎的软性福利有哪些呢？灵活工作时间、期权、额外带薪年假、租赁补贴/人才公寓、家庭成员福利/员工旅游等关键词更容易进入年轻群体的视野。00后年轻人在爱好、功利主义和焦虑方面都超过了80后。随着他们进入工作场所，企业所描述的职业规划，以及它们能否提供更好的成长机会和空间比以往任何时候更受关注。

受年轻人更加看重的软性福利还包括以下内容。

（一）弹性工作制

允许员工根据自己的工作习惯和效率调整工作时间，有助于更好地平衡工作和生活。

（二）远程办公

在疫情等特殊情况下，允许员工在家远程办公，可以提高工作效率和员工满意度。

（三）健身和娱乐设施

在公司内部提供健身房、游泳池、休息室等设施，有助于员工保持身心健康，提高工作效率。

（四）学习和发展机会

提供培训课程、在线学习资源和发展计划，有助于员工提升技能，实现职业发展。

（五）家庭照顾福利

如提供托儿服务、老人护理服务等，帮助员工解决家庭问题，使其更专注于工作。

（六）心理健康支持

提供心理咨询、心理健康讲座等服务，关注员工的心理健康，缓解工作压力。

（七）节日礼物和庆祝活动

在重要节日为员工准备礼物或举办庆祝活动，增强员工的归属感和团队凝聚力。

（八）志愿者服务机会

鼓励员工参与志愿者活动，为社会做贡献，提升公司的社会责任感和品牌形象。

（九）良好的工作环境

提供宽敞明亮、舒适温馨的工作环境，有助于员工保持愉悦的心情和高效的工作状态。

（十）餐饮和零食

提供免费的餐饮服务或零食，可以让员工感受到公司的关怀，提高工作满意度。

# 第七章　绩效管理与分权管理

随着深入了解了激励机制、薪酬与非薪酬激励，我们对如何量化团队成员的贡献、如何判断团队成员是否达到预期的工作效果、如何将更多决策权下放给团队成员来增强其工作的积极性等有了更深入的思考。这些问题就是我们在第七章要深入讨论的两大主题——绩效管理和分权管理。

在开始探讨这些主题之前，我们先回想一下：我们已经学习了如何设计和实施团队激励机制，如何理解和应用不同的激励理论，如何设计公平且有效的薪酬体系，以及如何利用非薪酬的方式来激发团队成员的工作热情。所有这些都为我们接下来要讨论的主题——绩效管理和分权管理打下了坚实的基础。

在本章中，我们将进一步讨论绩效管理的重要性，并介绍如何进行有效的绩效考核。我们将理解何为分权管理，以及其在团队管理中的应用。我们还将通过案例学习，了解分权管理的优点和缺点，并理解如何在实际工作中运用这些理论和策略。

## 第一节　绩效管理概述

绩效管理是一个全面且连续的流程，它涉及团队成员和领导者之间的沟通与互动，目的在于澄清和对齐工作期望、定义职业角色以及设定明确可达的目标。进一步地，它关注的是如何管理和提升个体或团队的工作绩效，以推动组织的整体战略目标的实现。

在团队环境中，有效的绩效管理是极其关键的。它对于确定团队成员的贡献、提供反馈和激励、指导职业发展和提升团队整体表现都具有重要的作用。当团队中每个人都明确了自己的角色和期望的结果，而且这些期望是与团队和组织的目标相一致的时，团队成员的积极性、责任感和工作满意度都会大幅增强和提升。

### 绩效管理在团队中的定义

在团队环境中，绩效管理是一个连续的、结构化的沟通过程，其在团队领导和团队成员之间进行。它包括设定清晰、合理的期望，持续评估和反馈绩效结果，并据此调整目标和行动计划。

#### 一、目标设定

目标设定作为绩效管理的首要步骤，不仅体现了团队对未来方向的明确追求，而且涉及如何将组织的整体战略反映为个人层面的工作目标。以下是关于目标设定的详细内容。

（一）参与式目标设定

团队成员应参与目标的制定过程，这样可以增强对目标的认同感和达成的动力。

（二）层层分解与对齐

从组织层面到团队层面再到个人层面，目标应层层分解和对齐。这样确保了目标的协调性，使所有层面的努力都指向组织的整体目标。

（三）灵活调整

目标设定不是一次性的过程，在执行过程中，可能需要根据情况进行调整和修订。

（四）目标沟通

确保所有相关人员都清楚并理解目标的重要性和意义。这需要透明度和良好的沟通机制。

（五）与激励相结合

目标应与激励机制相结合，以便鼓励团队成员努力实现目标。

（六）关联长短期目标

长期和短期目标应相互支持和协调。短期目标有助于推动长期目标的实现，同时也为团队提供了及时反馈和激励。

通过恰当地设定目标，团队不仅能够有方向地工作，而且能够通过达成目标获得成就感，进而增强团队的凝聚力和工作动力。综上所述，目标设定是团队绩效管理中不可或缺的环节，具有核心的战略意义。

## 二、绩效评估

绩效评估是团队绩效管理过程的核心部分，涉及评估团队成员的工作表现，以便了解他们在实现既定目标方面的进展。绩效评估的主要目的是识别个体和团队的强项及改进区域，为未来的职业发展和绩效提升提供依据。以下是细化的绩效评估内容。

（一）评估方法

自我评估：团队成员对自己进行评估，有助于个人自省，同时促进领导与员工之间的开放沟通。

同行评估：团队内部成员互相评估，有助于促进团队内的相互了解和信任。

上级评估：直接领导对团队成员的工作表现进行评估，这是最传统的评估方式。

360度评估：结合自我、同行、上级及下属等不同角度的反馈，以获得全面的绩效画像。

（二）评估标准

量化标准：具体、可衡量的标准，例如完成的任务数量、实现的销售目标等。

质量标准：评估工作的效果和成果的质量，如客户满意度、项目完成质量等。

行为标准：评估团队成员的工作态度、沟通能力、团队合作精神等。

（三）评估周期

定期评估：可以是季度、半年或年度评估，有助于及时发现问题并进行调整。

项日结束评估：项目或任务完成后立即进行的评估，更加及时和具体。

（四）评估反馈

及时反馈：评估后应及时与团队成员沟通，提供具体、有针对性的反馈。

持续跟踪：评估不应是一次性活动，而应与持续的目标设置和改进计划相结合。

（五）挑战与陷阱

主观偏见：评估者的主观情感可能影响评估公正性。

过去效应：评估可能过于侧重近期表现，忽略整个评估周期的表现。

绩效评估不仅是量化和判断团队成员表现的工具，更是激励和发展人才、提高团队凝聚力和效率的关键环节。通过多角度、多层次和持续的评估和反馈，可以确保团队不断学习、成长和改进，共同推动组织目标的实现。

# 绩效管理在团队中的应用

绩效管理在团队中的应用是一个多层次、多方位的过程。有效的绩效管理不仅促进了个体和团队的卓越表现，而且增强了团队的协调性和一致性，推动了组织的战略目标实现。

## 一、目标设定与对齐

在团队环境中，明确的目标设定是实现卓越绩效的关键步骤。通过设定具体、可测量、可实现、相关性强和时限明确的目标，团队成员能够明确了解自己的职责和期望成果。这些目标应与团队的整体目标和组织的战略目标相对齐。

（一）目标设定的重要性

在团队管理中，目标设定是必不可少的环节。清晰、具体的目标能够帮助团队成员集中精力、协同工作，以共同迈向成功。

（二）目标对齐的策略

目标对齐是确保个人、团队和组织目标之间的一致性。这可以通过以下方式实现：

沟通：确保团队内部和组织之间的沟通畅通。

激励：通过奖励机制激励团队成员朝着共同的目标努力。

## 二、绩效监测与评估

持续监测和评估团队成员的绩效有助于确保目标的达成，并及时发现和纠正偏差。这包括定期检查进度、分析绩效数据、识别潜在问题并采取措施加以改进。

（一）绩效监测

绩效监测是持续的、系统的过程，用于了解团队或个人是否按计划执行并达成目标。

关键绩效指标（KPI）：通过制定与团队目标直接相关的关键绩效指标，管理者可以实时了解团队的进展。

（二）绩效评估

绩效评估不仅是评价团队或个人表现的过程，还是一个学习和改进的机会。

360度反馈：通过多个角度的反馈，能够全面了解团队或个人的表现。

持续改进：绩效评估应作为一个持续的过程，旨在不断改进和提高团队的绩效。

## 三、激励与奖励

绩效管理不仅关注评估和改进，还应包括对卓越绩效的认可和奖励。通过与绩效结果挂钩的奖励机制，可以进一步激励团队成员努力工作，实现甚至超越目标。

（一）激励的理论基础

如赫茨伯格的双因素理论、马斯洛的需求层次理论等，都为我们提供了激励工作人员的理论基础。

（二）激励手段

物质激励：通过奖金、晋升、股权等方式对员工进行奖励。

精神激励：如表扬、认可等，可以满足员工的自尊和成就需求。

（三）奖励的设立和实施

奖励的设立需要结合企业的战略目标和员工的实际情况，而实施过程则需确保公正、合理和透明。

## 四、个人与职业发展

绩效管理还与个人和职业发展密切相关。通过绩效评估，团队领导和成员可以识别职业发展的机会和需求，从而制定有效的培训和发展计划。

（一）个人职业发展的定义和重要性

个人职业发展是个人职业生涯规划和成长的过程。它不仅关乎个人的兴趣、技能、价值观的发展，还涉及职业目标的设定和实现。这一过程与组织的目标和需求密切相关，因此也成为现代组织管理的重要部分。

（二）职业发展的方法和步骤

自我评估与探索：理解自己的兴趣、能力、价值观，并确定合适的职业方向。

目标设定：根据自我评估，设定长期和短期职业目标。

技能与知识培训：通过教育、培训和实践来发展必要的技能和知识。

职业规划的执行：结合组织的资源和个人努力实现职业目标。

持续评估和调整：随着市场和个人需求的变化，不断调整职业路径。

（三）组织支持的重要性

组织通过提供培训、职业规划，以及与职业发展一致的激励机制来支持员工的职业发展。通过这样的支持，组织可以提高员工的满意度和忠诚度，同时也有助于组织的长远发展。

**【案例】怪俄罗斯矿山爆炸**

一次企业季度绩效考核会议上。

营销部门经理A说：最近的销售做得不太好，我们有一定的责任，但是主要的责任不在我们，竞争对手纷纷推出新产品，比我们的产品好。所以我们也很不好做，研发部门要认真总结。

研发部门经理B说：我们最近推出的新产品是少，但是我们也有困难呀。我们的预算太少了，就是少得可怜的预算，也被财务部门削减了。没钱怎么开发新产品呢？

财务部门经理C说：我是削减了你们的预算，但是你要知道，公司的成本一直在上升，我们当然没有多少钱投在研发部了。

采购部门经理D说：我们的采购成本是上升了10%，为什么你们知道吗？俄罗斯的一个生产铬的矿山爆炸了，导致不锈钢的价格上升。

这时，A、B、C三位经理一起说：哦，原来如此，这样说来，我们大家都没有多少责任了，哈哈哈哈。

人力资源经理F说：这样说来，我只能去考核俄罗斯的矿山了。

[点评]

这是老鼠偷油故事的企业版案例，讽刺又犀利地点明企业绩效管理的思维方式亟待提升。

### 【案例】拉上你的窗帘

据说美国华盛顿广场有名的杰弗逊纪念大厦，因年深日久，墙面出现裂纹。为保护好这幢大厦，有关专家进行了专门研讨。

最初大家认为损害建筑物表面的元凶是侵蚀的酸雨。专家们进一步研究，却发现造成墙体侵蚀最直接的原因，是每天冲洗墙壁所含的清洁剂对建筑物有酸蚀作用。而每天为什么要冲洗墙壁呢？是因为墙壁上每天都有大量的鸟粪。为什么会有那么多鸟粪？因为大厦周围聚集了很多燕子。为什么会有那么多燕子呢？因为墙上有很多燕子爱吃的蜘蛛。为什么会有那么多蜘蛛呢？因为大厦四周有蜘蛛喜欢吃的飞虫。为什么有这么多飞虫？因为飞虫在这里繁殖特别快。而飞虫在这里繁殖特别快的原因，是这里的尘埃最适宜飞虫繁殖。为什么这里最适宜飞虫繁殖？因为开着的窗阳光充足，大量飞虫聚集在此，超常繁殖。

由此发现解决的办法很简单，只要拉上整幢大厦的窗帘。此前专家们设计的一套套复杂而又详尽的维护方案也就成了一纸空文。

[点评]

彼得·圣吉在《第五项修炼》里提到，问题的解决方案既有"根本解"，也有"症状解"。"症状解"能迅速消除问题的症状，但只有暂时的作用，而且往往有加深问题的副作用，使问题更难得到根本解决。"根本解"是根本的解决方式，只有通过系统思考，看到问题的整体，才能发现"根本解"。

我们处理绩效问题，若能透过重重迷雾，系统思考，追本溯源，总揽整体，抓住事物的根源，往往能够获得四两拨千斤的效果。就如杰弗逊纪念大厦出现的裂纹，只要拉上窗帘就能节省几百万美元的维修费用，这是那些专家始料不及的。在遇到重重问题迷雾的时候，及时且准确地判断并拉上你的窗帘是企业绩效管理中的重要思维。

# 第二节　绩效考核

绩效考核作为组织中非常重要的一部分，有着至关重要的作用。在深入探讨绩效考核的具体内容之前，让我们先明确绩效考核的基本概念和重要性。

## 绩效考核的定义

绩效考核（performance appraisal）是一个组织内部的系统化过程，用于评估和解释个人或团队在指定时间段内的工作表现。这一过程不仅涉及对工作成果的测量，还涉及对工作行为和个人潜力的评估。其目的是衡量和评估员工在特定时间段内的工作表现和结果。与此同时，它还为员工的职业发展、激励、晋升等提供了客观的依据。绩效考核不仅有助于了解员工的工作水平，还可以促进组织与员工之间的沟通与理解。

## 绩效考核的重要性

### 一、提高组织绩效

组织绩效的提高依赖于员工的表现。通过绩效考核，管理者可以清晰地了解员工的工作状态和工作成果，从而作出更精确的管理决策，促进组织整体绩效的提升。

（一）绩效考核与组织目标的一致性

绩效考核需要与组织的整体战略和目标密切相关。通过将个人绩效与组织绩效挂钩，激发员工对组织目标的认同和追求。这一过程有助于将组织资源更有效地集中在关键领域，推动组织不断向前发展。

（二）量化管理与精确决策

通过设立明确的绩效指标，管理者可以更精确地掌握员工的工作情况和业绩。这些数据不仅有助于及时发现和解决问题，还能为战略决策提供实证支持，确保组织沿着正确的方向前进。

（三）促进创新与优化流程

绩效考核能够激励员工不断追求卓越，促进工作流程的优化和创新。员工在追求绩效目标的过程中会不断寻找新的解决方案，从而推动组织内部流程的持续改进和优化。

### 二、激发员工潜能

绩效考核不仅是评价员工的工作表现，而且可以揭示员工的潜能和发展需求。通过个人与组织目标的对齐，员工可以更清晰地认识到自己的责任和成长方向，从而全力投入工作。

（一）识别和培养潜力人才

通过绩效考核，组织能够更清楚地了解每位员工的能力和潜力。这为正确地识别和培养潜力人才提供了有力工具，有助于员工的个人成长和保持组织的长期竞争力。

### （二）个人与组织目标的对齐

绩效考核可以促使员工更深入地思考和了解自己的职业发展方向与组织目标之间的关系。通过将个人目标与组织目标有效对齐，员工更有动力投入工作，全面展现自己的潜能。

### （三）提供及时反馈与支持

绩效考核不仅是对员工工作成果的评价，还包括对员工工作过程中所遇到的困难和挑战的及时反馈和支持。这种及时的沟通和支持有助于激发员工的积极性，促使他们充分发挥自己的潜力。

## 三、强化目标导向

通过明确的绩效目标和考核标准，员工可以清楚地知道自己需要达成的工作目标，从而提高工作的目标导向性。

### （一）目标明确

绩效考核帮助员工明确工作方向，使工作具有更高的针对性和效率。

### （二）目标对齐

绩效考核确保个人目标与组织目标的一致性。员工的工作目标与组织的战略一致，有助于整个组织朝着共同的方向前进。

### （三）目标跟踪与调整

通过定期评估，绩效考核允许对进展进行持续监测，及时调整目标，以适应市场变化和组织需求。

## 四、促进公平与透明

公开透明的绩效考核机制有助于保证组织内的公平。通过明确的考核标准和程序，每个员工都能在同等的条件下接受评价，有助于消除偏见和不公平现象。

### （一）公平评估

通过明确的考核标准和结构化的考核流程，确保每个员工都在同等条件下接受评价，消除主观偏见和不公平现象。

### （二）透明流程

将考核标准、流程和结果向所有人公开，可以增加组织内的信任感，减少误解和猜忌。

### （三）反馈与沟通

公开透明的绩效考核还包括及时、真实和建设性的反馈。有效的沟通有助于员工理解评价结果，接受批评，并积极改进。

### （四）公平激励

通过绩效考核确定员工的激励和报酬，确保以公平的方式奖励员工的努力和成果。

# 绩效考核的方法

绩效考核的方法多种多样，以下是一些常见的方法。

## 一、目标设定法

### （一）定义

目标设定法（management by objectives，MBO）是一种绩效管理技术，其中管理者和员工共同确定清晰、可衡量的短期和长期目标。这些目标与组织的整体目标和员工的职责相一致，并用于评估和激励员工的工作表现。

### （二）历史背景

目标设定法由管理学大师彼得·德鲁克于1954年首次提出，在其著作《管理的实践》中详细阐述。

### （三）具体过程

1. 目标确定：管理者和员工共同讨论和确定具体、可衡量、可达成、相关性强和时限明确的目标。

2. 行动计划制定：明确实现目标所需的具体行动步骤、资源和时间表。

3. 实施与监控：执行行动计划，并定期监控进度，必要时进行调整。

4. 绩效评估：在目标期满时，评估员工是否实现了设定的目标。

5. 反馈与改进：提供绩效反馈，并根据评估结果进行必要的改进。

### （四）优点

1. 增强员工的参与感和责任感。

2. 明确目标有助于指导工作方向。

3. 促进上下级沟通。

### （五）缺点

1. 过于关注短期目标可能忽略长期发展。

2. 目标设置不合理可能导致员工产生挫败感。

## 二、360 度反馈法

### （一）定义

360 度反馈法是一种涵盖员工工作表现各方面的评估方法，它收集了上司、同事、下属及客户等不同角色的反馈。

### （二）特点

1. 多角度评估：涉及多方评估者，提供全方位视角。

2. 自我与他人对比：员工既要自我评估，也要接受他人的评估，有助于增强员工自我认识。

3. 促进沟通：促进各方之间的沟通与理解。

（三）具体过程

1. 确定评估目标和范围：明确评估目标和涉及的各方。

2. 选择合适的评估工具和量表：包括工作绩效、团队合作、沟通能力等。

3. 进行反馈收集：确保反馈的匿名性和真实性。

4. 数据分析和报告：综合分析反馈，生成评估报告。

5. 反馈沟通和行动计划：与员工沟通反馈结果，共同制定改进计划。

（四）优点

1. 全面性：提供多角度的观察和评估。

2. 增强员工自我认知：有助于员工了解自己的长处和不足。

（五）缺点

1. 实施难度较大：需要合理选择评估者，确保反馈质量。

2. 可能引起抵触情绪：需要良好的沟通和信任基础。

## 三、直接观察法

（一）定义

直接观察法是一种绩效考核方法，通过管理者或者其他有经验的人员直接观察员工的工作过程和行为表现，对其绩效进行评价。

（二）具体过程

1. 设定观察目标：明确要观察的具体行为或者工作任务。

2. 选择观察人员：选择有经验和客观的观察者。

3. 观察时间与环境：确定观察的时间和地点，尽量选择自然和真实的工作环境。

4. 记录与分析：实时记录观察到的行为和表现，之后进行分析和评估。

（三）优点

1. 真实性：能够真实反映员工的工作情况和行为表现。

2. 灵活性：可根据实际情况灵活调整观察的重点和方式。

3. 及时性：可发现工作中的问题，并及时进行指导和改正。

（四）缺点

1. 干扰性：员工知道自己被观察可能会造成紧张，影响正常工作。

2. 主观性：观察者的主观偏见可能会影响评估的客观性。

3. 资源消耗：观察过程中可能会消耗较多的时间和人力资源。

## 四、自我评估法

（一）定义

自我评估法（self-assessment）是一种员工自己对其工作表现进行评价的方法。它鼓励员工反思自己的工作表现，强调自我认识和自我激励。

（二）具体过程

1. 设定标准：明确评估的具体标准和期望表现。

2. 员工自评：员工根据设定的标准对自己的表现进行自我评价。

3. 对比分析：将员工的自我评估与管理者或其他同事的评估进行对比。

4. 反馈与发展：提供反馈，发掘提升空间，并设定改进目标。

（三）优点

1. 提升员工自我认识：有助于员工认识自己的长处和不足。

2. 增强责任感：强调个人对自己职业成长的责任。

3. 促进沟通：为员工与管理者之间的沟通提供便利。

（四）缺点

1. 主观性强：员工的自我评估可能受到自身主观因素的影响。

2. 评估准确性：可能存在高估或低估自己能力的现象，需要其他评估方法的配合。

## 五、关键绩效指标法

（一）定义

关键绩效指标（key performance index，KPI）是用于衡量组织目标实现程度的关键数据。它代表了某项关键业务活动的绩效，通过与既定目标的对比，直观反映业务运行的成功与否。

（二）特点

1. 关键性：选取的指标必须是评估绩效最重要的方面。

2. 可衡量：指标需具有可量化和可评估的特性。

3. 一致性：与组织的目标和战略相一致。

4. 动态监控：能够不断地监控和评估进展。

（三）具体过程

1. 明确目标：要清楚组织的战略目标，以及团队和个人的目标。

2. 选择关键指标：选择与目标紧密相关的关键指标。

3. 设定标准：设定各个关键指标的标准，这些标准必须是明确的、可衡量的。

4. 收集数据：收集关键指标的数据。

5. 分析与评估：通过对数据的分析，了解绩效的实际状况，并与标准进行比较。

6. 调整与改进：根据分析结果进行必要的调整和改进。

（四）注意事项

1. 反映需求：选择的指标要反映组织真实的需求。

2. 避免过多指标：过多的指标可能导致注意力分散，反而无法准确反映真实绩效。

3. 强调沟通：KPI的设定和实施涉及多方面的协调，沟通协作显得尤为重要。

**【案例】腾讯绩效考核**

腾讯公司在进行员工绩效考核时，遵循以下原则：
**一、"三公"原则**
"三公"即"公正、公开、公平"——绩效管理各环节目标公正，过程公开，评价公平。

## 二、团队倾向性原则

团队的领导者与员工是不可分割的利益共同体，团队中所有人员都对部门的KPI和涉及的业务流程负责。领导者要通过绩效辅导帮助下属提高绩效，各个任职者帮助流程相关周边人员提高绩效。

## 三、客观性原则

主管在评价下属时以绩效为主，以日常管理中的观察、记录为基础，各部门要逐步规范对员工日常工作计划与总结的管理，以此作为考核的主要依据。

## 四、绩效考核责任结果导向原则

突出业绩，以在规定时段获得正确绩效结果为依据，同时兼顾能力或者关键行为以及个人态度对工作和团队的价值贡献。

## 五、动态与发展原则

绩效管理保持动态性和灵活性，绩效标准、实施标准随着公司和管理对象的成长以及战略的变化而变化。

与此同时，腾讯的员工绩效考核还包括：

## 一、绩效考核周期

腾讯整体的考核分为半年考核与季度考核两种模式。每次考核由公司人力资源管理部门统一组织，各部门分头实施。半年考核（Q2、Q4）的结果将应用于职级评定、干部晋升评估，同时作为薪酬调整与年度绩效奖金分配的基础依据。季度考核仅作为引导员工进行总结、上级了解下级工作的手段。

腾讯人力资源管理部门在季度结束时统一发布启动考核的通知及进度安排。员工在一个星期内通过办公系统提交工作总结（季度总结或半年总结），并自评工作业绩。4个工作日内，直接上级对员工提交的工作总结进行评估，并根据需要对员工自评进行调整。

4个工作日内，部门经理对员工考核进行确认或调整。4个工作日内，BU（业务单元）总裁或副总裁对考核结果进行确认，并提交人力资源管理部门，人力资源管理部门将考核结果反馈给每一个员工。

## 二、考核结果应用

腾讯的绩效考核分为S、A、B、C四个等级，依次对应优秀、良好、合格、待改进四个等级。各等级的比例分别为5％、40％、50％、5％。人力资源管理部门按照不同级别给予员工奖惩甚至免职辞退等处理。

## 三、绩效考核申诉

如果员工对考核结果不认同，或认为评估有失公正、违反公司规定，可在考核结果反馈后10个工作日内提出申诉，提出申诉程序如下：

首先，员工与直接上级沟通，提出申诉意见；其次，如不认同直接上级反馈，可向间接上级或部门第一负责人提出申诉意见；最后，如仍不认同间接上级或部门第一负责人的处理反馈，可书面向人力资源管理部门提出申诉意见，人力资源管理部门会向申诉人所在部门进行调研，反馈处理结果。

# 第三节　分权管理概述

分权管理是现代管理理论中的一个关键概念，它涉及将决策权下放到组织的较低层级，从而增强团队成员的参与感和责任感。在前几章中，我们已经详细探讨了团队的激励机制和评价体系。现在，让我们更深入地了解分权管理，了解它是如何与团队的整体绩效相结合，以及如何通过实际应用来增强团队的协作和提高团队的效率。

## 分权管理的定义

分权管理是指将组织中的决策权、权责和资源下放到更低层级的管理人员和团队成员手中。与集中管理相对，分权管理强调个体的自主性和创造性。它让团队成员更加自主地完成工作，也更有机会通过自己的努力实现目标。

## 权力的下放

分权管理中的一个关键因素是权力的下放。在分权管理体系中，不是所有的决策都由组织的高层管理人员作出。相反，更低层级的员工也被赋予作出决策的权力，允许他们在自己的职责范围内行使更多的自主权。

### 一、加快决策速度

当决策权下放时，很多日常的决策可以在更低的层级作出，从而加快整体的决策速度。这有助于组织更敏捷地响应市场变化。

### 二、提高组织灵活性

权力的下放可以增强组织的适应能力，使其能够更灵活地面对复杂和快速变化的环境。

### 三、提高员工满意度和参与度

将决策权下放到员工手中，可以使他们感到更受重视，从而提高他们的满意度和参与度。

### 四、促进个人发展

下放的决策权提供给了员工展示能力的机会，有助于他们的个人成长和职业发展。

### 五、减轻高层管理的压力

通过将一部分决策权下放，高层管理人员可以将注意力集中在更具战略性的问题上，从而更好地引导组织的发展方向。

## 分权管理在团队管理中的影响与应用

分权管理可以促进团队成员之间的沟通和合作。通过授权，团队成员能够更灵活地相互协作，更有效地解决问题。此外，分权还可以培养团队成员的领导能力和责任感。

## 一、影响

（一）提高团队成员的满意度和投入感

通过授权，团队成员可以更加自主地参与决策过程，增强归属感和认同感，以提高工作满意度和投入感。

1. 理解和认同团队目标：团队成员对团队目标的理解和认同会使他们更有参与感和满意度更高。团队领导应明确传达团队的目标和使命，使团队成员明白自己的工作是如何与团队的整体目标相匹配的。

2. 提供成长和发展机会：团队成员希望在工作中学习和成长。通过提供培训和发展机会，团队成员可以看到自己的职业发展前景，从而提高其满意度和投入感。

3. 公平和透明的评估机制：公平的待遇和透明的评估机制会增强团队成员的信任感和提高他们的满意度。他们知道自己的努力将会得到公正的回报。

4. 提供有意义的反馈和认可：定期提供正面的反馈和认可可以提高团队成员的满意度。公开表扬和奖励也可以增强团队成员的归属感和自豪感。

5. 良好的工作环境和团队文化：营造一个支持性和包容性的工作环境可以使团队成员更愿意在团队中投入。一个积极的团队文化可以促进团队成员之间的信任和合作，从而提高满意度。

（二）加强团队沟通和合作

分权意味着团队成员之间必须更加紧密地沟通和合作。每个人的意见和观点都需要得到重视，从而促进团队的协同工作。

1. 设置清晰的沟通准则：团队领导应确立清晰的沟通流程和准则，确保信息可以快速、准确地传递给每个团队成员。

2. 定期团队会议：定期的团队会议有助于确保团队成员了解团队的整体方向和进展，并可以提供一个讨论和解决问题的平台。

3. 鼓励开放和诚实的沟通：鼓励团队成员开放和诚实地表达自己的观点和担忧，这有助于建立信任和增进相互理解。

4. 使用协作工具：引入如 Slack、Trello 等现代协作工具可以更好地促进团队成员之间的沟通和协作。

5. 构建团队精神：通过团队建设活动和共同的休闲活动，增强团队成员之间的凝聚力和合作精神。

6. 解决冲突和分歧：迅速有效地解决团队内的冲突和分歧，确保不会损害团队合作精神。

（三）培养团队成员的领导能力和责任感

当团队成员被赋予更多的权责时，他们不得不学会更好地管理自己的工作，这有助于培养他们的领导能力和责任感。

1. 自主性和责任感的增强：分权让团队成员有更多的自主权来规划和执行任务，这不仅促使他们对工作投入更多的热情和精力，同时也让他们更加自觉地承担起责任。他们不再是被动地等待指示，而是积极主动地思考和执行。

2. 领导技能的培养：分权管理也是一个培养未来领导的过程。团队成员在独立承担项目和任务的过程中，不仅要学会解决技术问题，还要学会如何领导和管理团队、如何协调资源、如何沟通，这些都是未来领导角色的必备技能。

3. 提高团队协同作战能力：责任感的增强和领导能力的提升，也会让团队的协同作战能力得到提高。团队成员之间更加信任和理解，更加尊重和支持彼此的决策，这样的团队更加有战斗力，也更具有凝聚力。

（四）可能导致组织缺乏一致性和协调性

如果没有适当的指导和监督，过度的分权可能导致团队缺乏一致的方向和协调性，从而影响整体效率。

1. 目标不一致：如果团队之间的沟通不畅，或者上层领导和基层团队成员之间的沟通不顺畅，可能会导致不同团队之间或者团队内部目标不一致，甚至有可能彼此之间产生冲突。

2. 协调困难：分权之后，各个团队或部门可能会有更多的自主权来规划和执行工作。如果没有有效的协调机制，可能会让整个组织变得松散和无序，影响整体的效率和效益。

3. 控制和监督的挑战：过度的分权可能会让上层管理者对基层团队失去控制，如果没有有效的监督和控制机制，可能会让一些团队走偏，做出违背整体战略方向的决策和行动。

## 二、应用

（一）定义明确的权责和期望

成功的分权管理需要明确每个团队成员的权责和期望。明确的指导有助于团队成员理解自己的角色，并确保他们能够成功完成任务。

1. 定义明确的权责：在团队管理中，分权管理成功的关键在于明确每个团队成员的权责。这种明确性使每个人都明白自身的角色、职责以及期望的工作成果。

（1）角色的明确：通过详细描述每个角色的具体职责和期望成果，确保每个团队成员都理解自身的职责。

（2）沟通的重要性：持续的沟通有助于确保团队成员明白他们的权责，并且领导层与团队成员间的沟通可以及时解决不明确或混淆的问题。

2. 定义明确的期望：明确的期望有助于引导团队成员朝着组织的目标努力。这不仅明确了每个人的工作职责，还提高了工作的透明度。

（1）期望与公司战略的对齐：确保个人和团队目标与组织的整体战略和目标一致。

（2）期望的可测度：将期望分解为可衡量的部分，以便团队成员和领导者可以跟踪进展。

（3）反馈机制：定期审查期望并提供反馈，确保团队成员理解他们的表现和进展。

（二）提供必要的支持和资源

授权团队成员意味着也需要为他们提供必要的支持和资源，包括培训、工具、信息和反馈等。

1. 提供必要的支持。

（1）技能和培训：提供团队成员所需的技能培训和发展机会，以便团队成员能够履行其职责。

（2）领导和指导：确保团队领导和经理为团队成员提供必要的指导和支持，以便团队成员能够有效地工作。

（3）协作机会：促进团队间的合作和沟通，以便共享知识和最佳实践。

2. 提供必要的资源。

（1）资金支持：确保团队成员有足够的资金来完成项目和任务。

（2）技术和工具：提供现代化的技术和工具，以便团队成员有效地执行他们的任务。

（3）组织资源：确保团队有适当的人员、空间和其他资源来成功执行任务。

（三）建立有效的监督和评估机制

虽然分权强调自主管理，但有效的监督和评估机制是必不可少的。团队领导应该定期检查进度，提供反馈，并在必要时提供指导。

1. 监督机制的重要性。监督是一个组织中用于监测和评估员工绩效的关键过程。有效的监督可以确保员工了解自己的工作职责，并按照既定目标和期望的标准执行。有效的监督还可以及时识别问题并制定解决方案，以便实现组织目标。

2. 监督的方法。

（1）直接监督：包括日常交流和观察，通过定期会议或一对一的反馈会议进行的更正式的评估。

（2）间接监督：通过考核、报告和数据分析来了解员工的绩效和工作效率。

3. 评估机制。评估机制是指对员工绩效进行持续和定期评估的过程。这可以通过以下方式实现：

（1）设定明确的绩效目标：明确的绩效目标有助于员工了解他们的期望和工作方向。

（2）持续反馈：通过定期审查和讨论绩效，促进员工之间的沟通和协作。

分权管理是一种强有力的管理工具，有助于激发和提高团队的激情、创造性和效率。在实际应用中，应结合组织的具体情况和团队成员的能力来恰当实施，以实现组织的长远发展。

### 【案例】海尔的人单合一

#### 一、海尔经营战略

海尔于1984年创立，从一家资不抵债的电冰箱厂发展为当今的互联网跨国企业，以国内"白电"领导者的身份在世界知名企业中占有重要地位，荣获"全球十佳智能家电品牌""全球消费类电子产品品牌50强"等称号。海尔的愿景是构建一个价值增值前提下共赢的平台，覆盖用户、利益相关方以及其他企业的资源。而随着技术进步和经济环境的变化，海尔不断进行企业战略调整、价值创造，不断在发展中拓展思路。

2005年海尔董事长张瑞敏提出人单合一双赢模式，"人"是指员工，"单"则是用户需求，意图构建一个共创共赢的全新商业模式。海尔结合经济大环境背景，创建了以创业文化为价值观，以员工为基础，以用户价值为需求导向的人单合一商业模式。美国沃顿商学院教授马歇尔·梅耶认为，海尔的商业模式已经跳出传统管理思维的桎梏，引导用户、内部员工以及外部创客积极参与，将传统制造业企业打造成平台管理公司，提高平台构建的价值性和可持续性。

海尔的人单合一双赢模式是在阿米巴经营管理模式基础上的改革和创新，是基于解决传统制造业企业的"大企业病"问题而提出的全新管理模式。这种商业模式的业务特点、组织运作方式、盈利模式等相较于传统企业存在较大差异，是用户驱动下的动态平衡，最终实现员工自身价值与用户价值合二为一。

**二、海尔的小微企业组织结构**

海尔从成立至今一直遵循一个原则，即改变组织结构以适应商业模式。企业之间传统单向链条式的契约关系被取缔，演变为纵横交错的网状关系，价值链逐渐向价值网转化。张瑞敏多次表示，传统时代制造业企业要么成为名牌企业，要么成为名牌企业代工厂，而进入互联网时代，企业要么拥有平台，要么被平台拥有。海尔的人单合一双赢模式下的组织结构模式经历了众多阶段，是一个不断更新迭代的过程。海尔经历了多次战略转型，战略转型推动了组织结构的数次变革。在经历"日清日高、事业部制、市场链、自主经营体"后，从2012年开始，在企业平台化、员工创客化、用户个性化的网络化战略指导下，海尔的组织结构进入了小微、创客阶段。

小微企业通常指的是在自主经营体基础上进一步实现分布式网络，以自创业、自组织、自驱动为特征的创造用户价值的基本单元。海尔把庞大的企业集团拆分成并联的、灵活的小微企业，由自主管理的员工企业家所经营，借助物联网平台，通过开放的共享平台直接与用户对接，将新的组织重点聚焦于利用物联网时代的零距离、去中心和分布式网络特性。分布式网络需要以扁平化组织为基础，着重在整个组织范围内分配资源，而不是总部强化对资源的控制。小微企业成员按单聚散，组织和人员不固定，自由选择、自由组合、自主经营、自负盈亏，其规模根据发展需要分为一人到数十人不等，强调组织结构的适用性和灵活性。

小微企业分为创业小微、转型小微和生态小微三大类，比如"雷神小微""物流小微""顺逛"等，同时划分为三种人——创客、平台主、小微主。在海尔创建的共享式、开放式创业平台上，目前已经诞生了200多个创业小微企业、4000多个小微节点和100多万个微店，广泛的资源和人才聚合在海尔平台上，创造出了巨大的商业价值。

# 第四节　分权管理优缺点比较

随着组织结构和管理模式的不断发展与创新，分权管理作为一种有效的组织运作机制，已经在许多企业和组织中得到了广泛的应用。然而，任何管理模式都不是完美的。在本节中，我们将通过深入分析，探讨分权管理的优点和缺点，并通过具体案例来加深理解。

# 分权管理的优点

## 一、提高决策效率

分权管理通过将决策权限下放到各个部门或团队，使得决策过程更为迅速，能够更快地应对市场变化。这样的结构减少了层级，使信息在组织内流通得更快，有助于加速决策过程。

## 二、增强员工满足感

分权管理赋予员工更多的责任和自主权，有助于增强员工的工作满足感和提高他们的工作积极性。根据激励理论，当员工感到自己的努力可以直接影响结果时，他们更可能投入工作中。

## 三、促进创新与增强灵活性

分权允许团队自主决策，使得组织在探索新的想法和实施创新方案时更具灵活性和敏捷性。

## 四、提高客户满意度

由于决策更接近于前线，分权有助于组织更好地了解并满足客户需求。此外，它还能让组织更快地响应客户的反馈，从而提高客户满意度。

## 五、有助于培养领导人才

分权管理也有助于发掘和培养组织内部的潜在领导人才。通过赋予权限，员工可以在实际工作中锻炼和展示自己的领导能力。这样既能增强员工的职业成长感，也有助于组织未来的领导人才储备。

分权管理的优点体现在许多方面，从提高决策效率到增强员工满足感，再到推动创新和提高客户满意度，以及培养领导人才，这些优点在现代组织管理理论和实践中得到了广泛的认可和应用。

# 分权管理的缺点

分权管理虽然能够赋予团队成员更多的自主权，促进创新和提高效率，但它同样存在一些明显的缺点。

## 一、协调困难

分权管理的一大缺点是协调的复杂性。当组织的决策权限下放到不同层级时，每个部门或团队都可能独立运作，并可能优先考虑自己的目标和利益。虽然这可以增强灵活性和提高效率，但同时也可能造成组织内部的不一致性和冲突。各部门之间的沟通和协作可能受阻，因为缺乏共同的目标和方向。这可能需要额外的时间和资源来协调和解决问题。

## 二、管理复杂性增强

分权管理还可能导致管理复杂性增强。管理者必须不断平衡中央领导的需要和下属单位的自主性需求，这可能导致角色模糊和职责不清。此外，过分分权可能会导致下属单位或个人滥用权力，而中央领导则可能难以有效监控。这种复杂性可能会影响组织的整体效率和执行能力。

### 三、一致性和标准化缺失

随着决策权限的下放，组织可能会面临一致性和标准化的缺失问题。各部门或团队在执行决策时可能会根据自己的理解和判断采取不同的方法和程序，这可能导致组织整体的不一致和混乱。缺乏统一的标准和方向可能会降低组织的响应速度，影响其对市场变化的适应能力。同样，这也可能影响组织内部的文化和价值观的统一性。

### 四、资源浪费的风险增加

分权管理可能导致资源的重复使用和浪费。在分权体系中，每个部门或分支机构都可能有自己的运作方式和管理体系，这可能会导致整体资源的重复购买和使用。例如，如果每个部门都自主购买办公设备，而没有统一的协调和规划，可能会产生浪费和效率低下的问题。

### 五、沟通成本上升

分权管理可能增加组织内部的沟通难度和沟通成本。每个分支或部门可能形成各自的文化和运作模式，这可能会导致组织内部的信息流通受阻。在需要跨部门协作或统一决策时，需要付出更多的沟通努力和时间，从而增加沟通成本。

### 六、协调难度增加

分权可能使整体战略的协调变得更加困难。由于各部门或分支有更多的自主权，可能会导致他们按照各自的利益和目标进行操作，而不是按照整体的战略目标。这可能需要更多的时间和精力来协调各个部门的目标和行动，以确保与整体战略相一致。

### 七、可能导致战略方向的混乱

过分的分权可能会削弱高层管理者对整体战略方向的控制力。如果各部门或分支机构过于自主，可能会导致各自追求自己的目标，而忽略或偏离整体的战略方向。例如，分支机构可能追求短期的利润目标，而忽略了公司长期的可持续发展战略。这种混乱可能会削弱公司的竞争优势，甚至可能危及公司的生存。

分权管理既有明显的优势，也存在一定的风险和挑战。成功的分权管理需要权衡多个因素，结合组织的实际情况进行精心设计和实施。这要求管理者具备出色的战略思考能力、协调能力和沟通能力。理解分权管理的优缺点，能够帮助组织更加灵活和精确地运用分权策略，实现组织目标。

**【案例】湖北化工**

几年前的湖北化工拥有30多个子公司，每一个子公司都有自己的财务会计，都独立设置账户，加之公司管理机制混乱，公司整体费用长年居高不下，利润都被庞大的分支机构稀释掉了，而母公司却没有获得太多利益，公司的整体效益不高。可见，极端分权制成为企业发展的重大障碍。

# 第八章　职业发展与股权激励

随着我们深入探讨团队激励的各个方面，我们逐渐认识到，激励不仅关乎现在，而且与未来密切相关。通过前几章对激励机制设计、薪酬与非薪酬激励、绩效管理与分权管理的全面剖析，我们已经构建了一个完整的激励体系。然而，我们的任务还远未完成。团队不是孤立存在的个体，而是一个充满活力和潜力的整体。它需要不断地发展和壮大，正如我们人类一样，永远在探索、学习和成长。

在本章中，我们将继续探讨如何通过职业发展与股权激励为团队注入持续的活力。职业发展不仅仅是个体成员的任务，更是关乎团队整体成功的核心。团队中每一个成员的职业成长都将促进团队的进一步协同和卓越。同样，股权激励作为一种创新的激励方式，也在许多先进组织中取得了显著效果。它强化了员工与组织之间的联系，让团队成员更深入地参与到组织的目标追求中。

## 第一节　团队人员发展

团队的成功不仅取决于其整体结构和管理机制，还依赖于其中每个成员的职业成长和发展。随着组织的复杂性增加，个人成长计划与整体团队目标的对齐变得尤为重要。这需要一种全面的视角，确保团队成员的职业目标与团队及组织的战略方向一致。

### 个人职业规划

每个团队成员都应该有一个明确的职业发展计划，涵盖其职业生涯的各个阶段。这个计划需要与团队领导及人力资源部门协同制定，以确保其符合团队的整体需求。

#### 一、个人职业规划的定义

个人职业规划是指个人根据自身兴趣、能力、职业目标，结合市场需求和组织战略方向，有针对性地为自己的职业生涯设计一套明确的、可行的、长期的规划。它有助于指导员工的成长和发展，以及与团队、组织的整体目标对齐。

#### 二、个人职业规划的重要性

（一）确定方向

职业规划可以帮助个人明确职业生涯的方向和目标。

（二）提升能力

通过职业规划，个人可以确定自己所需提升的技能和能力，更好地适应职业发展需求。

（三）产生满足感

当个人的职业发展与个人目标一致时，更容易产生职业满足感和幸福感。

### 三、个人职业规划的步骤

（一）自我分析

分析自身的兴趣、价值观、技能和长处，找出与之相匹配的职业方向。

（二）目标设定

设立明确、可衡量、可达成、有挑战性和具时限的职业目标。

（三）行动计划

制定实现目标的具体步骤和计划。

（四）执行与评估

执行行动计划，并不断评估和调整以保持与目标的一致性。

### 四、团队与个人职业规划的结合

（一）共享愿景

团队和个人的目标应有共同的愿景和方向。

（二）资源支持

组织应提供必要的资源和支持，如培训、导师支持等，以促进个人职业规划的实现。

（三）持续沟通

团队领导与成员之间应定期沟通，确保成员个人职业规划与团队目标的对齐。

# 教育和培训

组织应提供持续的教育和培训机会，使团队成员能够发展所需的技能和能力。

### 一、教育和培训的概念与重要性

教育和培训是团队成员发展的核心要素，是确保团队成员具备执行任务所需的知识、技能和能力的关键方式。教育着重于理论知识和长期发展，培训则注重实际技能和短期效益。

### 二、教育和培训的方法与策略

（一）内部培训

通过企业内部的专家和管理人员开展的培训，强调团队文化、价值观的传递。

（二）外部培训

利用外部机构或专家的资源，如 edX、LinkedIn Learning 等，获取专业技能和最新知识。

（三）在线教育

提供灵活的学习平台，方便团队成员根据自身时间和需求进行学习。

（四）职业发展规划

通过职业发展规划，帮助团队成员清晰了解自己的职业道路，并为他们提供相应的教育和培训支持。

# 职业生涯路径

组织应为团队成员提供清晰的职业生涯路径，包括晋升机会、角色转换、横向发展等，帮助他们理解自己在团队和组织中的定位和明确未来发展方向。

## 一、职业生涯路径的定义和意义

职业生涯路径是指员工在组织内从入职到晋升再到退休的职业发展轨迹。该路径规划了员工在不同阶段的职位、责任、技能发展，以及可能的培训和教育需求。

通过对职业生涯路径的明确规划，能够有效引导和促进员工的职业成长，进一步促进组织目标的实现。

## 二、职业生涯路径的构建

（一）了解员工职业兴趣和能力

与员工进行深入的沟通，理解他们的兴趣、价值观和长期职业目标。

（二）分析组织目标和需求

确定组织在不同阶段的目标和需求，以及与员工职业发展的相互关联。

（三）设计职业发展方案

结合员工的能力和组织需求，设计不同阶段的职业发展方案，包括职位晋升、技能培训、教育支持等。

（四）监控和反馈

通过持续监控和反馈，不断调整和优化职业生涯路径，确保其与员工的职业目标和组织需求保持一致。

# 个人与组织价值观的契合

团队成员的职业发展也要与组织的价值观和文化相匹配。这确保了个人的工作满足感，并有助于增强团队整体凝聚力。

个人价值观：个体基于自身经历、教育、文化等因素所形成的一套价值体系和信仰体系。

组织价值观：组织所坚持的一套使命、愿景和价值观，通常反映在公司文化和组织目标中。

## 一、个人与组织价值观契合的重要性

（一）增强组织凝聚力

价值观的契合能加强员工与组织的连接，增强组织凝聚力。

（二）提高工作满意度

当员工的个人价值观与组织的价值观相一致时，员工的工作满意度和工作投入度会显著提高。

（三）促进团队合作

价值观的契合有助于促进团队成员间的合作和沟通。

## 二、如何实现个人与组织价值观的契合

（一）招聘与选择

企业在招聘时可以明确自身的价值观，并选择与之匹配的候选人。

（二）培训与发展

通过培训和职业发展活动，帮助员工了解和接纳组织价值观。

（三）领导力

管理者需要通过自身行为和决策，展示和推广组织价值观。

【讨论】

小张加入公司做销售代表，第一年就因成功进货一家大客户荣获公司全国销售状元，第二年更因业绩突出受到总裁特别嘉奖，第三年小张被任命为区域经理，带领 10 名销售员工负责重镇华东区域的销售管理工作，在接受了公司的基础管理技能（面试、绩效管理）培训后即上任。

小张在管理团队的过程中，因为自己是技术导向的销售风格，经常困惑于下属无法理解自己提出的要求，执行力差，自己经常撸起袖子冲锋陷阵。销售团队业绩的两年考核中，小张负责的区域业绩排名最后，团队成员纷纷要求辞职或者调离小张的团队。

小张很难接受，这个大的落差让他考虑了许久，之后提出了辞职申请，跳槽到另一家公司回到高级销售的岗位……

小张的困扰和问题在哪里？

# 第二节　职业发展体系

团队的活力和成功不能依赖于短期的激励措施，而是需要构建一个全面的职业发展体系来培养和留住人才。职业发展体系不仅关注团队成员当前的工作表现，还关心他们的未来职业生涯。通过一套有针对性的培训、评估和发展计划，可以将团队成员引向共同的目

标，并为组织带来长期价值。

# 职业发展体系的重要性

在当今的组织环境中，人们工作不再满足于仅仅获取收入，他们渴望自我实现，追求职业生涯的成长和满足感。对于组织而言，构建一套完善的职业发展体系能够满足员工的这一需求，从而提高员工的忠诚度和组织的吸引力。

## 一、团队和组织的稳定性与成长

构建清晰、可执行的职业发展体系可以增强员工的归属感和满足感。通过提供职业发展机会，员工更倾向于长期留在公司工作，从而使公司减少人才流失，提升团队稳定性。

（一）组织稳定性的重要性

组织稳定性是组织成功的关键因素之一。它影响员工士气、生产率以及组织文化的发展。

（二）内部稳定

组织内部的稳定性有助于降低流动率，促进团队协作和形成凝聚力，也为员工提供了一个稳定的工作环境，从而提高了他们的工作满意度。

（三）外部稳定

组织与外部环境的稳定关系能促进长期合作，增强商业信誉并构建品牌形象。

（四）组织成长

组织成长不仅关系到企业的盈利能力，也涉及企业的社会责任和持续发展。它的核心在于：

1. 战略规划：通过明确的长期战略来指导组织的增长方向。

2. 创新和灵活性：推动组织的持续创新，确保在市场和技术不断变化的环境中保持竞争力。

3. 人才管理：通过培训和发展团队，确保组织有能力适应变化并继续发展。

4. 资源优化：合理分配和使用资源，确保组织的有效运行和可持续发展。

## 二、增强公司竞争力

职业发展体系有助于员工技能的提升和才能的储备，为公司提供了有准备的、高效的人才队伍。这不仅促进了组织的内部创新，还能够让公司在市场中保持竞争优势。

（一）人才的培养和储备

1. 才能发掘与培养：优秀的员工是公司竞争力的核心。通过职业发展体系，公司可以识别和培养有潜力的员工，使他们能够在关键岗位上发挥作用。

2. 人才梯队建设：通过系统的培训和激励机制，公司可以建立健全人才梯队，确保关键岗位有合适的人选接任，提升组织的可持续发展能力。

3. 技术创新和研发投入。

（1）技术创新的推动：新技术的研发和应用是提高公司竞争力的关键途径。企业应积极探索新技术、新产品，并鼓励员工参与创新过程。

（2）合理的研发投入分配：对研发资源的合理分配和投入可以促使公司在关键领域保持领先地位，进而增强整体竞争力。

（二）品牌建设和市场推广

1. 品牌价值的塑造：通过不断提升产品质量和服务水平，塑造品牌形象，可以增强消费者对品牌的认同和信任，从而提高公司在市场中的竞争力。

2. 市场推广策略的优化：通过分析市场需求和竞争态势，制定合适的市场推广策略，有助于提高公司的市场份额和竞争地位。

增强公司竞争力涉及多个方面，包括人才培养、技术创新、品牌建设等。这需要公司在战略规划、资源分配、人才管理等方面下功夫，不断学习和适应市场的变化。一个有竞争力的公司不仅能在激烈的市场竞争中占得先机，还能为员工提供良好的职业发展环境，促进社会经济的繁荣和进步。

### 三、社会责任和形象塑造

职业发展体系体现了企业对员工的关心和投资，显示了企业的社会责任。这有助于塑造企业的良好形象，吸引更多优秀的人才加入。

# 职业发展体系的构成

职业发展体系不仅关注个人成长和进步，更强调团队与组织的共同提升。有效的职业发展体系可以提高员工对工作的投入度和满意度，提高团队凝聚力和加强团队整体表现。以下是职业发展体系的主要构成要素。

### 一、职业规划

职业规划是个人或组织对职业目标和职业道路的长期规划和设计。它涉及确定职业目标、识别实现目标所需的技能和能力，以及制定实现目标的战略计划。在团队环境中，职业规划有助于确保成员的职业发展与团队目标的一致性。

（一）职业规划的目的

1. 个人层面：帮助员工明确职业方向，增强工作动力，提高职业满意度。

2. 组织层面：通过职业规划，组织能够更好地吸引和留住人才，提高人员的效率和效能。

（二）职业规划的过程

1. 自我评估：了解自己的兴趣、价值观、技能和潜力。

2. 设定职业目标：基于自我评估确定明确、可衡量的职业目标。

3. 探索职业选择：分析不同职业路径的优劣，以便选择与自身最匹配的方向。

4. 制定行动计划：详细规划实现职业目标所需的步骤和资源。

5. 执行和反馈：执行行动计划并不断监测进展，根据需要进行调整。

（三）职业规划工具与技术

1. 职业测评工具：例如 MBTI、霍兰德职业兴趣测试等。

2. 职业咨询：专业职业顾问可以提供个性化的职业发展建议。

3. 持续教育与培训：通过参加相关课程和培训来提升职业技能。

4. 网络资源：利用 LinkedIn Learning 等平台提供的在线课程和讲座。

## 二、培训和教育

适当的培训和教育是职业发展的关键组成部分。可以参考在线教育平台如 Coursera、edX 等提供的相关课程，确保员工具备必要的技能和知识。

（一）培训的概念与目标

1. 培训的概念：培训是通过有组织的方式提供员工所需技能和知识，使员工更好地履行职责。

2. 培训的目标：提升团队成员的技能、知识水平和能力，促进组织目标的实现。

（二）培训与教育的关系

1. 培训：重在技能的提升，强调实用性和即时效果。

2. 教育：重在理论基础和长远发展，强调深入理解和思维能力。

（三）培训的方法与程序

1. 需求分析：确定培训需求，了解团队和个人的学习需求。

2. 培训设计：规划培训内容、方法和计划，确保符合学习目标。

3. 培训实施：选择合适的培训师和方式，执行培训计划。

4. 效果评估：通过反馈和考核来评估培训效果，确保达到预期目的。

（四）培训的挑战与解决方案

1. 挑战：如何量身定制培训内容，如何确保培训的实际效果等。

2. 解决方案：使用混合学习方式，结合线上线下资源；定期评估和调整培训方案。

（五）培训的趋势

1. 跨学科培训：团队培训逐渐向跨学科方向发展，强调综合能力的培养。

2. 技术驱动：利用人工智能、虚拟现实等技术手段提供个性化和沉浸式学习体验。

# 职业生涯管理

职业生涯管理涵盖了员工从入职到退休的整个工作生涯。主要包括：

新员工入职培训：确保新员工快速适应团队和组织文化。

职业晋升与转换：为员工提供晋升或转换职业道路的机会和支持。

退休准备：协助员工规划退休生涯，以确保平稳过渡。

## 一、职业生涯管理的定义

职业生涯管理是一个持续的、有计划的过程，用于帮助个人识别和实现自己的职业目标。它不仅涉及个人的职业成长，还与团队和组织的目标密切相关。

## 二、职业生涯管理的重要性

职业生涯管理对于团队人员的满足和忠诚，以及组织的整体绩效和生产力具有关键作用。

## 三、职业生涯管理的主要组成部分

### （一）职业生涯规划

个人与组织合作确定职业目标和发展计划。

### （二）职业发展

提供必要的培训和教育来促进个人成长。

### （三）职业评估

通过持续的反馈和评估来衡量个人在组织内的表现和贡献。

## 四、职业生涯管理的战略

### （一）自我认知

个人需识别自己的兴趣、能力、价值观和职业倾向。

### （二）机会意识

了解组织内外的职业发展机会。

### （三）目标设定和计划

设定明确、可测量的职业目标，并计划如何实现。

### （四）职业技能和知识发展

通过持续学习和培训来提高个人的技能和知识水平。

**【案例】李华的职业发展之路**

李华是一名年轻的职场新人，刚刚从一所知名大学毕业进入了一家大型互联网公司从事市场营销工作。他一直对市场营销有着浓厚的兴趣，希望能够在这一领域取得长足的进步和发展。

第一年，李华主要负责市场调研和数据分析工作，他通过自学和实践经验，掌握了市场调研和数据分析的相关技能。同时，他也积极参与公司的各种团队项目，与同事们合作完成了一系列重要的市场推广活动。

第二年，公司领导开始安排李华参与更多的项目，其中包括一些重要的客户谈判和营销策划。他通过这些项目，逐渐了解了市场营销的全貌，并且逐渐提出自己的创意和想法。他的表现得到了领导和同事们的好评，被认为是一名有潜力和才华的员工。

第三年，李华被提升为市场部门的主管，开始领导一个团队开展市场营销工作。在这个职位上，他需要协调不同部门之间的合作，并且制定更加复杂的市场策略。他通过不断学习和实践，逐渐掌握了团队管理和领导的相关技能。

第四年，公司进行了一次大规模的重组，李华被调到了新的职位上，负责公司的品牌管理和公关工作。这是一个全新的挑战，需要他掌握更多的技能和知识。他通过参加培训课程和自学，逐渐适应了这个新的职位。

李华的职业发展之路是一个典型的职场新人发展案例。他的成功经验可以归纳为以下几点。

### 一、找到自己的兴趣所在

李华一直对市场营销工作有着浓厚的兴趣，这是他能够在工作中保持激情和动力的关键。找到自己的兴趣所在，有助于在职场中保持积极的态度和不断学习的动力。

### 二、不断学习和实践

李华在工作中不断学习和实践，通过自学和实践经验积累了很多技能和知识。这也是他能够在职场中不断进步和发展的关键。

### 三、勇于接受挑战

李华在面对新的职位和挑战时，勇于接受挑战并且逐渐适应了新的工作环境。这也是他在职场中不断成长和发展的关键。

### 四、与同事建立良好的合作关系

李华在工作中与同事建立了良好的合作关系，积极参与团队项目并且得到了领导和同事们的好评。与同事建立良好的合作关系有助于在职场中获得更多的机会和支持。

### 五、持续提升自我

李华在工作中不断寻找自己的不足之处，持续进行自我提升。这也是他在职场中不断进步和发展的关键。

总之，李华的职业发展之路是一个典型的职场新人发展案例，他的成功经验值得广大职场新人借鉴和学习。同时，这个案例也说明了在职场中不断学习和实践的重要性，只有不断提升自己的能力和素质，才能在职场中获得更多的机会和发展空间。

【讨论】

以下是一个员工的真实心理活动描述：

我于前年毕业后加入了一家建筑装饰公司做培训专员，在一年多的时间里，个人成长了很多，部门的主管也已经换了两任。目前我的现任培训主管马上要辞职，我先前一直认为这个空缺的岗位非我莫属，为此感到十分振奋，工作积极性也更高了。

就在前几天，领导安排了副总裁助理来主持培训工作，这个助理是我去年带过的一个实习生，他的情商很高，沟通、协调能力都很不错，我知道他有他的优点和优势，但是论专业度我是很自信的。

虽然公司刚刚给我加了薪，但我现在的心态很难调整，原本认定在握的升职成了泡影，而且曾经自己带过的人突然成了我的上司，总觉得心里不舒服得很。

我该怎么办？

# 第三节　股权激励对象

股权激励作为一种现代、灵活且具有高度战略性的激励方式，正在被越来越多的组织所采纳。与传统的薪酬和福利激励方式相比，股权激励更能体现员工与组织之间的紧密结合，激发员工的主人翁意识，从而促进团队整体的协同和成长。下面我们将深入了解股权激励的对象以及满足条件。

## 股权激励的对象

股权激励并不是适用于所有员工的激励方式。通常来说，股权激励的对象主要有以下几类。

### 一、高层管理人员

高层管理人员是公司领导团队的核心成员，通常包括首席执行官（CEO）、首席运营官（COO）、首席财务官（CFO）等。他们对公司的战略方向、运营管理、财务控制等方面具有决定性影响。

（一）高层管理人员与股权激励的关系

股权激励是一种常用于吸引和留住高层管理人员的激励机制。它通过将公司的部分股权与高层管理人员的个人表现和公司整体业绩挂钩，从而鼓励他们积极推动公司业绩的长期增长和价值创造。

（二）高层管理人员的股权激励条件

1. 履行职责：高层管理人员应全面履行其职责，并促使公司实现战略目标和业绩增长，以符合股权激励的基本条件。

2. 公司利益与个人目标一致：高层管理人员的激励应与公司整体利益密切相关。他们的目标应与公司的长期战略和股东利益保持一致。

3. 合法合规：股权激励计划必须遵循相关法规和公司章程。高层管理人员应确保透明公正地参与股权激励计划。

4. 绩效评估：股权激励通常与高层管理人员的绩效紧密相关。公司可能会设定具体的 KPI 或其他业绩指标，作为股权激励的授予和执行条件。

高层管理人员的股权激励是一种复杂且重要的公司治理机制。它涉及战略规划、法规遵从、道德考虑等众多因素。合理和有效的股权激励可以促使高层管理人员与公司股东之间的利益一致，推动公司朝着长期成功的方向发展。

### 二、关键技术和业务人员

技术和业务人员是推动组织创新和提升竞争力的关键力量。股权激励可以作为吸引和留住这些关键人才的有效手段。

（一）关键技术人员的股权激励

在当今竞争激烈的商业环境中，关键技术人员是使组织成功的重要因素。这些人员具备专业知识和独特技能，有助于推动组织的技术进步和创新。股权激励旨在吸引、激励并留住这些重要人才。

1. 满足条件：

（1）具备核心技能和专业知识：关键技术人员必须具备组织所需的特定技能和专业知识。

（2）与组织的价值观和目标契合：个人与组织的价值观和目标应保持一致，确保共同发展。

（3）持续贡献：关键技术人员应对组织的持续成长和成功作出积极贡献。

2. 股权激励的实施需要综合考虑个人的技能、业绩、潜力以及公司的战略目标等因素。

（二）关键业务人员的股权激励

1. 满足条件：

（1）战略意识：具备深刻的市场理解和战略思维能力。

（2）业绩导向：重视业绩指标并持续推动业务增长。

（3）领导力和团队合作：能够领导和激励团队实现组织目标。

2. 关键业务人员是组织中的战略决策者和执行者，通常负责推动业务增长和实现目标。股权激励为这些人员提供了与组织长期成功紧密相连的方式。

## 三、有潜力的新兴领导人

（一）满足条件

1. 业绩评估：需经过一定的业绩评估，证明具备一定的管理能力和有业绩贡献。

2. 忠诚度测试：在公司任职一定时间，表现出对组织的忠诚和长期发展的承诺。

3. 激励协议：达到股权激励的具体目标和规定的条件，如完成特定项目、达到业绩指标等。

（二）定义

有潜力的新兴领导人通常是指在组织中展示出显著领导能力和潜在成长的人员。他们可能是现有的管理人员，也可能是具备成为未来组织领导者的潜质的员工。

（三）特点

1. 才能卓越：这类人员通常在专业技能、组织才能、人际沟通等方面展现出卓越的才能。

2. 成长潜力：他们有着强烈的事业心和成长欲望，以及在组织环境中不断进步的能力。

3. 价值观契合：与公司的使命、愿景和价值观高度契合。

4. 战略视野：能够从战略的高度看待组织的发展，并有意愿和能力参与公司长期发展规划。

（四）股权激励的实施

1. 股权分配：明确股权的分配规则，确保激励的合理性和公平性。

2. 激励期限：设定合理的期限和解锁条件，平衡即时激励和长期承诺。

3. 持续培养：配合股权激励，公司还需提供持续的培训和发展机会，助力新兴领导人的成长。

有潜力的新兴领导人是组织未来发展的关键力量，通过精心设计的股权激励方案，能够在维持他们的积极性、忠诚度的同时，也为组织的长期战略发展提供有力支撑。

# 股权激励的满足条件

实施股权激励需要谨慎评估和选择适当的对象，同时还需满足一系列具体条件。

## 一、业绩评估

被选为股权激励对象的员工通常需要通过一系列严格的业绩评估，体现出卓越的工作成果和潜力。业绩评估是量化和分析员工或团队在规定时间段内实现的目标和工作效果的过程。这是确定股权激励对象的重要因素之一，确保股权激励的公正、透明和有效。

（一）业绩评估的方法

1. 360 度评估：集合同事、上司、下属等不同角度的反馈。

2. 自我评估与同行评审：员工自我评估与同事之间的互评可以增强评估的全面性。

（二）业绩评估与股权激励

通过业绩评估，公司能确定哪些员工或团队达到了股权激励的标准，体现了其对公司长期发展的贡献。绩效优秀的员工可以成为股权激励的对象。

## 二、公司战略定位

股权激励需要与公司的长期战略和目标密切相关，确保激励的方向与公司整体发展方向一致。

（一）公司战略定位的定义

公司战略定位是公司根据市场环境、内外部资源与能力，确定其在市场中的地位和发展方向的过程。

（二）公司战略定位与股权激励

1. 符合战略定位的员工激励：公司应将股权激励对象选择为与其长期战略目标相一致的对象。

2. 激励的可持续性：股权激励方案需要与公司的长期战略定位相匹配，确保激励方案的可持续性。

3. 强化公司文化：通过股权激励，公司可以强化团队协作、创新和承担风险等公司文化特点。

（三）举例

1. 科技创业公司可能侧重于技术创新人才的股权激励，以促进产品创新与发展。

2. 市场导向的公司可能更倾向于激励销售和市场团队，以扩大市场份额。

## 三、法律和合规要求

股权激励的实施必须符合相关法律和监管要求，包括税务、证券法规等。股权激励计划对于吸引和留住关键人才具有重要作用，但在实施过程中，企业必须严格遵守相关法律和合规要求。

### （一）适用法律规定

1. 公司法：包括股东权益、信息披露等方面的规定。

2. 证券法：如涉及上市公司，股权激励须符合证券交易、信息披露等方面的法规。

3. 税务法：探讨股权激励的税务处理，如个人所得税、企业所得税等。

### （二）合规流程

1. 透明度：确保股权激励方案的透明度和公平性，防止利益冲突。

2. 内部审查和批准：涉及公司法务、财务和人力资源部门的全面审查。

3. 外部监管合作：与相关政府监管机构协同合作，确保方案合规。

**【案例】XYZ 公司的选择**

XYZ 公司是一家上市公司，为了吸引和留住优秀人才，提高公司的竞争力和业绩，推出了一项股权激励计划。该计划的主要目的是通过向员工发放股票期权或股票奖励，激励员工积极工作，为公司发展作出贡献。

**一、在确定股权激励对象时，XYZ 公司主要考虑了以下因素**

（一）职位和贡献

首先考虑员工在公司中的职位和职责，以及员工在过去工作中的表现和贡献。对于那些承担重要职责、工作表现突出、对公司的业绩有重要影响的员工，优先考虑。

（二）潜力和能力

然后考虑员工的潜力和能力。对于那些具有较高潜力、学习能力强、能够适应公司发展需求的员工，优先考虑。

（三）价值观和对企业文化的态度

公司非常重视员工的价值观和企业文化。对于那些认同公司的价值观、积极推广企业文化、与公司发展方向一致的员工，优先考虑。

（四）绩效和奖励

综合考虑员工的绩效和奖励。对于那些在工作中表现出色、获得公司奖励的员工，优先考虑。

**二、基于以上因素，XYZ 公司最终确定了以下几名员工作为股权激励对象**

（一）张经理

公司销售部门负责人。他在过去的几年中一直保持着高业绩，并且积极推广公司的销售策略和市场拓展计划。他非常认同公司的价值观和文化，并且对公司的未来发展充满信心。

（二）李工程师

公司研发部门负责人。他具备非常强的技术能力和创新精神，带领团队成功开发了多款新产品，并且积极推动公司的技术创新和产品升级。他也是公司企业文化的积极推广者。

（三）王市场专员

公司市场部门的负责人。他在市场推广和品牌建设方面作出了重要贡献。他积极响应公司的战略发展需求，并且不断探索新的市场机会和推广渠道。他也非常认同公司的价值观和文化。

**三、对于以上员工，XYZ 公司在实施股权激励计划时采取了不同的措施**

（一）张经理

授予股票期权，允许他在未来的一段时间内以低于市场价的价格购买公司的股票。这将激励张经理努力提高公司的业绩和强化市场表现，以获得更高的股票收益。

（二）李工程师

授予股票奖励，根据公司的业绩和李工程师的个人绩效表现，李工程师可以获得一定数量的股票奖励。这将激励李工程师继续发挥自己的技术能力和创新精神，推动公司的技术创新和产品升级。

（三）王市场专员

提供一份综合福利计划，包括股票期权、股票奖励以及一些其他福利。这将激励王市场专员继续发挥自己的市场推广和品牌建设能力，同时也能获得一定的股票收益和其他福利收益。

**[点评]**

XYZ 公司的股权激励计划是一个成功的案例，通过选择合理的对象和采取激励措施，达到了吸引和留住优秀人才、提高公司业绩和竞争力的目的。在选择股权激励对象时，XYZ 公司充分考虑了员工的职位和贡献、潜力和能力、价值观和对企业文化的态度以及绩效和奖励等因素，确保了股权激励的公平性和合理性。同时，针对不同的员工采取不同的激励措施，也体现了 XYZ 公司对员工差异化的认可和尊重。

# 第四节　股权激励方案

股权激励方案是现代企业吸引和留住人才、激励员工积极性和提高团队凝聚力的重要手段之一。与传统的薪酬激励不同，股权激励方案将员工与企业的利益更紧密地联系在一起，促使员工以股东的身份思考问题，更加关注企业的长期发展。以下我们将深入了解股权激励方案的各个方面。

## 股权激励方案的设计

股权激励方案设计是一项复杂的工作，涉及多个方面的考量，包括股权类型、分配比例、激励对象、解锁条件等。

## 一、设计原则

### （一）公平性原则

股权激励方案应保证所有参与人员受到公平对待。这不仅涉及授予股权的公平性，还包括激励方案执行过程中的透明度和可审查性。

1. 透明度：公司应公开方案的具体规则，使员工了解方案的运作方式和自己的权益。
2. 非歧视性：方案不应基于性别、年龄、种族等歧视性标准。
3. 一致性：方案应在整个组织内保持一致，避免部门间或级别间的不公平现象。

### （二）激励性原则

股权激励方案的主要目的是激励员工，所以必须确保方案具有足够的吸引力。

1. 与绩效挂钩：股权激励应与员工的绩效紧密挂钩，以保证真实反映其贡献。
2. 长期激励：方案应鼓励员工长期致力于实现公司目标，而非短期利益。
3. 可达成性：方案的目标应适中，既不能过于宽松，也不能过于严苛。

### （三）可持续性原则

股权激励方案不只是一次性的奖励机制，更是公司文化和长期战略的一部分。

1. 与公司战略一致：方案应支持公司的长期战略，而不是短期的业务目标。
2. 可持续执行：方案应可长期执行，不应受短期市场波动或公司业绩的影响。
3. 适应性：随着公司和市场的变化，方案应具有一定的灵活性和适应性。

## 二、方案类型

股权激励方案的设计要因企业的具体情况和目标而异，通常涉及以下主要类型。

### （一）股票期权（stock option）方案

允许员工在某个时间窗口内以特定价格购买公司股票。

1. 优点：
（1）增强员工与公司之间的利益一致性。
（2）鼓励员工长期留在公司，增强人员稳定性。
2. 缺点：
（1）如果股票价格下跌，期权可能失去吸引力。
（2）可能导致短期主义行为。
3. 案例与应用：许多科技公司和初创企业通常使用此方案来吸引和留住顶级人才。

### （二）限制性股票（restricted stock）奖励方案

限制股票奖励方案是直接将公司股份赋予员工，但会有某些限制，例如禁售期。

1. 优点：
（1）相对简单，易于理解和实施。
（2）即使股价下跌，也具有一定激励效果。
2. 缺点：
（1）对公司人员流动性有一定影响。
（2）需要更细致地管理和跟踪。

3. 案例与应用：许多大型公司使用此方案确保核心团队与公司目标一致。

（三）员工股票购买计划（employee stock purchase plan，ESPP）

允许员工以低于市场价格购买公司股票。

1. 优点：

（1）增强员工对公司的归属感。

（2）可以覆盖更广泛的员工。

2. 缺点：

（1）对于非关键员工，可能导致权益稀释。

（2）需要复杂的管理和执行机制。

3. 案例与应用：许多上市公司使用此方案作为员工福利的一部分。

## 三、关键要素

（一）授权范围

授权范围是股权激励方案的重要组成部分，其包括：

1. 目标员工：明确哪些级别和部门的员工有资格获得股权激励，例如管理层、核心技术人员等。

2. 授权数量：确定授权股票或期权的数量，要兼顾公司整体股权结构和激励效果。

（二）授予条件

股权的授予条件需具体明确，以确保方案的有效执行：

1. 绩效评价：员工的业绩和贡献如何评价，是否达到授予股权的标准。

2. 服务年限：员工在公司服务的年限是否满足股权授予的要求。

（三）执行价格

针对股票期权，执行价格的确定尤为关键：

1. 定价机制：选择适当的定价模型和方法，如 Black－Scholes 模型等。

2. 市场条件：需考虑公司股票的市场价格、波动性等因素。

（四）退出机制

股权激励方案中的退出机制设计涉及以下几个方面：

1. 转让限制：是否允许股权转让，以及转让的条件和限制。

2. 股权回购：公司是否有权回购股权，以及回购的价格和条件。

3. 离职处理：员工离职后的股权如何处理，是否有强制回购等规定。

（五）时间表与锁定期

1. 授予时间：明确股权的授予时间表，以便员工了解何时可以行使权力。

2. 锁定期设置：合理设置股权的锁定期，以确保员工长期与公司利益一致。

股权激励方案的关键要素设计是一项复杂的工作，需要综合考虑公司战略目标、员工激励需求、股权结构等多方面因素。通过精心设计关键要素，可以确保股权激励方案既符合公司的长期发展目标，又能有效激发员工积极性。

#### 四、法规和税务考虑

在设计股权激励方案时，法规和税务是两个关键因素，必须周密考虑以确保方案的合规性。

##### （一）法规考虑

1. 法律合规性：设计方案时需遵守所在国家和地区的公司法、证券法和劳动法等相关法律。这些法律可能会对股权激励的类型、授予对象、条件等设立限制和要求。

2. 披露要求：在某些司法辖区，公司可能需要披露股权激励的相关信息，例如授予对象、数量、价格等。

3. 合同及协议：股权激励的具体执行可能涉及一系列合同和协议的签署，如股东协议、期权协议等，需要确保法律条款的准确和完整。

##### （二）税务考虑

1. 员工税务：股权激励可能导致员工的税务责任，如税收优惠、何时缴税等，应清楚告知员工，并可能需要专业税务顾问的指导。

2. 公司税务：股权激励方案可能影响公司的税务状况，包括可抵扣成本、股权估值等。公司需咨询税务专家以确保符合税法规定。

3. 跨境税务：对于跨国公司，股权激励可能涉及多个税收司法辖区。需要考虑跨境税务规划，以避免双重征税等问题。

设计股权激励方案时，法规和税务的考虑涉及众多复杂因素，可能需要跨多个部门和外部专家的合作。公司应确保在整个设计和执行过程中遵守所有相关法规，并优化税务状况。

## 股权激励的实施与运作技巧

股权激励是通过将股票或股票选择权提供给员工的方式，以激励他们实现公司的长期目标。正确实施和运作这一方案是确保公司发展成功的关键。

### 一、设计合适的股权激励方案

设计合适的股权激励方案是企业激励和留住关键人才的重要手段之一，不仅有助于提高员工的归属感，还能激发其创新和创业精神。合适的股权激励方案应符合以下几个关键要素。

##### （一）明确股权激励的目的

首先，公司需要明确股权激励的目的和目标。是为了增强员工的责任感和归属感，还是为了激励特定团队或个人的特殊贡献？确定目的有助于更好地定制激励方案，确保方案与公司战略目标相匹配。

##### （二）选择合适的股权激励形式

股权激励的形式主要包括股票期权、限制性股票、员工股东计划等。每一种形式都有其特定的适用场景和税务影响。企业需要根据具体情况选择最合适的股权激励形式，同时兼顾法律法规和税务要求。

（三）设定合理的授予条件和行权条件

授予条件和行权条件需要结合公司的业绩目标、员工的职责和贡献等因素综合考虑。过于宽松的条件可能导致激励效果不明显，过于严格的条件则可能让员工感到挫败和无法实现。合理的授予条件和行权条件能确保股权激励与员工的绩效和贡献相匹配，增强激励效果。

（四）提供必要的支持和沟通

设计股权激励方案不仅涉及复杂的法律和税务问题，还需要与员工进行充分的沟通和做好培训。公司需要提供必要的法律和财务支持，确保员工充分理解方案的细节和潜在影响。透明和及时的沟通有助于增强和提高员工的信任感和参与度，使股权激励方案得到更好的实施。

（五）定期评估和调整

股权激励方案不应是一成不变的。随着公司战略目标的变化和业务的发展，方案可能需要进行调整和优化。公司应定期评估方案的执行情况和效果，必要时及时调整，确保方案始终符合公司的实际需要和目标。

（六）符合法律法规

股权激励方案必须严格遵守国家和地方的法律法规，尤其是关于证券、税务和劳动法的规定。公司应与专业的法律和财务顾问合作，确保方案的合规性，以免引发法律风险和产生额外成本。

总结而言，设计合适的股权激励方案是一项复杂而精细的任务。公司需要从多个方面进行综合考虑，确保方案既符合公司的战略目标，又能达到激励效果，同时还要遵守相关法规和税务要求。通过合理的设计和有效的执行，股权激励可以成为增强员工激励、提高团队凝聚力和促进公司长远发展的有力工具。

## 二、培训和沟通

在实施股权激励方案的过程中，培训和沟通显得尤为关键。员工可能对股权激励不够了解，甚至可能对它感到陌生和困惑。通过有效的培训和沟通，不仅可以增强员工对股权激励方案的理解，还可以提高其积极性和参与度。

（一）培训内容的设计

理解股权激励的基础知识：为员工提供关于股权激励的基本概念和核心原则的培训，帮助他们理解股权激励如何与组织目标和个人业绩挂钩。

1. 股权激励的操作流程：培训应涵盖股权激励的执行过程，包括选定激励对象，确定股权比例、股权发放的时间表等。

2. 股权激励的法律和税务问题：员工应了解与股权激励相关的法律规定和可能的税务影响，以便在享受激励的同时符合法规要求。

（二）沟通渠道和方式

1. 面对面沟通：组织一对一或小组会议，与员工深入交流，解答他们的疑虑和问题。

2. 线上培训平台：可以通过公司内部网站或第三方在线培训平台，提供视频、FAQs

和互动论坛等资源。

3. 书面材料：提供详细的股权激励方案手册和相关政策文件，使员工可以随时查阅。

（三）培训和沟通的持续性

1. 初始培训：新员工入职或股权激励方案刚推出时，需要全面的初步培训。

2. 持续培训和支持：随着方案的执行，应提供持续的培训和支持，以确保员工能随时了解方案的最新变化和进展。

3. 反馈机制：建立有效的反馈机制，以便收集员工对培训和沟通的反馈，不断优化和改进。

培训和沟通是确保股权激励方案成功实施的关键因素。通过设计合理的培训内容、选择有效的沟通渠道和保持培训和沟通的持续性，可以使员工充分理解和积极参与股权激励方案，从而促进组织目标的实现。

## 三、合规和执行

股权激励是一种特殊的激励机制，在设计和实施过程中，合规和执行的重要性不容忽视。接下来将详细解析合规和执行的关键环节和注意事项。

（一）法律法规遵守

股权激励方案必须遵守国家和地方的法律法规，并符合证监会等有关部门的规定。企业应审查股权激励方案的合法性、合规性，并咨询法律专家确保方案在各方面符合法律要求。

（二）公司章程和内部政策

实施股权激励方案前，应确保方案与公司章程、股东协议、内部管理规章等文件相一致。任何冲突可能导致方案实施的障碍，甚至可能触发法律纠纷。

（三）透明度和公平性

股权激励方案应公开透明，并公平对待所有相关人员。方案的设计和执行过程中应避免利益输送、内幕交易等不正当行为，确保公司声誉和诚信。

（四）监管和审计

企业应建立有效的监管和审计机制，确保股权激励方案的合规执行。此外，应及时报告相关政府部门，并接受外部审计的审查，以确保方案的合规性和可持续性。

（五）争议解决

股权激励方案可能涉及多方利益，因此可能产生争议。企业应事先确定争议解决机制，如调解、仲裁或诉讼，并确保所有参与方理解和接受这些机制。

（六）培训和沟通

合规执行还需要公司内部相关人员的理解和支持。因此，企业应组织培训和沟通活动，确保所有关键人员了解方案的法律和合规要求，并积极配合执行。

股权激励的合规和执行是一个复杂且关键的环节，涉及多个方面的法律和管理问题。企业应密切注意和按照上述环节执行，并在必要时寻求专业法律和管理咨询，确保股权激励方案的顺利实施和可持续发展。

## 【案例】比亚迪员工持股计划

### 一、目的和背景

比亚迪员工持股计划旨在让员工分享公司成长、共享发展成果，进而激发员工的工作热情和归属感。这个计划是为了让员工更好地理解公司的发展目标，并鼓励他们参与到公司的长期发展中去。

### 二、对象选择

该计划适用于公司的各个层级和部门的员工，不仅包括高管人员和技术骨干，也包括基层员工。这种全员覆盖的激励计划有助于激发所有员工的积极性，凝聚团队力量。

### 三、股权激励措施

比亚迪的员工持股计划以分配公司股票或股权的形式激励员工。公司通过股票、期权等方式，向员工提供股权激励，让他们成为公司的股东之一，从而分享公司发展的成果。

### 四、计划实施方式

比亚迪员工持股计划实行了分层激励，按照员工的职位级别、贡献和工作年限等条件进行分级，给予不同比例的股权激励。同时，还有一些长期服务和业绩考核等条件来决定股权激励的数量。

### 五、计划周期和解锁机制

比亚迪的员工持股计划通常会有一定的持股期限和解锁机制。员工在获得股权后，需要在一定的时间段内持有，以保持对公司的长期责任感和忠诚度。解锁机制一般需要员工在公司服务一定时间后才能兑现股权。

［点评］

1. 员工激励和忠诚度。

比亚迪员工持股计划可以激励员工更加关注公司的发展和表现，因为他们拥有了公司的一部分股权，从而希望公司能够取得更好的成绩。

2. 公司发展和长期规划。

该计划有助于建立员工与公司利益和发展目标相一致的长期关系，有助于公司更好地吸引和留住人才。

3. 透明度和沟通。

员工持股计划的实施需要公司做好充分的解释和沟通，以确保员工了解计划的细节、运作方式和激励目的。

4. 风险和管理。

员工持股计划可能会受到市场波动、公司业绩变化等因素的影响，需要公司设定合理的管理机制和风险控制手段，以保障员工和公司的利益。

总体来说，比亚迪员工持股计划作为一种股权激励方式，有助于增强员工对公司的归属感，提高员工的工作积极性和忠诚度，从而促进公司长期稳定发展。

# 第三部分

# 团队沟通

# 第九章　沟通障碍

随着我们逐渐深入探索团队激励的奥秘，一件事变得越来越明显：团队激励并不仅仅是提供奖励和刺激。在之前的章节中，我们已经详细讨论了如何通过理解和应用不同的激励理论来激发团队成员的内在动力。然而，无论有多少激励，如果团队成员之间的沟通受阻，那么团队的效率和效果都将大打折扣。沟通作为组织行为的基础组成部分，是实现团队目标、增强团队凝聚力和促进创新思维的关键因素。

本章将集中讨论团队沟通的核心挑战：沟通障碍。在现实世界中，沟通障碍无处不在，它可能出现在个人、人际、结构和技术层面。在团队环境中，沟通障碍可能会阻碍信息的流通，削弱团队协同作战的能力，甚至可能导致误解和冲突。

我们将通过本章探讨不同类型的沟通障碍，以及如何有效地克服它们。这不仅会帮助我们理解沟通障碍对团队运作的深远影响，还将教给我们如何借助适当的沟通技巧来提高个人素养和形成企业思维。

沟通是一门复杂的技能，需要不断地练习和反思。本章将探索沟通的方式、技巧等，并提供实用的策略，以便在团队环境中更有效地沟通。让我们一起开始这一段探索之旅，了解如何让团队沟通变得更流畅、更有深度，并最终促进团队目标的实现。

# 第一节　团队沟通方式

团队沟通方式是指团队成员之间交换信息和分享理解的方法和途径。为了确保团队的有效运作和成功，选择合适的沟通方式至关重要。在本节中，我们将对不同的沟通方式进行比较，探寻沟通的定义，以及不同形式的对比。

## 沟通方式的分类

### 一、口头沟通

口头沟通是团队中最常用和最直接的沟通方式之一，涉及通过声音、语言和言辞来传递信息。它在团队沟通中起着重要作用，不仅能够迅速传递信息，还能增进团队成员之间的理解和信任。

（一）定义

口头沟通是指通过语言和声音来进行信息交流的过程。

（二）口头沟通的形式

1. 正式口头沟通。

（1）会议：团队成员定期或不定期聚集，面对面讨论重要问题。

（2）演讲：用于传递重要信息或宣布决策，通常由团队领导或专家进行。

（3）报告：针对特定主题或项目，向团队或组织的其他部门提供详细介绍。

2. 非正式口头沟通。

（1）日常对话：团队成员之间随时随地交流，有助于增强团队凝聚力。

（2）电话沟通：迅速传递信息或解决紧急问题的有效手段。

（3）小组讨论：小型团队讨论，通常用于解决具体问题或增进理解。

（三）口头沟通的优势与劣势

1. 优势。

（1）实时反馈：通过即时的问答，有助于快速解决问题和消除误解。

（2）人际互动：可以传递情感和态度，增强团队成员间的连接。

（3）灵活性：口头沟通可以迅速适应不断变化的沟通需求。

2. 劣势。

（1）信息丢失：由于缺乏书面记录，重要信息可能会被遗忘或混淆。

（2）可能的误解：如果没有明确的表述，可能会导致沟通的混乱。

## 二、书面沟通

书面沟通是一种以文字为主要工具传递信息和意图的沟通方式。在团队沟通中，书面沟通占据了极为重要的地位。

（一）定义

书面沟通是通过文字、图表、符号等书面形式来传递信息的沟通方式。它可以是正式的，如合同、报告、提案等；也可以是非正式的，如便笺、电子邮件、短信等。

（二）书面沟通的形式

1. 报告：用于详细阐述研究、项目进展或结果的正式文档。

2. 备忘录：用于内部通信，通常用于传达指示或信息。

3. 合同：法律文件，用于约束各方权利和义务。

4. 电子邮件：用于正式或非正式的数字通信。

（三）书面沟通的优势与劣势

1. 优势。

（1）清晰度：通过书面形式，可以清晰、准确地传达复杂信息。

（2）可追溯性：书面记录提供了沟通的物理证据，可用于追溯和核实。

（3）广泛传播：可以轻松复制和分发给大量接收者。

2. 劣势。

（1）时间消耗：编写书面文档可能耗时较长。

（2）缺乏及时反馈：书面沟通可能导致反馈延迟。

（3）可能的歧义：如果文字选择不当，可能引起歧义或误解。

## 三、非言语沟通

非言语沟通是沟通的一种重要方式，它是通过非言语符号来传达信息和情感。非言语沟通占据了人际沟通的大部分，有研究显示，非言语沟通可能占总沟通的60％～70％。下面我们将对非言语沟通的各个方面进行详细分析。

（一）定义

非言语沟通不依赖于口头或书面的语言，而是通过身体动作、面部表情、眼神、语调、空间距离等来传达信息。

（二）非言语沟通的形式

1. 肢体语言：如手势、姿态、动作等，能够反映个人的态度、情感和自信心。

2. 面部表情：如微笑、皱眉等，直接反映内心的情感和感受。

3. 眼神交流：眼神的方向、强度和持续时间等都能传达信心、注意力、兴趣等信息。

4. 触觉沟通：如握手、拍肩等，能够传达亲密、支持、关心等情感。

5. 声音语调：通过声音的高低、速度、节奏等来传达情感和态度。

6. 空间沟通：通过人与人之间的距离来传达关系的亲密程度和地位等信息。

（三）非言语沟通的功能

1. 补充言语信息：非言语符号能补充、强化或修正口头言语信息。

2. 替代言语信息：在某些情况下，非言语符号可以替代言语，如点头代替"是"。

3. 调节沟通过程：通过非言语符号来调控沟通的节奏和方向。

4. 建立关系：通过非言语交流来建立和维护人际关系。

（四）非言语沟通的重要性

1. 强化沟通效果：非言语沟通能增强言语沟通的效果，使沟通更生动、真实。

2. 展示个人特质：非言语沟通能反映个人的性格、情感和价值观等。

3. 跨文化沟通：非言语符号在一定程度上是普遍的，有助于跨文化沟通。

## 四、电子沟通

电子沟通是现代社会中广泛使用的沟通方式，尤其是在全球化和远程工作日益普及的背景下，电子沟通已经成为日常生活和商业实践中不可或缺的一部分。

（一）定义

电子沟通是指通过数字设备和网络技术进行的沟通。它可以跨越时空限制，使人们在任何时间、任何地点都能进行交流。

（二）电子沟通的形式

1. 电子邮件：通过互联网发送、接收的书面信息，适合正式和非正式沟通。

2. 社交媒体：例如 Facebook、LinkedIn 等，用于社交网络中的交流和信息分享。

3. 视频会议：例如 Zoom、Teams 等，可进行远程面对面沟通。

4. 在线聊天：例如 Slack、WeChat 等，用于即时消息传递和团队协作。

（三）电子沟通的优势与劣势

1. 优势。

（1）灵活性：不受地域和时间限制，提高沟通的便捷性和效率。

（2）成本效益：减少了旅行和物理空间的需求，降低了沟通成本。

（3）多样化：可结合文字、图片、音频和视频等多媒体元素，丰富沟通内容。

（4）记录性：沟通内容可以存档和搜索，便于后续追溯和分析。

2. 劣势。

（1）技术障碍：依赖于设备和网络，技术故障可能导致沟通中断。

（2）信息安全：可能涉及隐私和数据泄露风险。

（3）人际距离：缺少面对面的直接互动，可能影响沟通的亲密和信任。

几种不同沟通方式的比较见表 9-1。

表 9-1  几种不同沟通方式的比较

| 形态 | 定义 | 优点 | 缺点 |
|---|---|---|---|
| 口头沟通 | 通过口头语言进行交流，包括面对面和电话沟通 | 可以直接表达情感和意图，容易建立信任和理解 | 可能存在语言障碍和误解，信息容易丢失 |
| 书面沟通 | 通过书面文字进行交流，包括电子邮件、报告、备忘录等 | 可以准确传达信息，容易记录和查阅 | 可能缺乏情感和语境，容易引起误解 |
| 非言语沟通 | 通过身体语言、面部表情、姿势等方式进行交流 | 可以传达丰富的情感和意图，有助于增强口头或书面沟通的效果 | 可能存在文化差异和解读困难，有时容易被忽视或误解 |
| 电子沟通 | 通过电子媒介如社交媒体、即时通信工具等进行交流 | 具有实时性和便捷性，可以跨越地域和时间限制 | 可能存在信息泄露和隐私风险，容易引发冲突和误解 |
| 群体沟通 | 在团队或组织内部进行的集体讨论和决策过程 | 可以汇聚多种观点和智慧，促进创新和合作 | 可能存在意见分歧和决策困难，容易受到群体压力的影响 |

# 选择合适的沟通方式

选择合适的沟通方式是加强团队沟通效果的关键因素之一。选择不当可能会导致信息的丢失、误解或混淆。以下是选择合适的沟通方式的详细步骤和考虑因素。

## 一、明确沟通目的

沟通的目的是沟通过程的核心，必须首先明确。每一种沟通目的都可能需要不同的沟通方式来达成。以下是一些常见的沟通目的及如何选择合适的沟通方式。

（一）信息传递

1. 定义：主要关注准确、清晰地传达特定信息。

2. 方式选择：对于简单和直接的信息，短信或电子邮件可能最为合适。复杂的报告或数据通常最好使用书面格式，确保准确。

（二）建立关系

1. 定义：旨在增进团队成员之间的相互理解、信任和联结。

2. 方式选择：面对面交流、视频会议或电话交流可以增强个人之间的联系和理解。

（三）决策与解决问题

1. 定义：需要协作、讨论以找到解决方案或达成共识。

2. 方式选择：需要高度互动的沟通方式，如面对面会议、协同工具或在线讨论平台。

（四）激励和激发

1. 定义：通过沟通激发团队成员的积极性和创造力。

2. 方式选择：用故事、图像和动态演示，口头、视觉或混合方式，依据内容和目标受众进行选择。

## 二、考虑受众特点

了解受众的特点是选择合适的沟通方式的关键。以下是一些主要的考虑因素。

（一）受众数量

1. 单一或小群体：对于少数人沟通，私人的沟通方式可能最为合适，例如一对一会议或邮件。

2. 大量受众：对于大型团队或组织，需要更广泛的沟通渠道，例如公司新闻、公共演讲或公告。

（二）文化背景

1. 定义：不同文化背景可能对沟通方式有不同的期望和反应。

2. 方式选择：考虑文化差异、语言和沟通习惯，选择更具包容性和有效的沟通方式。

（三）技术能力

1. 定义：受众的技术能力和舒适度会影响他们与某些沟通工具和平台的互动。

2. 方式选择：根据技术熟练程度选择合适的工具，如基础的电子邮件或高级的协同工作平台。

（四）学习风格

1. 定义：不同的人可能有不同的学习和沟通风格。

2. 方式选择：考虑使用多样化的沟通方式，以满足不同学习风格的需求，如文字、图像、音频等。

## 三、评估信息内容

### （一）复杂性

如果信息内容极为复杂，包括多个部分或需要详细解释，书面沟通方式如报告或电子邮件可能更为合适。书面格式允许接收者反复阅读和消化信息，有助于更好地理解。

### （二）敏感性

对于涉及个人隐私或企业机密的敏感信息，应选择更加私密和安全的沟通渠道，例如加密的邮件、私人会议或一对一的面对面沟通。

### （三）紧急程度

当信息具有高度紧急性时，应选择能够快速传递信息的沟通方式。电话、即时消息或紧急会议能确保信息迅速到达目的地。

### （四）形式要求

根据信息是否需要正式记录，可选择不同的沟通方式。正式的书面沟通如报告或备忘录适用于需要存档或有法律要求的情境。

## 四、考虑资源和环境

### （一）时间和成本

考虑沟通所需的时间和成本，选择既经济有效又能达到沟通目的的方式。例如，视频会议可能是跨地区沟通的经济选择。

### （二）设备和技术

根据团队成员的设备和技术可用性选择沟通方式。不要选择那些需要特殊设备或超出团队技术能力的沟通方式。

### （三）地理位置

如果团队分散在不同地区，考虑使用能够克服地域障碍的沟通方式，如电话会议、视频会议等。

### （四）组织文化

组织文化可能影响沟通方式的接受度和效果。例如，某些组织可能更倾向于正式的书面沟通，而其他组织可能更强调开放和直接的口头沟通。

### （五）可持续性

考虑沟通方式对环境的影响，选择可持续和环保的沟通方法，如使用电子方式而非纸质文档。

选择合适的沟通方式不是一个孤立的决策，而是一个涉及多个因素和层面的复杂过程。理解团队沟通的目的、受众、内容、资源和环境，并建立有效的反馈机制，可以帮助团队实现更精准、更高效的沟通。恰当的沟通选择将增强团队凝聚力，促进共享理解，进而推动团队目标的实现。

### 【案例】工作餐

某公司举行大促活动，要求职能团队全员支援一线业务3天，A团队按规则支援业务做接线工作。第一天，A主管请假未到公司，也未对下属做任何说明，下属自主完成接线工作。第三天，业务线与职能团队都有工作餐（A团队员工除外），A团队员工向A主管询问："我们工作节点一致，其他职能团队都有工作餐，就我们团队没有？"A主管淡淡地答复说："因为你们没有接线，所以没有。"员工向A主管说明了情况：A团队员工早上9—10点都在接线，10点后流量说业务线不忙，要求职能团队人员下线。了解情况后的A主管未向公司说明情况，也没为下属争取工作餐，更没有对下属做安抚工作，只是领取了自己的那份工作餐。最后A团队员工怨声载道。

[思考]

1. 如果你是A团队主管你会怎么做？

2. 如果你是A团队员工你会有什么感受？

3. 你觉得A团队出现了什么问题？你会为A团队主管提出什么建议？

[点评]

首先，上传下达是每个管理者的职责。A团队主管在公司重要节点请假，这事无可厚非，因为每个人都有自己的私事需要处理，但要做好工作交接，对团队人员的工作做好安排，既要对上有交代，也要对下负责任，而不是对下属未做任何说明让其自由发展。

其次，维护团队人员合理利益是管理者的重要职责。A团队主管，在知晓自己团队员工没有工作餐时，应该及时找团队员工询问情况，并向上汇报和为团队人员争取工作餐。此时情况有两种：第一，通过管理者沟通能解决问题。当公司告知今天本团队员工未接线，所以没有工作餐时，团队管理者可进行沟通说明情况，为员工争取工作餐。（本团队员工与其他职能团队员工接线节点一致，但本团队员工没有，其他团队员工有。）第二，管理者沟通争取失败。争取失败时管理者应给出应对方案，如立马开会沟通，告知团队员工情况，以及同步自己做了哪些努力，也可以借此机会做一次团建，管理者为团队员工点好工作餐，增强团队凝聚力，而非管理者自己领了公司的工作餐，完全不管团队员工。

最后，面谈管理是管理者的必备职业能力之一。当有员工来找管理者反馈事情时，这就是一次面谈管理的机会，A团队员工来找管理者反馈"我们工作节点一致，其他职能团队都有工作餐，就我们团队没有"这个问题，肯定不是这一个员工的心声，应该是A团队员工集体的心声，这就必须重视起来，了解员工的需求，进行面谈，确保团队的凝聚力。A团队员工内心的想法基本为：公司对A团队区别对待，是不是因为团队不受重视？需求为：希望管理者能为他们争取利益。管理需要通过一对一或一对多的面谈管理，来解决团队成员的困惑和心态问题，让员工积极向上，提升团队凝聚力，提高员工忠诚度。

# 第二节　沟通障碍概述

沟通障碍是一个广泛的概念，涵盖了阻碍有效沟通的任何因素。在团队沟通中，这些障碍可能来自多个方面，包括语言、文化、心理和结构等。

## 语言和文化障碍

语言和文化的差异经常导致沟通障碍。团队成员可能有不同的母语，或者对特定文化的沟通方式有不同的理解和预期。文化障碍包括价值观、信仰、礼仪和社交规范的不同，这些差异可能导致误解和混淆。

## 心理障碍

心理障碍涉及个人态度和感受。例如，如果团队成员对某个议题感到敏感或有偏见，他们可能无法公正地听取或理解与该议题有关的信息。焦虑、紧张和不信任也可能阻碍开放和诚实的沟通。

### 一、不信任

信任是团队沟通的基础。当团队成员不信任对方时，他们可能会保留信息、误解意图或抵制开放沟通。缺乏信任会导致沟通变得表面化和不真诚，从而限制了团队合作和效率。

### 二、恐惧和紧张

恐惧和紧张会阻止人们自由表达自己的观点和感受。例如，对批评的恐惧可能会使员工对提出真实想法和反馈感到担忧。紧张也可能影响听力理解，使团队成员对他人的表述感到困惑或误解。

### 三、偏见

偏见是一种预先形成的，通常是消极的判断或态度。偏见可能基于种族、性别、宗教、社会地位等因素。在团队沟通中，偏见可能导致某些团队成员的观点被忽视或被轻视，从而影响了沟通的多样性和降低了沟通的效率。

### 四、情感反应

情感反应涉及个人对特定信息或情况的感情反应。强烈的情感反应可能会扭曲信息的接收和理解。例如，愤怒可能会导致攻击性反应，而不是开放和诚实的对话。

### 五、自卑感

自卑感是指个体对自身能力和价值的低估。在团队沟通中，自卑感可能导致沉默和被动，因为个体可能怀疑自己的观点和贡献的重要性。

## 结构障碍

结构障碍与组织内部的流程和层次结构有关。如果信息流通的层次过多，或者组织的流程复杂，信息可能会被扭曲或遗漏。此外，不透明的组织结构和权力分配可能会导致团队成员间的沟通障碍。

### 一、层次过多

在许多组织中，信息必须通过多个层次才能到达最终接收者。每一层都可能导致信息的失真或遗漏。信息流通的层次越多，效率越低，误解的可能性越大。例如，某项决策可能需要多个管理层级的批准，这可能导致决策被推迟或者信息在传递过程中被改变。

### 二、流程复杂

一些组织的流程可能非常复杂，涉及许多步骤和人员。这样的复杂性可能会让沟通变得烦琐和低效。例如，报告一个简单问题可能需要填写多个表格和经过多个部门的审批，这可能阻碍及时沟通和问题解决。

### 三、权力分配和权限问题

组织内部的权力分配和权限可能不均衡和不清晰，从而导致沟通障碍。如果员工不清楚谁负责某项任务或决策，他们可能会犹豫不决或担心越权。这种不确定性可能会阻碍开放和有效的沟通。

### 四、部门间的孤立

在一些大型组织中，不同部门可能相互孤立，缺乏有效的沟通渠道。这可能导致信息的隔离和资源的重复使用。例如，两个部门可能在不知情的情况下进行相同的研究，从而浪费了时间和资源。

## 技术障碍

在当今数字时代，技术在沟通中起着关键作用。然而，技术本身也可能成为沟通障碍。例如，软件兼容性问题、网络延迟和不可靠的硬件都可能影响团队成员之间的沟通。

### 一、软件兼容性问题

不同的团队成员可能使用不同版本的软件或完全不同的软件进行沟通。兼容性问题可能会导致信息丢失或扭曲，或者使某些团队成员难以访问和理解信息。例如，某个特定的文件格式可能只能在特定的操作系统或应用程序上打开，这可能阻碍了团队内的有效沟通。

### 二、网络延迟和不可靠性

网络问题可能会中断或阻碍沟通。慢速或不稳定的互联网连接可能会影响视频会议的质量，甚至使团队成员无法连接到在线协作工具。在关键时刻，这样的问题可能会对项目进度产生严重影响。

### 三、设备问题

硬件故障、操作系统的不兼容或设备之间的连接问题都可能成为沟通障碍。例如，麦克风、摄像头或显示器的故障可能会干扰或阻止虚拟会议。同样，智能手机、平板和电脑之间的沟通也可能由于设备差异而变得复杂。

### 四、安全和隐私问题

技术沟通可能暴露于安全风险和隐私泄露的威胁之下。未经授权的访问、数据泄露或恶意软件攻击可能会对团队成员的信任和沟通效率产生负面影响。

### 五、技能和培训缺口

团队成员可能在使用某些技术工具方面缺乏经验或培训。不熟悉的界面和功能可能会导致沟通困难和效率低下。

沟通障碍在团队沟通中可能有多种形式，如从个人心理到组织结构，再到技术问题。理解这些障碍及其来源有助于团队更有效地识别和应对潜在问题，从而促进更顺畅、更有针对性的沟通。在下一节中，我们将更深入地探讨如何识别和克服这些沟通障碍，以便更好地促进团队合作和目标实现。

### 【寓言】秀才买柴

有一个秀才去买柴，他对卖柴的人说："荷薪者过来！"卖柴的人听不懂"荷薪者"（担柴的人）三个字，但是听得懂"过来"两个字，于是把柴担到秀才前面。

秀才问他："其价如何？"卖柴的人听不太懂这句话，但是听得懂"价"这个字，于是就告诉秀才价钱。秀才接着说："外实而内虚，烟多而焰少，请损之。"意思是你的木材外表是干的，里头却是湿的，燃烧起来，会浓烟多而火焰小，请减些价吧。卖柴的人因为听不懂秀才的话，于是担着柴就走了。

### [分析]

管理者平时最好用简单的语言、易懂的言辞来传达讯息，而且对于说话的对象、时机要有所掌握，有时过分地修饰反而达不到想要完成的目的。

# 第三节　沟通障碍排除

沟通障碍可能会对团队的协同作战造成重大阻碍。了解如何识别和排除这些障碍是每个团队成员和领导者都需要具备的关键技能。本节将深入探讨个人、人际、结构和技术方面的沟通障碍，以及如何克服这些问题。

## 个人沟通障碍

个人沟通障碍是与个体的心理、认知和情感因素相关的沟通问题。它们可能出现在发送、编码、解码和反馈信息的任何阶段。以下是一些常见的个人沟通障碍及排除方法的详细分析。

## 一、语言和表达能力不足障碍的排除方法

（一）语言训练

提供必要的语言和表达技能训练，如写作工作坊和公共演讲课程。

（二）使用简洁明了的语言

避免使用过于复杂或专业的术语，确保信息让所有人都易于理解。

## 二、情感障碍的排除方法

（一）情感智力培训

帮助团队成员识别和管理自己的情感，从而加强沟通。

（二）鼓励开放和诚实的沟通

建立一个安全和支持的环境，让人们感到舒适地分享自己的想法和感受。

## 三、文化差异障碍的排除方法

（一）文化敏感性培训

提供关于不同文化背景、价值观和沟通习惯的教育，促进团队内的共识和理解。

（二）开放和包容的沟通

鼓励团队成员尊重和接受文化差异，寻找共同的沟通基础。

## 四、其他个人障碍的排除方法

（一）自我反思和意识

鼓励团队成员不断反思和提高自我意识，识别和克服自身的沟通障碍。

（二）明确的沟通准则

设立和执行团队沟通的准则和期望，确保沟通的开放和有效。

总的来说，个人沟通障碍可能会对团队沟通产生重大干扰，但通过认真的考虑和积极的努力，这些障碍是可以排除的。这需要团队领导和成员共同努力，通过培训、练习、理解和耐心，建立一种支持和促进有效沟通的环境。

# 人际沟通障碍

人际沟通障碍涉及团队成员之间的相互关系，这在组织中可能导致信息的失真、遗漏或错误理解。了解和克服这些障碍对于团队成功至关重要。本节将详细探讨人际沟通障碍的主要类型和相应的排除策略。

## 一、信任缺失障碍的排除方法

1. 鼓励团队成员公开交流想法和感受。
2. 通过团建活动增强团队凝聚力。
3. 领导者以身作则，展示诚信行为。

## 二、地位差异障碍的排除方法

1. 建立平等沟通的文化和机制。

2. 领导者应鼓励下属提出意见和反馈。

3. 设置合适的沟通渠道，确保信息顺畅传递。

### 三、误解与偏见障碍的排除方法

1. 增强团队成员之间的文化意识和敏感性。

2. 创建开放和包容的沟通环境。

3. 定期进行反歧视和多元化培训。

### 四、情感冲突障碍的排除方法

1. 积极调解和解决冲突。

2. 设立明确的团队准则和期望值。

3. 提供有效的沟通和冲突解决培训。

人际沟通障碍是一项复杂的挑战，需要团队领导和成员共同努力来克服。通过增进相互理解，提高沟通技能，建立信任，确保每个人的声音都能被听到，团队就可以有效地减少或消除这些障碍，从而促进更为顺畅和有效的沟通。

# 结构沟通障碍

结构沟通障碍涉及组织的层次结构、流程和程序，可能阻碍信息的流通和交流。理解这些障碍及其影响是确保组织内信息顺畅流通的关键。以下是结构沟通障碍的一些主要类型以及排除方法。

### 一、层次结构障碍的排除方法

1. 设立更直接的沟通渠道，如开放式会议、定期沟通会议等。

2. 鼓励跨层次沟通，减少层级间的沟通壁垒。

### 二、信息过载障碍的排除方法

1. 确立信息的优先级，区分哪些信息是必要的。

2. 使用合适的工具和技术以更有效的方式管理和组织信息。

### 三、沟通渠道障碍的排除方法

1. 确定明确的沟通渠道和流程。

2. 定期审查和调整沟通渠道以确保其效率和有效性。

### 四、组织文化障碍的排除方法

1. 建立鼓励沟通、透明和信任的组织文化。

2. 通过培训和激励确保所有员工理解并积极推广开放沟通的文化。

### 五、时间和空间障碍的排除方法

1. 设立定期的沟通时间以适应不同地区的时间差。

2. 利用现代沟通工具，如视频会议，减轻空间障碍的影响。

结构沟通障碍可能是复杂和根深蒂固的，但通过细致的分析和有针对性的策略，可以显著减少或消除这些障碍的影响。对于组织来说，投资于识别和处理这些障碍可能带来长期的回报，包括更高的效率、更强的团队合作和更满意的员工。

# 技术沟通障碍

技术沟通障碍是现代团队在日常运作中普遍遇到的问题。随着远程工作和数字化流程的兴起，沟通技术成为团队间协同工作的关键。下面将详细探讨技术沟通障碍的不同方面，并提供有效的排除策略。

## 一、技术不兼容障碍的排除方法

1. 选择广泛接受和兼容的沟通平台。
2. 设立组织内统一的技术标准和规范。
3. 提供必要的培训，确保所有团队成员能够熟练掌握所用的技术工具。

## 二、网络问题障碍的排除方法

1. 投资在可靠和快速的互联网连接上。
2. 增加备用网络连接，以防止网络出现问题。
3. 在关键沟通时段，确保网络质量。

## 三、软件复杂性障碍的排除方法

1. 选择对用户友好的沟通工具。
2. 定期进行软件操作培训。
3. 提供持续的技术支持和帮助。

## 四、信息安全隐患的排除方法

1. 选择已获认证的安全沟通工具。
2. 实施严格的信息安全政策和规范。
3. 对团队成员进行信息安全意识培训。

技术沟通障碍可能会对团队的效率和凝聚力造成严重影响。通过理解这些障碍，并采取合适的排除措施，团队可以更好地利用现代沟通技术，从而加强协作，推动项目成功。

沟通障碍的识别和排除是一个持续的过程，需要团队不断地努力和反思。通过理解这些障碍和采取适当的策略，团队可以更有效地进行沟通，从而提高协作效率，加强团队凝聚力，营造更加和谐的团队环境。

### 【寓言】大师的鞋带

一位表演大师上场前，他的弟子告诉他鞋带松了。

大师点头致谢，蹲下来仔细系好。

等到弟子转身后，他又蹲下来将鞋带解松。

有个旁观者看到了这一切，不解地问："大师，您为什么又要将鞋带解松呢？"

大师回答道："因为我饰演的是一位劳累的旅者，长途跋涉让他的鞋带松开，可以通过这个细节表现他的劳累憔悴。"

"那您为什么不直接告诉您的弟子呢？"

"他能细心地发现我的鞋带松了，并且热心地告诉我，我一定要保护他这种热情的积极性，及时地给他鼓励，至于为什么要将鞋带解开，将来会有更多的机会教他表演，可以下一次再说啊。"

**【案例】清洁工的困扰**

清洁工认真打扫卫生，但为什么客户依旧不满意呢？

每一个人的关注点是不同的，这是一个客观存在的事实，客户比较关心窗户有没有擦干净，外面的门有没有擦干净。但清洁工将自己的大部分精力放在打扫厕所、厨房上，而对于窗户和门未投入过多的精力。最后，顾客进场验收时，发现窗户、门都没有擦干净，抱怨的情绪就开始产生了。通过以上小案例，得出下面经验：得提前和客户沟通好，即看看客户觉得最需要打扫的地方是哪里，了解了客户的关注点之后，有针对性地做工作，那么客户满意度会有质的提高。

# 第四节　团队沟通技巧

在团队中，沟通并不仅仅是一种信息传递的手段，更是一种连接人与人，构建有效合作的桥梁。团队沟通技巧涵盖了一系列方法和原则，旨在促进团队成员之间的相互理解、信任和合作。本节将重点探讨如何运用沟通能力提升个人素养和增强企业思维。

## 明确沟通目的

在团队沟通中，明确沟通的目的是实现高效交流的先决条件。沟通的目的涵盖解决问题、传达信息、鼓舞团队士气等方面。以下是明确沟通目的的几个关键步骤。

### 一、识别沟通需求

首先要了解沟通的背景和需求，确定是需要解决问题、分享信息还是调动情感。

### 二、设定沟通目标

在了解需求的基础上，设定具体、可衡量、相关、实际和有时间限制的沟通目标。目标的明确有助于确定沟通的方式和内容。

### 三、选择适当的沟通渠道

根据沟通目的选择最适合的沟通渠道，例如，如果目的是传递复杂的技术信息，可能需要使用图表或演示；如果目的是激发团队士气，则可以选择口头鼓励或进行团队活动。

### 四、提前准备

明确沟通目的后，做好充分的准备工作，包括搜集所需的信息、资料，组织语言和思路等。

### 五、及时反馈

沟通完成后，获取接收方的反馈，确保沟通目的得到有效实现。

明确沟通目的不仅有助于提高沟通效率，还可以增强沟通的针对性和实效性，为团队的目标达成提供支持。

# 开放和倾听

开放沟通鼓励团队成员分享观点和感受，而倾听则是确保信息被正确理解和接受的关键。通过开放的态度和积极的倾听，团队成员可以相互学习和成长。开放和倾听是团队沟通的核心要素之一，关系到团队内部的信任和相互理解。

## 一、开放沟通

1. 鼓励表达：创建一个安全的环境，使团队成员自由表达自己的观点和感受。

2. 尊重多样性：尊重团队成员的不同观点和背景，促进多样性的交流和学习。

3. 分享信息：开放的分享信息有助于减少误解和冲突，提高团队的透明度和增强团队的协作能力。

## 二、倾听技巧

1. 积极倾听：全身心投入听别人说话，不仅仅是听到内容，更要理解说话人的感受和意图。

2. 反馈与确认：通过提问或总结确认，确保自己正确理解了说话人的意思。

3. 避免打断：允许说话人说完他们的观点，避免中途打断或评判。

# 使用清晰的语言和非言语沟通

在团队沟通中，清晰的语言和非言语沟通是确保信息准确传达的关键。

## 一、选择合适的词汇

选择合适的词汇不仅可以使沟通更精确，还能减少可能的误解。避免使用过于复杂或者行业特定的术语，除非确定所有团队成员都能理解。当涉及复杂的概念或信息时，使用比喻和实例可以增强理解。

## 二、非言语沟通的重要性

非言语沟通，如面部表情、肢体语言、声音的音调等，占据了日常沟通的大部分。例如，一个微笑可以传达友好，强烈的眼神接触可以表现自信。团队成员需要学会识别和利用这些非言语线索，增强沟通的效果。

## 三、避免歧义

清晰的表达需要避免歧义和模糊，确保语言明确、一致，并与团队的目标和文化相匹配。必要时，重复关键信息，确认所有人都有相同的理解。

## 四、文化敏感性

在多元化的团队中，考虑文化差异在语言和非言语沟通中的影响是必要的。理解和尊重不同文化背景下的沟通习惯可以增进信任和合作。

# 建立信任和共享视野

## 一、建立信任

信任的建立需要时间和努力。它基于诚实、透明和一致性。团队成员应该说到做到，履行承诺，共享信息，并展示对他人观点的尊重和理解。（信任模型如图 9-1 所示。）

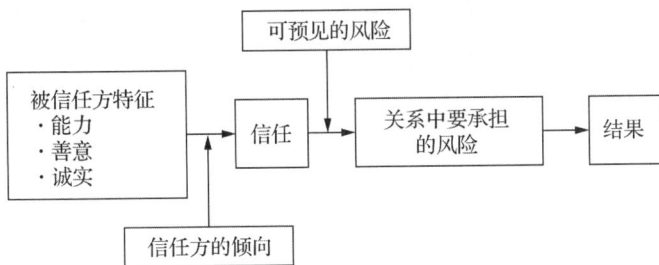

图 9-1　信任模型

## 二、共享视野

共享视野意味着团队成员有共同的目标和价值观。这种共享可以通过团队讨论、战略规划和持续沟通来培养。当每个人都明白团队的方向和如何共同努力实现目标时，合作将更加顺利。

## 三、持续沟通

信任和共享视野不是一成不变的。持续的沟通可以保持团队的连接和对目标的专注。定期的团队会议、一对一的交流和开放的反馈渠道都有助于维护团队的凝聚力和方向感。

## 四、处理不信任

不信任可能导致团队沟通和合作产生障碍。识别不信任的迹象并及时解决问题是关键。这可能需要开放和诚实的对话，甚至可能需要第三方调解。

## 五、利用技术工具

现代团队沟通不再局限于面对面的交流，技术工具如视频会议、即时通信等，可以打破地域限制，使团队沟通更加灵活和及时。

## 六、反馈和跟进

沟通不是一次性事件，而是一个持续的过程。定期的反馈和跟进可以确保信息被正确执行，并为未来的沟通提供有价值的参考。

# 利用技术工具

## 一、视频会议工具

视频会议工具如 Zoom、Teams 等使远程团队成员能够面对面交流。这些工具提供了视觉和听觉的互动，增强了沟通的亲密度和真实感，同时附带的文件共享和屏幕共享功能也提高了沟通的效率。

## 二、即时通信软件

通过 Slack、WeChat 等即时通信软件，团队成员可以随时发送文本、图片、文件等信息。这种快速反应的沟通方式适合快节奏的工作环境和即时反馈需求。

## 三、项目管理平台

项目管理平台如 JIRA、Trello 等，提供了协同工作和任务追踪的功能。团队成员可以清晰地看到项目的进展，共享资源，分配任务，确保所有人都在同一进程上。

## 四、虚拟现实（VR）和增强现实（AR）技术

新兴的 VR 和 AR 技术为团队协作带来了新的可能性，通过虚拟环境的模拟，团队成员可以沉浸在共同的虚拟空间中协作，尤其适用于设计、建筑等领域。

# 反馈和跟进

## 一、跟进机制

沟通不是一次性事件，而是一个持续的过程。适当的跟进机制，例如定期的检查和评估，可以确保任务按计划进行，并为未来的沟通提供有价值的参考。

## 二、利用技术进行反馈和跟进

现代技术也可以用于反馈和跟进，例如使用数据分析工具追踪项目进展，自动化反馈系统等，可以提供实时的洞察和调整，使团队能够灵活应对各种挑战。

## 三、创建反馈文化

在团队中建立一种积极的反馈文化是至关重要的。这种文化鼓励团队成员分享他们的观点和感受，以及对工作的满意度和需求，使团队能够不断学习和改进。

团队沟通技巧是艺术和科学的结合，需要不断地学习和实践。通过掌握这些技巧，团队不仅可以增强内部的协作和理解，还可以在更广阔的组织环境中促进创新和一体化的发展。无论是个人素养的提升还是企业思维的培养，优秀的沟通技巧都是成功的关键要素。

### 【案例】职场对话

以下是一段产品部策划 A 与运营部项目经理 B 的沟通对话：

A：我需要了解上半年所有阶段的项目数据，你发我一份吧。

B：上半年已经做过一次统计了，我直接发你吧！

A：我看了一下，你这数据不对。

B：这个是我统计半年的数据，而且在年中总结中汇报过的，当时各领导都没有质疑，你觉得哪里不对？

A：我就是感觉不对。

B：那你自己看看怎么调整一下啰！

可想而知，B 是非常不服气的，而且对 A 的印象大打折扣，想要 B 再好好地配合 A 的工作，也有一定难度了。

[**点评**]

我们来分析一下这段对话中 A 存在的几个问题：

1. 缺乏尊重。一上来无凭无据单凭感觉否定对方半年的工作成果，是对对方极大的不尊重。

2. 缺乏准备。需要数据做什么？需要哪些具体数据？需要 B 怎么配合他来梳理数据？这些在沟通前都没有做好梳理，导致沟通并未能达到目的。

3. 缺乏逻辑。在反驳别人时，仅凭感觉是大忌，缺乏职业性。必须做到条理清晰、逻辑缜密、有说服力，叙述的方式可以是结论先行，支撑论据逐条罗列，或者论据先行，再得出结论。

# 第十章　沟通过程

在深入了解了团队沟通的重要组成部分和可能出现的障碍之后，我们将进一步展开对沟通过程的探索。沟通不仅是一种技能，更是一种艺术，涵盖了定义、组织行为、必要环节、功能和要素等多个方面。沟通的成功不仅依赖于说话的清晰度和听众的理解力，更与沟通的整体过程和组织有关。

本章将深入了解沟通的全貌。沟通不仅仅是一个简单的信息交换过程，它还起到一种复杂的交互作用，涉及许多不同的组成部分。我们将从组织行为学角度来理解沟通，探讨沟通中的必要环节，以及沟通对团队的作用。此外，我们还将详细分析沟通中需要注意的要素和技巧。

本章的目标不仅是理解沟通的复杂性，还强调沟通技巧对团队成功的关键作用。通过细致的分析和解释，我们将探讨沟通如何影响团队的协同作战、解决问题、决策制定和创新能力。

## 第一节　沟通过程概述

沟通是人们在日常生活和工作中频繁进行的一种基本活动，尤其在团队环境中，沟通起着承上启下的关键作用。

通过深入了解沟通的过程和动态，团队可以更有效地分享信息、协调行动、解决问题并实现共同目标。

### 沟通的定义

沟通可以定义为信息、想法和情感的有意识交换，从一个人或团体传递到另一个人或团体，以产生某种效应或反应。这个过程不仅涉及言语和非言语的信息交流，还包括解码、理解和反应等多个阶段。

#### 一、信息的交换

沟通的核心是信息的交换，包括言语、非言语和符号等方式。这个过程涉及发送者编码信息，接收者解码信息，以及双方在信息交换中的反馈。

## （一）编码

编码是沟通过程的起始阶段，涉及将思想、情感和意图转化为某种形式的信息。编码的形式多种多样，可以是语言、文字、图像、声音或肢体语言等。

编码的效果取决于发送者的技能和接收者的理解能力。明确的目的和合适的沟通渠道有助于有效编码。

## （二）解码

解码是沟通过程的第二阶段，涉及接收者对发送者信息的解释和理解。解码的准确性受多种因素影响，包括接收者的知识、经验和情境理解。

## （三）反馈

反馈是沟通过程的第三阶段，涉及双方对信息准确性的确认。反馈可以是明确的回答、提问、肢体语言反应或情感反应。

总而言之，信息的交换是沟通过程的基础，涉及复杂的编码、解码和反馈过程。了解这些过程有助于实现有效沟通，达成个人和组织的沟通目的。有效的信息交换是促进团队合作、建立信任和实现共同目标的关键（图 10-1）。

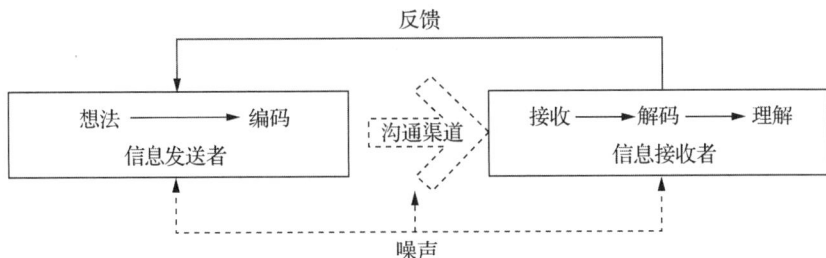

**图 10-1 沟通过程模型**

# 二、情感的沟通

情感沟通是沟通过程中的重要组成部分，它不仅包括传达感受和情绪，还涉及理解他人的情感和建立情感联系。情感沟通在团队合作和人际关系中起着关键作用。

## （一）情感的表达

情感沟通允许个体表达自己的情感、情绪和感受。这可以通过言语、面部表情、声音语调、身体语言等多种方式实现。

## （二）情感的理解

理解他人的情感涉及共情和同情。共情是指理解和感受他人的情感，同情是对他人情感的关心和理解。

## （三）情感的共鸣

情感的共鸣是指两个或更多人之间情感的同步。共鸣可以促进信任和理解，增强团队凝聚力。

（四）情感的影响

情感沟通可以影响决策、团队合作、创造力和满意度等多个方面。了解情感沟通的重要性并积极促进，可以增强团队和组织的整体效能。

# 沟通的组织行为角度

从组织行为学角度来看，沟通不仅是信息交流的手段，还是组织内部互动、决策、领导和文化塑造的重要工具。组织中的沟通方式、频率和效率直接影响组织的结构、氛围和绩效。

## 一、沟通与组织结构

组织结构决定了信息流动的路径和速度。层级结构的组织中，信息可能需要经过许多层级才能传递，这可能导致信息失真或延迟。而在扁平结构的组织中，沟通可能更为直接和迅速，因为信息可以快速流动。

（一）层级结构

在层级结构的组织中，信息通过预定的链条逐级传递。虽然这种结构有助于维护管理的秩序和一致性，但可能导致沟通的延迟和失真。如果中间环节出现错误，信息可能被歪曲或遗失。

（二）扁平结构

相对于层级结构，扁平结构的组织更加强调直接沟通。信息可以迅速流动，因为通常只需经过少数几个层级。这促进了更灵活、高效的沟通，但也可能导致一些混乱和难以维持一致性。

（三）矩阵结构

矩阵结构是层级结构和扁平结构的混合，强调跨部门合作。这样的结构可以增强组织的灵活性和创新能力，但也可能导致沟通的复杂性增加，因为员工可能同时向多位经理报告。

（四）虚拟结构

虚拟结构依赖于技术来维持分散在各地的团队之间的沟通。虽然这提供了巨大的灵活性，但也可能产生沟通障碍，因为缺乏面对面的互动。

## 二、沟通与组织氛围

组织的沟通氛围反映了成员间开放和真诚交流的程度。一个鼓励开放沟通和反馈的环境可以增强员工的信任感和归属感，进而提高工作满意度和绩效。

（一）开放与诚实

开放和诚实的沟通氛围鼓励员工分享观点和反馈，无须担心批评或惩罚。这种氛围可以增强信任和透明度，促进更好的协作和创新。

（二）支持与尊重

支持和尊重的沟通氛围强调听取并理解他人的观点，即使与自己的观点不同。这种环境有助于缓解冲突，提高团队的凝聚力和效率。

## （三）反馈文化

强调反馈的组织氛围鼓励持续学习和改进。定期的、有建设性的反馈可以帮助员工了解自己的长处和需要改进的地方，从而促进个人和团队的成长。

## 三、沟通与领导效能

良好的沟通是领导者能力的核心组成部分。通过清晰、准确和有说服力的沟通，领导者可以激发团队的士气，传达愿景，澄清期望，并协助团队解决问题。

### （一）激发团队士气

领导者通过积极、鼓舞人心的沟通可以激发团队士气，增强团队凝聚力和提高工作热情。

### （二）传达愿景和目标

清晰的沟通有助于领导者传达组织的愿景和目标，使团队成员理解并共同努力实现这些目标。

### （三）澄清期望和责任

领导者需要通过沟通明确各个团队成员的职责和期望，以确保每个人都明白自己的角色和如何为团队成功做出贡献。

### （四）协助解决问题

良好的沟通能力使领导者更有效地与团队成员协作，一同识别和解决问题。这不仅增强了团队的解决问题的能力，还有助于增强团队成员的能力和自信。

### （五）建立信任和提高透明度

透明和真诚的沟通有助于建立团队内的信任关系。领导者的开放沟通鼓励团队成员分享自己的观点和感受，从而增强团队的协作和信任。

## 四、沟通与组织文化

组织文化是由共享的价值观、信念和规范构成的，而这些因素都是通过沟通来传递和强化的。组织文化影响了成员的行为和态度，而沟通则是塑造和维持组织文化的关键工具。

### （一）沟通与价值观传递

组织文化的核心是共享价值观。清晰的沟通有助于确保这些价值观在组织内得到广泛理解和接受。通过言辞和行为的一致性，领导者可以为组织树立典范。

### （二）沟通与规范和期望

沟通有助于明确组织的行为规范和期望，从而塑造一致的文化。通过有效的沟通，员工可以明白哪些行为受到鼓励，哪些行为是不可接受的。

### （三）沟通与信任和开放性

开放和诚实的沟通增强了组织内的信任。这种信任促进了更多的分享和合作，创造了一个更加开放和透明的工作环境。

（四）沟通与组织认同感

有效的沟通可以增强员工对组织的认同感。当员工感受到他们的声音被听到并被重视时，他们更有可能对组织的目标和价值观产生共鸣。

### 【案例】企业的"精准语言"

曾有一项与术语有关的调查，包括花旗银行、联合利华、迪士尼、通用电气、思科、飞利浦、松下、西门子、英国航空等在内的大型跨国公司均有参与。调查显示，这些公司都将术语管理作为维持品牌面貌一致性的关键因素。亦有公司称，虽然开展了术语管理，但术语在各部门间不一致的情况"非常普遍"。公司内的翻译部门认为，术语上的不一致会产生严重后果，若能消除术语错误，投入再多也在所不惜。

再看一组数据：95%的译员表示在源文件中发现了术语不一致现象，并承认这会影响翻译质量。

通用汽车的调查结果显示，47%的翻译错误归为术语错误，在术语管理上的投资"最具性价比"。

技术文档中，有30%到70%的错误是术语错误。如果文档需要全球化，每个语言版本都很可能重复这些错误，修复成本将倍增。

# 第二节　沟通环节

沟通的过程并不是简单的一元化交流，而是一系列相互交织的环节所组成的复杂系统。理解沟通的每一个环节都是增强团队沟通效果的关键。在本节中，我们将详细介绍沟通的主要环节，每个环节的作用和如何在团队沟通中有效地协同工作。

## 信息源

信息源是沟通过程的初始阶段，它涉及确定要传达的具体信息和目的。在团队沟通的背景下，信息源的重要性不容小觑，因为它涉及整个团队的战略方向、目标以及日常操作的基础信息。

### 一、定义和类型

信息源可以是人、事物或概念，负责生成要传达的消息。通常，信息源可以分为以下几种类型。

1. 个人信息源：这可能是团队中的一名领导者或成员，他或她负责传达决策、想法或观点。

2. 团体信息源：这可能是团队的一个小组或委员会，负责共同形成和传递信息。

3. 组织信息源：这可能涉及整个组织的战略方向和目标，以及来自更高层的指示或政策。

## 二、信息源的重要性

信息源的明确性和准确性对团队沟通至关重要，因为它会影响以下几个方面。

1. 一致性：清晰的信息源有助于确保团队内的所有成员都能获取一致的信息。

2. 准确性：确保信息源的准确性有助于避免误解和混淆，从而提高沟通的效率。

3. 信任和透明度：当信息源被明确识别和理解时，团队成员通常会感到更加信任和投入。

在团队沟通的复杂结构中，信息源的角色不仅仅是起点。正确识别和管理信息源是促进有效沟通、增强团队协作和实现共同目标的基础。在下一节中，我们将进一步深入探讨如何将这些信息转化为可以理解的符号或语言，这一过程称为编码。

# 编码

编码是沟通环节中的一个核心部分，涉及将具体的思想、感受或信息转换为一种符号、文字或语言，使其能够通过特定的沟通渠道传递。在团队环境中，编码的过程尤为关键，因为它直接影响团队成员之间信息交流的准确性和效率。

编码是沟通过程中将信息、想法或情感转换为可以通过某种沟通渠道传输的形式的过程。这可能涉及使用语言、符号、图像、声音等来表示原始的思想或感受。这一过程是沟通的基础，无论是在人际交流中还是在团队中，都起着关键作用。

在团队沟通环境中，编码涉及将个人或小组的目标、想法或反馈转化为共享的语言或符号。这可能包括使用专业术语、图表或报告格式来清晰、准确地传达信息。

例如，项目经理可能需要将项目的复杂目标分解为具体的任务和责任，并通过书面或口头方式与团队成员分享。这需要精心选择词语、图像和格式，以确保所有人都能理解并执行。

缺乏有效的编码可能会导致许多问题，例如混乱、冲突、低效和滞后。例如，如果项目经理没有清晰地描述任务和期望，团队成员可能会对自己的角色和责任感到困惑，从而降低团队的整体绩效。

# 传输渠道

传输渠道是信息从发送方传递到接收方的路径。在团队环境中，这可能包括口头交流、电子邮件、会议等。选择合适的传输渠道有助于确保信息的有效传递。

传输渠道是沟通过程中非常关键的一环，它涉及信息从发送者到接收者的传递方式。不同的传输渠道有着不同的特点和适用场景，选择合适的传输渠道对于确保信息的有效传递和接收者的正确理解至关重要。

## 一、口头传输渠道

口头传输渠道包括面对面对话、电话会议、视频会议等。这些渠道允许信息的即时交流和反馈，有助于增强理解和信任。

## 二、书面传输渠道

书面传输渠道包括电子邮件、报告、备忘录等。这些渠道适用于正式、结构化和复杂的沟通需求。

### 三、非正式传输渠道

非正式传输渠道包括即时消息、社交媒体等。这些渠道适用于快速、非正式的交流和协作。

在选择传输渠道时，团队必须考虑沟通的目的、内容、接收者和环境等因素。明智地选择传输渠道可以确保信息准确无误地传达至目标受众，从而提高团队沟通的效率和效果。不同的渠道可能适合不同的沟通场景，因此，灵活运用多种渠道并根据具体情况调整是使团队沟通高效的关键。

# 解码

解码是沟通过程中的一个关键环节，涉及接收方将发送的符号或语言转化为他们能理解的实际思想和意义的过程。在团队沟通中，有效的解码不仅涉及理解文字或语言的字面意思，还包括揭示和理解其背后的情感、文化和情境背景。下面我们将详细探讨解码过程的不同方面。

### 一、理解语言

在解码过程中，理解所使用的语言及其结构是基本的。这包括了解单词的字面意思、语法规则和句子结构等。在团队中，确保共同理解所使用的术语和表述是避免误解的关键。

#### （一）字面理解

这一阶段涉及理解所使用单词的直接和字面意思。对于团队中的特定术语和行业用语，可能需要特定的培训或解释。

#### （二）语法结构

了解句子的语法结构和逻辑组织也是关键。团队成员应能够理解复杂的指令和提问，以便能够准确执行任务。

#### （三）语境理解

有时，语言的意思并不总是直截了当的。理解所使用语言的语境和隐含含义可以帮助团队成员准确把握彼此的意图和需求。

在团队设置中，推动共同的语言理解和使用有助于减少混淆和提高效率。

### 二、情感解读

情感解读涉及捕捉和理解沟通过程中的非言语信号。这些信号可能通过面部表情、语调、身体语言等途径传递。

#### （一）面部表情和眼神

人们的面部表情和眼神可以揭示许多关于他们情感和态度的信息。例如，微笑可能表示满意和同意，而皱眉可能表示困惑或不满。

#### （二）语调和声音

语调和声音的变化也可以揭示情感。提高音量可能表示强烈感受，而温柔的语调可能表示同情或理解。

### （三）身体语言

身体的姿势和动作也传递信息。例如，双臂交叉可能表示防御或关闭，而开放的姿势可能表示欢迎和接受。

团队成员需要学会识别和解释这些信号，以便更全面地理解彼此的情感和需求。

## 三、文化背景

文化背景也可能影响解码过程。不同的文化可能对相同的符号或表达有不同的理解。团队中的成员可能有不同的文化背景，因此了解和尊重这些差异有助于确保准确解码。

### （一）符号和象征的差异

不同的文化可能对相同的符号和表达有不同的理解。例如，某些颜色或手势在不同的文化中可能具有完全不同的含义。

### （二）沟通风格

不同文化可能有不同的沟通风格和期望。一些文化可能更倾向于直接和坦诚的沟通，而其他文化可能更重视礼貌和间接性。

### （三）价值观和信念

文化还塑造了人们的价值观和信念，这些可能影响他们的解码方式。了解和尊重这些差异有助于确保准确解码。

在多元化的团队环境中，文化敏感性和意识是提高沟通效率和效果的关键因素。

# 反馈

反馈在团队沟通的过程中起着至关重要的作用。它是一种交互性的过程，使发送者了解接收者是否正确理解了消息，并是否采取了适当的行动。以下是反馈环节的详细分析。

## 一、反馈的定义

反馈是接收者对信息的响应，可能是明确的回应、情感的表达或行为的改变。它帮助发送者了解信息是否被正确解释和理解，并能够调整未来的沟通策略。

## 二、反馈的重要性

1. 理解和确认：反馈可以确认信息是否被正确理解，从而避免误解和混淆。
2. 激励和鼓舞：正面反馈可以激励团队成员，并有助于增强团队凝聚力。
3. 持续改进：通过反馈，团队可以持续改进沟通效率和工作效果。

## 三、反馈的类型

1. 正面反馈：赞扬、认可或支持的表达。
2. 负面反馈：批评、不满或拒绝的反应，它可以用来指导改进。
3. 中立反馈：客观的、不带感情色彩的反馈，可以提供清晰的信息理解。

## 四、反馈的方法

1. 口头反馈：通过直接的言语交流提供反馈。

2. 书面反馈：通过电子邮件、报告等书面形式提供反馈。

3. 非言语反馈：通过肢体语言、面部表情等非言语方式表达反馈。

反馈不仅是沟通过程的一部分，它还是团队沟通中不可或缺的重要环节。通过深入理解反馈的多个方面和有效运用反馈，团队可以提高沟通效率，促进共同理解和合作，从而推动组织目标的实现。

## 噪声

噪声在沟通过程中是一个关键因素，它可以扰乱甚至破坏信息的传递。在团队沟通中，对噪声的理解不仅仅局限于物理声音，它还涵盖了许多可能干扰信息清晰传递的要素。下面，我们将详细探讨噪声的各种类型和它们是如何影响团队沟通的，以及如何有效地减轻和控制这些噪声。

### 一、物理噪声

物理噪声是指周围环境中的声音和干扰，例如电话铃声、交谈声、交通噪声等。在团队会议或对话中，这些物理噪声可能会分散人员注意力，从而影响信息的准确传递。

### 二、心理噪声

心理噪声是指与信息接收者的个人感受和态度有关的内部干扰。例如，压力、焦虑、先入为主的观念或情感状态可能会影响信息的理解和解读。

### 三、语义噪声

语义噪声与语言和词汇的使用有关。如果沟通双方对某个词或术语的理解不同，或者使用了模糊不清的语言，可能会造成混淆和误解。

### 四、结构噪声

结构噪声与组织和沟通结构有关。困难的沟通路径、层次结构的障碍或过于复杂的沟通流程都可能导致信息丢失或扭曲。

### 五、减轻和控制噪声的策略

1. 了解和识别噪声：通过识别沟通过程中可能出现的噪声，团队可以更好地准备和应对。

2. 选择合适的沟通渠道：根据信息内容和目的选择合适的沟通渠道，可以减少某些类型的噪声。

3. 清晰和一致的语言：使用清晰、一致的语言和术语，确保所有团队成员都对信息有共同的理解。

4. 提供反馈：鼓励和提供反馈可以确保信息被正确理解，并及时识别和纠正由噪声引起的误解。

通过全面理解沟通的这些基本环节，团队成员可以更好地协同合作，确保信息的准确、有效和及时传递。在下一节中，我们将探讨这些环节如何共同支持团队的不同功能，从而支撑整个组织的成功。

#### 【案例】 试用期的张三

张三加入某公司快三个月了，职位是内刊编辑，有时候他也以公司记者的身份去采访公司员工、撰写稿件和策划公司内刊。一天，部门经理找到人事经理，决定终止对张三的试用，理由是他经常"选题不好""思路不清晰""文字表述都有问题"等。按公司惯例，人事经理都要通知当事人谈话。

出乎预料的是，谈话一开始，张三就连声抱怨，觉得处理太突然，一是"自己做得不错，上了那么多稿子"，二是"我们主编从来也没说过什么"，三是"快转正了才说我不行，太不公平"。

张三还是离开了公司，可留下了深深的思考……

[点评]

一般来讲，新员工自加入某个组织起，无论对团队还是对具体的工作岗位，他都充满了期待和希望，并"摩拳擦掌"。"人事圈儿"里有这样的说法，试用期的员工是"表现最积极、最努力的员工"。在这段新鲜、敏感的时期里，即使是再有工作经验的员工，面对完全陌生的环境和人，也需要"呵护"式的沟通与指导；而这种沟通与指导，应该是由员工的直接上级和 HR 有关人员主导的。从张三的上述遭遇中我们不难诊断出，该公司在管理沟通环节上出了问题。

在实际工作中，针对试用期的新员工的考核和观察，也是通过管理沟通的形式来实现的。为了完成我们自己的"沟通目标"，不妨按照以下"六确定"进行考虑和执行。

##### 一、时间的确定

假设员工的试用期为三个月，正式沟通的次数应以三次为好。一是管理人员能起到"随时提醒"的作用，二是组织给了新员工可能的"改正机会"。员工受到关注和无人理睬，感受是截然不同的。需要注意的是，约谈时，管理人员要尊重新员工的已有日程安排，切忌"强令指定和破坏"，因为"彼此尊重是有效沟通的基础"。

##### 二、地点的确定

要选择合适的地点，避免在公共区域，单位里的会议室是最佳的选择。有的管理人员愿意选择自己的办公室谈话，觉得自己方便，但这势必给新员工一定的"压迫感"，因为那里毕竟是"你的势力范围"。会议室处于"中间地带"，双方都会觉得公平。会议室请事先订好，免得谈话中有不必要的"干扰"和"中断"。

##### 三、人物的确定

直接上级和新员工直接对话，具有实效性和针对性。HR 的主管作为第三方，也可以参加（亦是人事部门了解具体情况的良机），管理强度也增大了。

##### 四、内容的确定

对于考核和谈话的内容，要从"知识、技能、态度、需提高"四个角度考虑，最好用考核表（试用期员工考核表）来做备忘记录（此表格的设计可依具体情况而定）。当然，新员工来的时候都应知道自己的职责和工作目标，用打分的方式就很容易看出"需提高"的部分。除此之外，员工个人生活的困难也应涉及，并设法协助解决。

### 五、评语的确定

和新员工沟通的评语，要本着"公平、公正"的原则来确定。对于"需提高"的部分，管理人员一定要明确指出，而不能有半点儿的含糊。

双方（或三方）要在"试用期员工考核表"上签字、认可，同时各留一份保存，以备后用。

### 六、跟进的确定

这个阶段，和前面的沟通动作是连贯的，主要是对新员工进行继续指导和观察，是再次沟通、面谈的转承部分。"解决问题的方法是不断做事"，通过做事，才能不断修正方向并提高管理水平。

## 第三节　沟通功能

沟通在团队环境中有着多重功能，是组织生活的重要纽带。这一节将深入讨论沟通对于团队的各种功能和作用，揭示其在组织中的核心地位。

# 信息交流

沟通首先是信息交流的工具。团队成员通过沟通分享知识、信息和想法，使每个人都能理解团队的目标和任务。信息交流确保了团队成员之间的协调一致，有助于减少误解和冲突。

信息交流是组织沟通的核心功能之一，也是团队合作和协调的基础。下面将更详细地探讨信息交流在团队沟通中的关键作用。

### 一、信息的传递

信息的传递是沟通的基础。无论是项目进展的更新、任务的分配还是团队目标的明确，所有这些信息都需要通过有效的沟通渠道传递给每个团队成员。信息的及时传递确保了每个人都清楚自己的职责和期望，从而提高工作效率。

### 二、信息的理解

单纯的信息传递并不足以确保团队的协同工作。团队成员必须理解所接收的信息的含义和重要性。这就需要确保沟通的清晰度和准确性，避免模糊和误解。有效的信息理解是团队协作的前提，也是避免冲突和误导的关键。

### 三、信息的反馈

信息交流不应是单向的过程。团队成员需要有机会对接收到的信息进行反馈和询问。这样的互动沟通有助于确保对信息的准确理解，同时也使得团队领导和成员可以及时发现并纠正潜在的问题。

### 四、信息的共享

在团队环境中，信息的共享是促进创新和合作的重要因素。通过共享知识、经验和资源，团队成员可以共同学习和成长。信息共享也促进了团队成员之间的信任和尊重，有助于建立更紧密的团队凝聚力。

### 五、信息的存储与记录

有效的信息交流还包括信息的存储和记录。通过文档化和归档，团队可以确保重要信息的持久保存。这不仅有助于团队成员回顾和参考，还可以为未来的项目和决策提供有价值的参考。

信息交流在团队沟通中的作用不可忽视。从信息的传递到理解，从反馈到共享，每个环节都是团队成功的关键部分。有效的信息交流促进了团队成员之间的相互理解和协作，是实现团队目标和愿景的基础。理解并掌握信息交流的多个方面，有助于团队创建一个开放、透明和协同的工作环境。

## 决策辅助

在组织和团队环境中，沟通作为决策辅助工具占据了至关重要的地位。决策过程中的沟通不仅有助于信息的流通和观点的交换，而且促进了共同理解和团队协同工作。以下是沟通在决策辅助中的具体作用。

### 一、集思广益

沟通允许团队成员分享他们的观点和想法，从不同的角度看待问题。通过鼓励开放和坦诚的对话，团队可以集中各方的智慧，更全面地考虑问题和解决方案。这种集思广益的过程有助于推动创造性和创新性的决策。

### 二、提高透明度和信任

有效的沟通可以确保决策过程的透明度。当每个团队成员都理解决策背后的动机时，他们更可能信任和支持这一决策。透明度有助于建立团队的信任和凝聚力，减少不确定性和恐惧。

### 三、不同利益的调和

团队成员可能有不同的利益和目标。沟通有助于揭示这些差异，并找到共同点和妥协。通过协商和谈判，团队可以发现平衡各方利益的方法，从而达成共识。

### 四、防止误解

误解和错误的解读可能导致混乱和冲突。通过明确、及时的沟通，团队可以确保每个人都理解决策的具体内容和目的。这种共同理解有助于防止误解，确保团队在实施决策时的一致性和效率。

### 五、鼓励参与

沟通还可以鼓励团队成员积极参与决策过程。当人们感到自己的观点和感受被重视和听取时，他们更可能参与并对决策产生积极的态度。这种参与感有助于增强团队的凝聚力和责任心。

沟通在决策辅助中的作用深远广泛，涵盖了集思广益、提高透明度、利益调和、防止误解和鼓励参与等多个方面。它是使团队成功实现目标、增强创造性和凝聚力的关键因素。只有通过良好的沟通，团队才能确保决策过程的顺利进行，共同前进。这一过程再次强调了沟通作为团队效能的核心组成部分的重要性。

## 情感表达

沟通还允许团队成员表达感受和情感。通过言语和非言语的沟通，人们可以表达满足、不满、信任或焦虑等感受。这有助于建立团队凝聚力和共同价值观，也是解决团队内部紧张和冲突问题的关键。

### 一、情感的识别与共享

在团队中，成员之间的情感共享和理解是建立信任和团队凝聚力的基础。通过有效的情感表达，团队成员可以更好地理解彼此的感受和需求，从而在合作中形成更为默契的关系。

### 二、情感的支持与安慰

团队工作中难免会遇到压力和挫折。这时，同伴的支持和安慰变得至关重要。通过言语或非言语的方式传达同情和理解，可以帮助团队成员渡过难关，增强团队的凝聚力。

### 三、情感的调节与管理

情感表达不仅关系到个人的感受，还涉及团队整体的氛围和效率。通过适当的情感表达，可以调节团队的氛围，例如，通过幽默来缓解紧张，通过鼓励来提高士气。了解和管理团队的情感表达，有助于营造一个积极、有活力的工作环境。

### 四、情感的冲突与解决

情感冲突在团队中是常见的现象。不同的价值观、目标和沟通风格可能会导致冲突。通过开放和诚实的情感表达，团队成员可以更好地理解彼此的立场和感受，从而寻找解决冲突的途径。

情感表达是团队沟通的复杂而重要的方面。它涉及诸多维度，不仅仅是传达个人的情感状态，还包括团队互动、支持、冲突解决和情感智慧的培养。了解并掌握情感表达的功能，有助于团队建立更和谐的工作关系，推动团队的发展和成功。

## 激励和影响

沟通还可以作为激励和影响的工具。领导者和团队成员可以通过沟通传达期望、鼓励卓越的表现或影响他人的态度和行为。正面的反馈和赞扬可以增强团队成员的积极性和帮助实现承诺。

### 一、沟通作为激励工具

#### （一）明确期望和目标

通过沟通，领导者可以明确表达对团队成员的期望和目标，确保每个人都了解并致力于实现它们。

#### （二）正面反馈

及时和具体的正面反馈能够增强团队成员的自信和动力，让他们感受到自己的努力得到了认可。

（三）激励性言辞

通过鼓舞人心的言辞，领导者可以激发团队成员的热情和承诺，促使他们为共同的目标付出更多努力。

## 二、沟通作为影响工具

（一）说服和引导

通过有效的沟通，领导者和团队成员可以相互说服和引导，确保每个人都同意并按照团队的方向和战略完成任务。

（二）塑造团队文化

通过沟通，组织可以传达和强调其价值观和信念，从而塑造一个有利于合作和成长的团队文化。

（三）解决冲突

通过开放和真诚的沟通，团队可以识别和解决内部冲突，避免它们升级成更大的问题。

## 三、沟通的策略和技巧

（一）积极倾听

积极倾听不仅是信息接收的过程，还是一种表明尊重和理解的方式，有助于建立信任和共识。

（二）清晰一致

信息的清晰和一致性有助于减少误解和混淆，确保团队成员明确了解期望和目标。

（三）非言语沟通

非言语沟通，如肢体语言和面部表情，也是传达情感和态度的重要手段，可以增强言语信息的影响力。

沟通在激励和影响团队成员方面的作用不可忽视。无论是塑造团队文化，还是激发个人的积极性和承诺，有效的沟通都是关键。通过理解和掌握这些方面的沟通技能，团队领导和成员可以共同构建一个有凝聚力、充满活力和朝着共同目标努力的团队。

沟通的功能远不止上述几个方面。从实现组织目标到促进个人发展，沟通在团队中扮演的角色不可或缺。掌握和理解沟通的功能有助于团队成员更有效地使用这一关键工具，推动团队向前发展。只有明白了沟通的全方位作用，我们才能更好地塑造和维护一个健康、生机勃勃的团队环境。

### 【案例】装傻式关心

某天中午 11 点，某企业一个大堂经理走进酒店去各包间巡查，结果发现一个包间的卫生还没有打扫完，地下还有很多餐巾纸碎屑，经理就找到包间服务员问："小花，都已经 11 点了，你还在那坐着干吗呢？地上还有这么多餐巾纸碎屑，你看不到吗？"

这时候小花捂着肚子说:"经理,我肚子疼。"

经理顺势就说:"肚子疼那你回去休息休息吧。"

就这样,小花头也不回地就走了。

试问,员工满肚子怨气地走了不说,那这个包间谁来盯呢?是你管理层自己来盯,还是找其他员工代班来盯呢?前一个问题还没有解决,下面一个问题又冒出来了。

[分析]

"装傻式关心",即管理层明知道员工是在找借口偷懒,但要假装把这个借口当真,充满关心和包容,用正面心态来帮助他做他应该完成而没有完成的工作。

[点评]

以上面的情况为例,管理层采用装傻式关心来和员工进行沟通,那结果会怎样呢?

大堂经理巡查发现包间地上有餐巾纸碎屑,询问时发现小花找借口说身体不舒服,这时管理层要把这个借口假装当真,还要对员工充满关切:"小花,身体不舒服,还可以再坚持一下吗?"这时员工一般都会说可以。那管理层接着就要说:"好的,小花,那你在沙发上躺着休息一下,喝口热水,张经理帮你把包间的卫生打扫干净。"相信当经理拿起扫把的时候,这个员工就已经起身接过经理手里的扫把,嘴里说着"经理,没事,我可以的,我来扫吧"。

装傻式关心在后厨里照样行得通。

某天中午厨师长走进厨房巡视,某道菜品今天中午应该备料15份,但实际备份量却只有3份,采用装傻式关心就该这样和员工沟通:"小张,咱们最近生意挺好的,这道菜品我们今天应该准备15份,我知道你最近特别辛苦,昨天加班到很晚。这样吧,剩下的备份量我来帮你准备,你去休息一会儿。"当厨师长拿起刀准备切时,这个切配师傅应该早就跑过来抢过厨师长手里的刀说:"老大,我没事,我来切。"

装傻式关心就是睁一只眼闭一只眼,不要对员工一味地指责、抱怨、苛求,而要用关怀的态度去感化他,告诉他没有关系,你累了你先休息,我来帮你干。

作为管理层要明白,人和人之间一定不要总是紧绷冰冷,尤其是对待员工,要用包容心态去对待他,有时睁一只眼闭一只眼也未尝不可。当管理层用装傻式关心去沟通,告诉他"今天不舒服没事,没干完的活我来帮你干"时,员工绝对不会让管理层干,反而心里会充满歉意,立马把活干完,还不会埋怨,并且在平时的工作中更加积极努力。所以,装傻式关心就是用正面心态来和员工进行互动的法门,不要总是指责抱怨。

# 第四节　沟通要素

沟通作为一种复杂的交互过程,涉及许多不同的组成部分和要素。理解这些要素对于提高沟通效率和效果至关重要。本节将深入探讨沟通的主要要素,并分享一些重要的沟通技巧。

# 信息发送者和接收者

沟通的基础是信息的发送和接收，包括信息的发送者和接收者两个主要部分。本小节将深入分析这两个核心要素，并提供关于如何优化发送和接收信息的实用建议。

## 一、信息发送者

信息发送者是沟通过程中的起始点，他们将信息、观点或感受传达给接收者。

### （一）选择信息

选择要传达的信息是至关重要的第一步。信息应与目的和目标受众相关，明确并准确。

### （二）确定目的和目标受众

有效的沟通需要有明确的目的和选择合适的受众。发送者必须明白沟通的目的是什么，以及谁是最佳的信息接收者。

### （三）使用适当的语言和表达方式

根据受众的背景和需求，使用适当的语言和表达方式至关重要。过于复杂或过于简单的语言都可能导致沟通障碍。

## 二、信息接收者

信息接收者是沟通过程中的目的地，他们的任务是理解和反应发送者的信息。

### （一）积极倾听

有效的接收不仅仅是听到发送者的言辞，还要真正理解和消化信息。积极倾听涉及全神贯注，不打断，并积极寻求理解。

### （二）分析和解读信息

接收者需要能够解释信息，并评估其对自己和组织的重要性和相关性。

### （三）提供反馈

适当的反馈可以帮助发送者理解信息是否被正确解读，并有助于进一步地沟通和澄清。

信息发送者和接收者是沟通过程的两个核心要素。作为发送者，需要选择适当的信息，明确目的和目标受众，并使用合适的语言和表达方式。作为接收者，需要积极倾听，分析和解读信息，并提供有意义的反馈。

# 信息内容和渠道

沟通过程中的信息内容和渠道是成功传达信息的关键。下面我们将详细讨论这两个要素，探索它们如何影响团队沟通的有效性和效率。

## 一、信息内容

信息内容是沟通的核心，涉及所要传达的主要概念、想法、感受或指示，编码成一种可以理解的格式。其重要性表现在以下几个方面：

（一）清晰性

信息内容必须明确无误，避免模糊和歧义。使用直接和简洁的语言能帮助接收者更好地理解。

（二）准确性

确保信息内容的真实和准确是维护团队信任和合作的关键。任何错误的信息都可能导致误解和混乱。

（三）相关性

信息内容应与接收者的需求和兴趣有关，从而激发他们的参与和回应。

（四）完整性

信息必须完整，包括所有必要的细节和背景，以便接收者能够全面理解和有效响应。

## 二、信息渠道

信息渠道是信息从发送者传递到接收者的媒介或路径。不同的信息类型和情境可能需要不同的渠道。以下是一些常见的渠道以及在何时使用它们的建议：

（一）面对面沟通

当涉及复杂、敏感或需要即时反馈的信息时，最好采用面对面沟通。

（二）电话或视频会议

当双方不能面对面时，电话或视频会议可以提供实时交流的机会和声音或视觉的附加信息。

（三）电子邮件和即时消息

适用于不需要立即响应的信息，或者需要创建记录的通信。

（四）报告和书面文件

适用于需要详细分析和长期存储的正式信息。

信息内容和渠道的选择对沟通的效果有着直接的影响。清晰、准确、相关和完整的内容将促使接收者更好地理解和回应。正确选择和使用信息渠道可以确保信息以最有效的方式传达，并满足团队的具体需求和期望。

通过认识和掌握这些沟通要素，团队成员可以更有效地分享信息，增强相互理解和信任，从而促进更成功的团队合作。

# 环境和文化背景

沟通并不仅仅是一个语言和信息交换的过程，它还与所处的环境和参与者的文化背景有着紧密的联系。以下我们将分别从环境和文化背景这两个角度探讨它们如何影响团队沟通。

## 一、沟通环境

沟通环境可以理解为沟通发生的物理和心理场所，包括外部的物理环境和内部的心理氛围。它们的特点和条件可深刻影响沟通的流程和效果。

（一）物理环境

物理环境包括沟通的地点、光线、噪声、温度等因素。例如，嘈杂的环境可能使人们难以集中注意力，而舒适的温度和充足的光线有助于创造积极的沟通氛围。

（二）心理氛围

沟通的心理氛围包括参与者的态度、情感、信任等因素。一个开放、坦诚、积极的沟通氛围能够促进信息的自由流通。

## 二、文化背景

沟通也受到参与者文化背景的影响。文化背景不仅指国家和地区的文化，还包括公司文化、团队文化等。

（一）语言和符号理解

不同的文化背景下，人们对某些词汇、符号或肢体语言的理解可能存在差异。误解或误读这些符号可能会导致沟通障碍。

（二）价值观和信仰

不同的文化可能有不同的价值观和信仰，这些差异可能会影响沟通的风格和内容。

（三）沟通风格

不同的文化可能倾向于不同的沟通风格。例如，一些文化可能倾向于直接和开放的沟通，而其他文化可能更重视间接和委婉的表达。

环境和文化背景在沟通过程中扮演着关键角色。有效的沟通需要对物理环境进行合理的控制和调整，同时也需要了解和尊重不同参与者的文化背景。团队成员应致力于创造积极的沟通环境，并学会在不同文化背景下灵活沟通，以促进信息的准确传递和共同理解。

在全球化的工作环境中，这一能力对于跨文化团队的协作尤为重要。

### 【案例】特斯拉新品发布

#### 一、背景

特斯拉公司是一家全球知名的电动汽车制造商，以创新技术和可持续交通解决方案而闻名。为了进一步扩大产品线并满足不断增长的消费者需求，特斯拉公司决定推出一款全新型号的电动汽车。然而，新产品的成功发布需要充分的沟通和协调，以确保消费者、员工和合作伙伴对公司的期望和需求得到准确传达和理解。

#### 二、沟通要素

（一）发送者

特斯拉公司的高层管理团队和产品团队，他们负责策划和执行新产品的发布。

（二）接收者

消费者、员工、合作伙伴和投资者，他们是新产品发布的关键利益相关者。

（三）信息

新产品的特点、优势、定价、市场定位以及公司的愿景和战略。

（四）渠道

新闻发布会、广告、社交媒体、官方网站以及面对面的销售和市场推广活动。

（五）反馈

消费者和其他利益相关者的意见、建议以及购买意愿。

（六）障碍

可能存在的信息不对称、竞争对手的干扰以及市场变化等不确定因素。

（七）背景

电动汽车市场的竞争格局、消费者的喜好以及特斯拉公司的品牌形象。

### 三、沟通过程

（一）发送者准备阶段

特斯拉公司的高层管理团队和产品团队进行了深入的市场研究和消费者洞察，确定了新产品的定位和关键卖点。他们精心策划了新产品发布活动，包括新闻发布会、广告宣传和社交媒体推广等。

（二）信息传递阶段

在新产品发布会上，特斯拉公司向消费者和其他利益相关者展示了新产品的创新技术、卓越性能和环保优势。他们通过生动的演示和详细的解释，帮助接收者更好地理解新产品的特点和价值。同时，特斯拉公司还通过广告、社交媒体和官方网站等渠道向更广泛的受众传递新产品的信息。

（三）接收者处理阶段

消费者和其他利益相关者接收到新产品发布的信息后，开始形成自己的认知和评价。他们可能会与亲朋好友讨论，或者参考专业媒体和评论家的意见。在这个过程中，特斯拉公司积极倾听消费者的反馈，通过市场调研和社交媒体监测等手段了解他们的需求和期望。

（四）反馈阶段

消费者和其他利益相关者通过各种渠道向特斯拉公司提供反馈意见。这些反馈可能包括对产品的改进建议、定价策略的调整以及市场推广的优化等。特斯拉公司认真分析这些反馈，将其视为改进产品或服务的宝贵机会。

（五）障碍排除阶段

针对消费者和其他利益相关者反馈中提出的障碍和问题，特斯拉公司积极采取措施进行解决。例如，他们可能会调整产品的定价策略，改进产品的性能和质量，或者加强销售和售后服务的支持。通过持续的沟通和改进，特斯拉公司努力消除障碍，提高消费者和其他利益相关者的满意度和忠诚度。

（六）实施阶段

经过充分的沟通和反馈，特斯拉公司成功推出了全新的电动汽车。这款产品在市场上获得了广泛的关注和认可，销售业绩取得了显著的增长。特斯拉公司继续通过广告、社交媒体和市场推广活动等渠道与消费者和其他利益相关者保持密切的沟通，以进一步巩固品牌形象和市场地位。

[点评]

通过这个商业案例，我们可以看到沟通要素在特斯拉新产品发布中的关键作用。特斯拉公司通过深入的市场研究和消费者洞察，准确传递了新产品的信息，积极倾听消费者的反馈，并及时调整策略以满足他们的需求。这个过程不仅增强了消费者对特斯拉品牌的认知和信任，也推动了新产品的成功发布和销售增长。同时，这个案例也展示了有效的沟通可以帮助企业更好地理解和满足利益相关者的期望和需求，从而保持长期的商业成功和竞争优势。

第十章 沟通过程

# 第十一章　沟通能力训练

在我们深入探讨了团队沟通的多个方面后，包括沟通方式、沟通障碍和沟通过程的细致分析，我们逐渐意识到沟通的复杂性不仅涉及表面的交流技巧，更关乎每个个体在团队中的沟通能力。沟通能力作为一个核心概念，渗透在团队沟通的每一个环节之中，它与每个人的自我认知、表达、控场和设计能力密切相关。

本章将引导我们深入沟通能力训练这一层次进行更深的探索，借助先进的理论和实际案例，展示如何将个人沟通能力与团队协作有效结合。我们将逐一分析自我认知能力、表达能力、控场能力和设计能力的核心元素，了解它们如何分别在团队沟通中发挥关键作用，以及如何通过有针对性的训练提升这些能力。

本章将深入地阐述沟通能力不仅仅是一种团队成员之间相互交流的工具，更是一种促进个人成长和团队协同作战的关键能力。通过提高沟通能力，个人不仅能够在团队中更有效地扮演角色，而且可以推动团队整体向着更高效、和谐和创新的方向前进。

## 第一节　自我认知能力

自我认知能力是沟通能力训练的基石，涉及一个人对自己情感、信念、价值观和行为方式的理解。这一理解为个体在团队中的沟通提供了坚实的基础。此节将深入探讨自我认知能力的核心组成部分，在团队沟通中的功能、影响以及如何进行针对性的沟通训练。

### 定义与组成

自我认知能力是一个复杂而多层次的概念，涉及对自身情感、价值观、信念和行为的深入理解。在团队沟通中，自我认知能力起到了至关重要的作用。下面我们将详细探讨自我认知能力的定义和主要组成部分。

#### 一、定义

自我认知能力是人们对自己内在属性、价值、信念和行为的深入理解和觉察。它是一种持续的、反思性的过程，帮助人们更好地理解自己是谁，为什么会有特定的想法和情感，以及如何与他人沟通和互动。

### 二、主要组成部分

自我认知能力并非单一的概念，它由多个相互关联的部分构成。理解这些组成部分不仅有助于深化对自我认知能力的理解，还有助于在团队沟通中更有效地运用这一能力。以下是自我认知能力的主要组成部分。

（一）自我觉察

1. 定义：自我觉察涉及对自身情感、信念、价值观和行为方式的觉察和理解。
2. 方法：通过反思、自我评估和接受反馈等方式，增强自我觉察能力。
3. 在沟通中的作用：了解自己的沟通风格和倾向，为有效沟通提供基础。

（二）自我调整

1. 定义：自我调整是基于自我觉察的深入理解，对自己的行为和沟通方式进行有意识的调整。
2. 方法：通过目标设定、行动计划和反馈循环等方式，实现自我调整。
3. 在沟通中的作用：使沟通更灵活、更有针对性，适应不同沟通情境和对象的需求。

（三）情感智慧

1. 定义：情感智慧是对自己情感的理解和管理，以及对他人情感的理解和回应。
2. 方法：通过情感反思、情感调控练习和社交技能培训等方式培养。
3. 在沟通中的作用：通过合适的情感表达和回应，增强沟通的共鸣和信任。

（四）元认知能力

1. 定义：元认知能力涉及对自己认知过程的认识和控制，包括自我调控、计划和反思。
2. 方法：通过自我监控、元认知策略和反思练习等方式培养。
3. 在沟通中的作用：有助于增强对沟通策略的控制和调整，提高沟通效率。

每个组成部分都与团队沟通中的重要方面相联系，共同构成了自我认知能力的整体框架。这些组成部分相互影响，共同促进了沟通的成功。通过对这些组成部分的深入了解和培养，可以更全面地掌握自我认知能力，并更有效地将其运用到团队沟通中。

# 在团队沟通中的作用

自我认知能力在团队沟通中的作用尤为关键。理解和评估自己的沟通风格、态度、情感反应和动机是团队沟通的重要部分。以下详细说明了自我认知能力在团队沟通中所起的各种作用。

## 一、提高沟通效率

自我认知能力是团队沟通中不可或缺的一部分。了解和评估自己的沟通风格、态度、情感反应和动机对于提高沟通效率至关重要。以下几个方面深入探讨了自我认知能力如何帮助提高团队沟通效率。

（一）理解沟通风格

1. 定义和分类：每个人的沟通风格可能有所不同。沟通风格可以分为直接和间接、开放和封闭、灵活和固执等类别。通过自我认知，人们可以认识到自己倾向于哪种沟通风格。

2. 风格与团队影响：了解自己的沟通风格如何影响其他团队成员至关重要。例如，一个过于直接的沟通风格可能会对某些团队成员产生负面影响。

3. 自适应沟通：知道自己的沟通风格后，可以更好地自适应不同的团队成员和情境，调整自己的沟通方式以更有效地传达信息。

（二）减少误解

1. 明确传达：自我认知有助于个体更明确地传达他们的意图和需求，从而减少被误解的风险。

2. 提高倾听技能：了解自己的沟通风格和偏见有助于提高倾听技能。自我认知促使人们更加专注于他人的观点，而不是自己的解释或回应，从而提高沟通的准确性。

3. 解决冲突：当沟通出现问题时，自我认知能力也可以帮助解决冲突。通过了解自己和他人的沟通风格，团队成员可以更有效地识别和排除沟通中的障碍。

提高沟通效率是自我认知能力在团队沟通中的关键功能之一。通过理解和评估自己的沟通风格和倾向，个体可以更有效地与团队成员沟通，更灵活地适应不同的沟通情境，更有效地减少误解和冲突。自我认知不仅是提高沟通效率的工具，还是促进团队协作和共同成长的重要途径。

## 二、增强团队凝聚力

自我认知能力在团队中的运用，不仅能够帮助提升沟通效率，还能在更深层次上增强团队的凝聚力。以下详细阐述了自我认知如何促进团队凝聚力的形成。

（一）建立信任

自我认知能力对于团队信任的建立起着至关重要的作用。下面将详细探讨透明沟通、增进共情和鼓励可靠性如何有助于信任的形成。

1. 透明沟通。

（1）理解自我：通过自我认知，团队成员能更好地理解自己的情感、意愿和需求，从而更准确地向其他人传达这些信息。

（2）消除误解：透明沟通有助于消除误解和猜测，因为每个人都可以清晰地了解对方的期望和目标。

（3）提高信任感：当团队成员彼此了解并理解对方时，信任自然建立。透明沟通可以作为一种工具，帮助团队成员建立和维持这种信任。

2. 增进共情。

（1）感受他人：自我认知能力使团队成员更容易理解和感受他人的情感和需求，从而产生共情。

（2）加强人际关系：共情促使团队成员站在对方的角度思考问题，有助于增强人际关系并深化信任。

（3）促进协作：能共情的团队成员更可能相互支持和合作，从而促进团队目标的实现。

3. 鼓励可靠性。

（1）了解自身限制：通过自我认知，团队成员能明白自己的能力和限制，从而在承诺时更加审慎和实际。

（2）建立信任：当团队成员履行承诺并展示可靠性时，他们在团队中的信誉会提高，从而增强彼此信任。

（3）提高团队效能：可靠性是团队成功的基础之一，可靠的团队成员更容易合作并实现共同目标。

（二）促进合作

团队成员的自我认知能力有助于创造更协调的合作环境。

1. 调整沟通策略：通过了解自己的沟通风格和他人的需求，团队成员可以灵活调整沟通方式，如采用更直接或更细致的沟通方式，以满足项目需求和达成团队成员的期望。

2. 减少冲突：自我认知可以帮助团队成员及时发现可能的冲突源，比如价值观、期望、工作方式等方面的不匹配，从而采取措施预防或解决冲突，维持团队的和谐与效率。

3. 增强团队适应性：通过深入了解彼此的期望和限制，团队成员能更灵活地调整合作策略，以适应不同的项目和挑战。这不仅提高了团队的效率，还增强了团队对环境变化的适应能力。

（三）提高团队满意度

自我认知的应用不仅提高了团队合作的效率，还有助于增强团队成员的工作满意度。

1. 增强归属感：通过自我认知和相互理解，团队成员可以找到更适合自己的工作岗位和项目，从而增强在团队的归属感和提高对团队的满意度。

2. 提升工作质量：了解自己的长处和短板，以及如何将自己的优势发挥到极致，可以显著提高工作质量和个人满足感。

3. 增强工作动力：通过理解自己的工作动机和追求的价值，团队成员可以更有目的地工作，增强工作激情和提高对工作的满意度。

## 三、促进思维创新

自我认知能力对于创新思维的推动作用不容忽视。在团队合作的环境中，了解自身的思维模式、价值观和态度以及如何与其他团队成员沟通和合作是至关重要的。以下深入探讨了自我认知如何促进团队的思维创新。

（一）鼓励开放思维

1. 自省：个人通过自我观察和反思可以更好地理解自己的思维习惯和倾向，找出限制创造力的思维模式。

2. 改变固有观念：理解自己的思维定式，有助于识别和挑战自己的先入之见和偏见，从而更加开放地接受新观点和新想法。

3. 跨界思维：开放思维鼓励人们跳出自己的专业领域，寻找不同学科和领域之间的联系，从而产生新的创意和解决方案。

（二）促进跨界沟通

1. 理解自身特长和局限性：通过自我认知，团队成员能更清楚地知道自己的专长和局限，从而更有针对性地寻求与其他领域的合作。

2. 增强团队协同：知道自己的长处和不足有助于更好地分工合作，形成互补，增强团队协同创新的效果。

3. 打破壁垒：自我认知有助于打破部门、领域或文化壁垒，促进不同背景的团队成员之间的沟通和合作。

### 【案例】扩大一毫米

美国有一家生产牙膏的公司，产品优良，包装精美，深受广大消费者的喜爱，每年营业额不断攀升。记录显示，前十年每年的营业额增长率为 10%～20%，令董事会雀跃万分。不过，业绩进入第十一年、第十二年及第十三年时，则停滞下来，每个月维持同样的数字。董事会对此三年业绩表现感到不满，便召开全国经理级高层会议，以商讨对策。会议中，有名年轻经理站起来，对董事会说："我手中有张纸，纸里有个建议，若您要使用我的建议，必须另付我 5 万元！"总裁听了很生气地说："我每个月都支付你薪水，另有分红、奖励。现在叫你来开会讨论，你还要另外要求 5 万元，是否过分？""总裁先生，请别误会。若我的建议行不通，您可以将它丢弃，一分钱也不必付。"年轻的经理解释说。

"好！"总裁接过那张纸后，阅毕，马上签了一张 5 万元支票给那年轻经理。那张纸上只写了一句话：将现有的牙膏开口扩大一毫米。总裁马上下令更换新的包装。试想，每天早上，每个消费者多用一毫米的牙膏，每天牙膏的消费量将多出多少呢？这个决定，使该公司第十四年的营业额增加了 32%。

[点评]

一个小小的改变，往往会产生意料不到的效果。当我们面对新知识、新事物或新创意时，千万别将大脑密封，应该将思维打开一下，接受新知识、新事物。也许一个新的创意，能让我们从中获得不少启示，从而提高业绩，改善生活。

## 沟通训练

自我认知能力的沟通训练不仅是一个个体的自我提升过程，更是一种团队协同工作能力的锻炼。这一部分将详细探讨各种方法和策略，以有效提升自我认知能力。

### 一、反思练习

自我认知在沟通训练中占有核心地位。通过反思练习，个人可以更好地理解自己的沟通模式和需求，从而更有效地与团队成员互动。

（一）日志记录

记录每天的沟通经验，复盘分析哪些方式有效、哪些需要改进。这种自我观察和分析有助于不断优化沟通技能。

（二）SWOT 分析

通过对自身沟通技能的优势（strengths）、劣势（weaknesses）、机会（opportunities）和威胁（threats）进行分析，可以更全面地理解自己的沟通风格，并找到改进的方向。

（三）导师反馈

通过与有经验的导师或同事定期沟通，了解他们对自己的观察和建议，以获得客观、有用的反馈。

这些练习的目的是促使个体深入了解自己的沟通风格和习惯，从而更有针对性地改进。

## 二、角色扮演

角色扮演是一种强大的沟通训练工具，通过模拟真实场景，团队成员可以在安全的环境中尝试不同的沟通策略。

（一）场景模拟

设定某些特定的沟通场景，如客户会议或团队项目讨论等，允许个体尝试不同的沟通策略，找到最适合自己的方法。

（二）同伴评估

角色扮演的练习通常需要同伴的参与。同伴可以从第三人视角进行观察，提供关于沟通效果的反馈和建议。

（三）专业引导

在一些情况下，可能需要聘请专业的沟通教练来引导角色扮演的过程，确保练习的效果和质量。

通过角色扮演，个体可以在模拟的现实环境中，无压力地尝试、练习和改进沟通技能，从而在真实环境中更有效地沟通。

## 三、集体活动

参加集体活动是提升自我认知能力的有效方式，通过与团队成员的互动，增强相互了解和信任。

（一）团队建设活动

可以组织一些集体游戏、户外挑战等团队建设活动，让团队成员在轻松的环境中建立信任和理解。这些活动有助于展示团队成员的个性、沟通风格和合作方式。

（二）群体讨论

通过定期组织团队内部有关沟通的集体讨论和研讨会，促进团队成员之间的共享学习和成长。这些讨论可以涵盖沟通策略、团队沟通难题解决方案等主题。

（三）跨部门交流

鼓励团队成员与不同部门、不同背景的人士互动，以拓宽沟通视野，增强在多元化背景下的沟通能力。这可以通过跨部门的工作坊、联合项目等方式实现。

自我认知能力的沟通训练是一个多层次、多方位的过程。通过反思练习、角色扮演、情感智慧训练和集体活动，个人不仅可以增强自我认知能力，还可以促进团队的整体沟通水平提升。每个人在这一过程中都是学习者，也是贡献者，共同推动团队沟通走向成熟和卓越。

自我认知能力不仅是个体沟通的基础，也是团队沟通的关键组成部分。通过培养这一能力，个体和团队都能从更有效、更和谐的沟通中受益。通过反思、练习和训练，我们可以增强自我认知能力，推动个人和团队向更高的目标迈进。

## 【讨论】

苏格拉底曾说："上天赐人以两耳两目，但只有一口，欲使其多闻多见而少言。"

现在有太多书籍、课程教大家如何"好好说话""高情商对话"，仿佛只要巧舌如簧，就能在人际交往中无往不利。但其实在人际沟通过程中，遇到的大多数冲突，并不是因为我们不会"说"，而是因为我们不会"听"。

可能你会想，每个人和我说话的时候，我都很耐心地倾听，会礼貌地让对方充分表达，不会随意打断，我当然有好好听人说话呀。

但你到底是"听见"，还是"听懂"呢？

听见了，不一定听全了；听全了，不一定听准了；听准了，不一定听懂了。

"听见"和"倾听"完全不同，"听"只需要带上耳朵，而"倾听"则需要全身心投入。一个好的倾听者，不仅需要听到言语传达的表面意思，还要站在他人角度，读懂其中的"潜台词"。倾听的力量：会沟通的人，首先学会"听"。

从"听见"到"听全"要做到少说、多听、少打断。

马克·鲍尔莱曾说过："一个人成熟的标志之一就是，明白每天发生在自己身上99%的事情，对于别人而言根本毫无意义。"

每个人最关心的终究是自己，抑制自己的表达欲，给别人更多的时间去表达他们的想法，学会将80%的注意力放在倾听上，20%用在表达上，很容易让人产生愿意亲近你的感觉。

另外，让人把话说完，能够有效地减少误会。语言有时候是一种防卫机制，在他人表达和自己不同的观点、意见，或是表达拒绝和否定的时候，人总是会下意识地进行反驳甚至攻击。

在领导说一句"这件事情你没有做好"的时候，可能我们的第一想法就是辩解和反驳，认为领导没看到自己背后的辛苦，越辩驳又越委屈。

但也有可能，领导的下一句是"但是我也有责任，在这个过程中我没有给到你应有的支持，在大方向的把控上，我也疏忽了。咱们好好复盘一下，避免再发生类似的问题"。然而可能就是因为你的急于辩驳，让他把这句话硬生生咽了回去，还在心里给你打上爱找借口的标签。

所以耐心一点，你会发现，事情没有你想的那么糟糕，对方也没有你想象的那么坏。

而从"听全"到"听懂"，就需要下一些功夫了。

很多人际关系间的矛盾，其实不在事情本身的对错，世上没有那么多事情是可以分对错的，而是彼此的需求不同。"听懂"需要超越语言本身，去关注语言背后的需求与渴望。

面对可能带有一些攻击性的语言，我们常常会下意识地将注意力放在语言本身，于是一旦感到受伤害，我们本能地想要保护自己，用更激烈的语言进行反击，从而引发恶性循环，导致人际关系破裂，却没有解决任何问题。

而良性沟通的第一步，则需要你尝试在倾听时过滤掉语言中的情绪和攻击，站在对方的角度看问题，多思考一步：为什么他会说出这样的话？然后尝试以非攻击性的语言回应。

# 第二节　表达能力

在团队沟通中，表达能力是一个核心技能，它直接影响到信息的清晰传递和接收。有效的表达不仅涉及言语的清晰度，还包括非言语元素，如肢体语言、面部表情和声音的调性。这些元素共同作用，帮助团队成员更好地理解信息的真实意图和情感色彩，从而提高团队的协作效率和决策质量。

## 表达能力的重要性

### 一、提高信息传递的准确性

表达能力强的个体能够确保他们的想法、意图和指令被准确无误地传达给团队成员。这避免了由信息误解或歧义引起的混乱和错误，尤其在任务需求复杂或时间紧迫的情况下。

### 二、促进团队理解与协作

清晰的表达有助于在团队成员之间建立共同的理解基础。当一个人能够有效地表达自己的观点时，其他团队成员更容易理解这些观点，并据此作出响应。这种理解是团队协作和共同决策的基础。

### 三、提高决策质量

在团队决策过程中，每个成员的贡献都极为重要。清晰和有说服力的表达能力使个体能够更有效地分享他们的见解和建议，从而提高团队整体的决策质量。

### 四、建立信任和尊重

良好的表达能力不仅传递信息，还传递尊重和专业性。团队成员倾向于信任那些能够清晰、恰当表达自己思想和情感的同事。这种信任是团队合作的基石。

### 五、应对复杂和挑战性情境

在复杂或紧张的工作环境中，能够有效表达自己的人更有可能引导团队走出困境。无论是解决冲突、协调不同意见，还是在危机中保持团队的士气，出色的表达能力都是关键。

### 六、个人影响力和领导力的展示

在团队中，表达能力强的人通常被视为有影响力和潜在的领导者。他们能够影响团队的思维方式，引导团队成员达成共识，并推动团队向着共同目标前进。

总结来说，表达能力是团队沟通的重要组成部分，对于提高团队的协作效率、提高决策质量、建立信任和尊重，以及展示个人的影响力和领导能力都至关重要。因此，在团队环境中培养和提升这一能力对每个成员来说都是必要的。

## 【讨论】

说服的过程，就是让别人舒服地接受你的想法的过程。

亚里士多德在《修辞学》中提出说服人的三种关键方式：情感说服（pathos，喻情），逻辑说服（logos，喻理），人格说服（ethos，喻德）。

情感说服，就是所谓的"动之以情"，调动和激起对方的情感态度，比如同情心、注意力和认同感，从而被说服。逻辑说服即"以理服人"，通过信息和论证说服他人。人格说服，则是依赖于一个人本身的良好品格和道德权威，以及名声、成就、专业性等个人特征。

而在职场中，逻辑说服是比较常见的说服方式，但逻辑说服不是简单地讲道理，依然要从对方的需求出发。来看看亚里士多德提出的"黄金逻辑说服五步法"是怎么完成一个说服的过程的吧。

### 一、引起重视

基于数据与事实的陈述，表明问题的存在及严重性。

例如："这个季度的目标目前只完成了 20％，按照这个进度的话，很可能会完不成这个季度的目标。"

### 二、设立需求

逻辑推理问题的发展和逻辑后果，让对方产生需求。

例如："如果这个季度的目标完不成，很可能大家的绩效奖金都会受影响，下个季度的预算可能也会缩水，现在我们都是一根绳上的蚂蚱，咱们一起努力想想办法吧。"

### 三、满足需要

基于对方立场，定制个性化的解决方案和建议。

例如："我知道大家这段时间都很辛苦，也相信大家都很努力，但我们的工作流程应该还有能优化的地方。大家在推动工作过程中有什么感到吃力的地方，都可以告诉我，我会尽力帮你们扫除障碍的。"

### 四、展望未来

展示解决方案带来的美好前景和愿景。

例如："如果这个季度的目标顺利完成了，咱们就去聚餐庆功，我也给大家争取更多的奖金。"

### 五、呼吁行动

清晰详尽地推进计划的指导，可以立刻行动的计划。经过前四步的铺垫，已经坚定了对方的信心，让对方相信你是在和他并肩作战，而不是站在他的对立面，到了这一步，就可以开始具体分配负责人和相关工作了，你会发现，工作推动起来会顺利很多。

在尝试说服他人时，我们在心里要有这三个基本的认知：

### 一、我们其实永远说服不了别人

人只会被自己说服，我们要做的就是让对方自己找到问题，让对方自己说服自己。在说服时，少提意见，多引导，让对方自己找到问题的答案。

比如，当你怀疑对方提出的方案有漏洞时，可以问他："你觉得在执行过程中可能会遇到哪些问题呢？"对方说出来后，再引导他："如果遇到了这些问题，该如何解决呢？"

**二、不要站在矛盾的对立面和对方谈理解，尝试站在事物的侧面去解释其两面性**

例如，对方提出了一个不太可行的方案时，不要急着否定对方，尝试这么说："我觉得你的这个方案很有新意，在执行落地方面我这边有一些小问题，我们一起讨论一下吧。"

**三、尽量不要直接指出对方的误区，而是先认可对方想法上的可执行性然后再抛出自己的建议，把语句中的"但是"改成"同时"**

例如，把"这个方案可行，但成本太高了"换成"我觉得这个方案是可行的，同时，需要考虑一下怎么控制成本"。一个"同时"，就把你从他的对立面，换到了他的身边。

此外，还有一些有效说服别人的小技巧，可以让对方在不知不觉中被你说服：

**一、登门槛效应**

向某人提出简单的要求，索取一些小东西，如果对方答应你的第一个请求，他将更有可能答应你下一个更大的请求。

**二、拆屋效应**

先提出一个不切实际的要求，再提出第二个，也就是你真正的要求，对方更可能答应第二个要求。

**三、低球策略**

先降低要求，提出一个有吸引力的提议，在达成最终确定的协议之前，再提出更高的要求。回想自己买手机的时候，看到一部各方面都很满意，性价比也不错的手机，要下单的时候才发现，原来 256 G 比 64 G 要贵上几百块钱，配件也要另外付费，你会因此就放弃这部手机吗？

**四、高球策略**

在开始和对手谈判时，所开出的条件一定要高出你的期望。这种策略常被用于 offer 沟通的谈薪阶段，你提出的期望薪酬一定要比你能接受的薪酬高一些，给对方谈判和压价的空间，让对方觉得是一个"各退一步"的过程。

# 表达能力的组成

表达能力是沟通过程中至关重要的技能，它包括多个关键组成部分，这些部分共同作用，确保信息被有效、准确地传达。以下是表达能力的核心组成部分。

## 一、清晰性

（一）定义

清晰性是指在沟通过程中能够确保信息准确无误地传达给听众。这不仅涉及语言的选择，还包括信息的结构和递进。

（二）实践方法

1. 使用简单、直接的语言。
2. 避免使用专业术语或复杂的构词，除非你确定听众对其熟悉。

3. 在提出复杂的概念或数据时，使用图表或实例来增加清晰度。

## 二、简洁性

（一）定义

简洁性意味着以最少的词汇传达必要的信息。这有助于保持听众的注意力并提高信息的吸收率。

（二）实践方法

1. 在准备沟通内容时，先确定核心信息。
2. 避免冗余和重复，特别是在关键信息的传达中。
3. 练习精练表达，删除不必要的填充词汇。

## 三、逻辑性

（一）定义

逻辑性是指按照逻辑顺序组织语言，让信息的呈现既合理又使人易于理解。

（二）实践方法

1. 在表达前，规划好信息的结构，比如使用"起承转合"的结构。
2. 逻辑性地连接各个点，确保前后内容相连，思路清晰。
3. 使用列点、分类和对比等方法，使信息更加条理化。

## 四、情感表达

（一）定义

情感表达是指在沟通时恰当地表达自己的情绪，这能够帮助更好地与听众建立联系。

（二）实践方法

1. 了解并控制自己的情绪，在适当时表达正面情绪，如热情、同理心等。
2. 在表达不同意见时，注意语气和情感的控制，以避免过激反应。
3. 在适当的时候使用故事或个人经历，以增加沟通的情感深度。

## 五、非言语沟通

（一）定义

非言语沟通指的是通过肢体语言、面部表情和声音的调性等非文字方式进行的沟通。

（二）实践方法

1. 注意肢体语言，如眼神交流、手势、身体姿态等，确保它们与口头语言的一致性。
2. 使用适当的面部表情来强化语言表达，如微笑、点头等。
3. 调整声音的音量、语速和语调，以适应不同的沟通情境。

通过掌握这些表达能力的组成部分，可以大大提高个人在团队中的沟通效果。这不仅有助于信息的有效传达，还能增强团队成员之间的相互理解和协作。

# 提升表达能力的方法

在团队沟通中，表达能力的提升是一个持续的过程，涉及多个方面的练习和学习。以下是几种提高表达能力的有效方法。

## 一、练习和反馈

### （一）角色扮演

通过角色扮演练习，在一个模拟的沟通环境中实践。这可以包括模拟会议、谈判场景或日常团队交流，重点是在安全的环境中尝试不同的沟通风格和技巧。

### （二）即时反馈

在练习后，立即寻求来自同事、导师或专业沟通教练的反馈。这种反馈应当具体、有建设性，着重于表达的清晰度、逻辑性和情感表达的效果。

### （三）录像自己

录制自己的演讲或会议表现，然后回放进行自我评估。其专注于非言语沟通的方面，比如肢体语言、面部表情，以及语音的调性和节奏。

## 二、学习和模仿

### （一）研究优秀的沟通者

观察并分析优秀的公众演讲者或职场沟通专家的演讲。注意他们如何组织内容，如何使用语言和非言语元素来加强信息的传递。

### （二）角色模仿

选择一个沟通能力强的人物作为榜样，尝试模仿他们的风格。这不是要求复制他们，而是理解并吸收他们有效沟通的要素。

## 三、参加培训课程

### （一）专业培训

报名参加公共演讲、沟通技巧或非言语沟通的培训课程。这些课程通常由专业人士指导，提供系统的训练和实用技巧。

### （二）在线资源

利用在线平台参加相关课程。这些课程可以提供灵活的学习时间和丰富的学习资源。

## 四、持续地自我反思

### （一）日记记录

坚持写一本沟通日记，记录每天的沟通经验和感受。反思在哪些方面做得好，哪些方面需要改进。

### （二）目标设定

为自己设定具体的沟通目标，例如提高在团队会议中的发言频率，或提高在紧张情况下的表达能力。

### （三）持续学习

将学习和提升表达能力视为一个长期目标。定期检查自己的进步，并根据需要调整学习计划。

通过这些方法的实践和练习提高表达能力，进而在团队沟通中发挥更加积极和有效的作用。

通过本节的学习，我们应更加明白自我认知不仅是一项个人技能，还是团队协作中不可或缺的要素。不断提高自我认知能力，有助于我们在团队沟通中扮演更加重要的角色，为团队的成功做出更大的贡献。

**【案例】电梯法则**

麦肯锡公司曾为一家重要的大客户做咨询。咨询项目结束后，对方的董事长在电梯里遇见了麦肯锡的该项目负责人。该董事长问这位负责人："你能把现在的结果说一下吗？"由于没有事先做好准备，该项目负责人也无法在从第 30 层到第 1 层的 30 秒时间内，把问题叙述清晰，麦肯锡公司失去了这个重要客户。

自此以后，麦肯锡就创建了"30 秒电梯法则"，要求公司的员工全部掌握使用方法。

**[点评]**

"30 秒电梯法则"是麦肯锡独创的一种极度高效的表达法则，它要求员工凡事都要在 30 秒内就把结果表达清楚。麦肯锡认为，通常人们只能记住"123"，而记不住"456"，因此，叙述任何事情都要归纳在三条以内。这就是著名的"30 秒电梯法则"。

如果能够在 30 秒内将问题或解决方案进行有效的阐述，把简单高效的信息传递给对方，那么无论对方再忙，30 秒的时间他还是会给你的，利用好这短暂 30 秒，用简洁高效的语言，将问题的核心、解决方案及落地办法等关键性信息传递给对方，你就可以得到一个及时的反馈。如果一个人想要把要表达的思想在最短的时间内向别人说清楚、讲明白，就必须具备较强的运用逻辑思维高效表达的能力。

# 第三节　控场能力

控场能力是团队沟通中的一项关键能力，它涉及管理和引导沟通过程，确保沟通目的得以实现，同时保持沟通环境的秩序和效率。这一能力不仅与领导能力密切相关，也与每一个团队成员的协同工作能力有关。本节将深入探讨控场能力的重要性，以及如何通过有效的方法来锻炼和提升控场能力。

## 控场能力的定义与重要性

### 一、定义

控场能力是指在团队沟通和协作过程中，通过有效管理和引导沟通，确保沟通顺利进行的能力。它不仅涉及言语和非言语的沟通技巧，还包括情感管理、目标设定、时间控制等复杂因素。

#### （一）语言技巧

使用明确、精确的语言来传达信息，使团队成员能准确理解沟通的目的和内容。

（二）非言语沟通

通过肢体语言、面部表情等非语言手段，增强信息的表达效果，减少误解和冲突。

（三）情感管理

在沟通过程中调节和平衡不同团队成员的情感反应，促进沟通的顺畅进行。

（四）目标引导

清晰定义沟通的目标和方向，确保团队成员能共同朝着一致的目标努力。

（五）时间控制

合理安排沟通的节奏和时间，保证沟通的效率。

## 二、重要性

控场能力在团队沟通和协作中具有至关重要的作用，其重要性体现在以下几个方面。

（一）提高沟通效率

通过有效的控场，能确保沟通目的明确、内容准确，大大提高沟通效率。

（二）减少沟通障碍

控场能力有助于识别并解决沟通过程中可能出现的障碍，如情感冲突等，从而减少沟通障碍。

（三）增强团队凝聚力

良好的控场能力能促进团队成员间的相互理解和信任，有助于增强团队凝聚力和协同工作能力。

（四）适应复杂环境

控场能力能使团队更灵活地适应复杂多变的工作环境，增强团队的适应能力和竞争力。

控场能力的锻炼不仅需要理论知识的支撑，还需要大量的实践经验和反思。团队领导和成员可以通过培训、模拟、案例分析等方式，有针对性地提高自己的控场能力，从而推动团队整体的沟通水平和协作效率提高。

# 控场能力的训练

控场能力的训练是一个复杂的过程，它涉及对一系列技能和策略的掌握和实践。以下将详细介绍一些锻炼控场能力的有效方法。

## 一、模拟沟通场景

模拟沟通场景是一种强有力的教学方式，通过角色扮演、仿真技术等，使参与者能够在类似真实的环境中锻炼控场能力。以下详细介绍模拟沟通场景的各个方面。

（一）设置目标

模拟场景的目标应明确具体，它可以围绕控场能力的某个或几个方面展开。

1. 了解情境：目标应与现实情境相联系，确保参与者能够对实际场景有深刻理解。

2. 技能焦点：可以针对如控制节奏、引导方向、处理干扰等具体控场技能设置目标。

3. 评估指标：设定清晰的评估标准，使参与者明白如何衡量自己的表现。

（二）角色分配

角色分配是模拟沟通场景的关键环节，不同角色的设置能让参与者从不同视角感受和锻炼控场技能。

1. 选择角色：角色应多样化，能反映真实场景中可能遇到的不同人物和立场。

2. 明确任务：为每个角色设定具体任务和责任，使其在模拟中扮演有活力的一方。

3. 培训与引导：提前对参与者进行适当培训和引导，确保他们能够准确扮演各自角色。

（三）现场反馈

现场反馈是模拟沟通场景中的实时教学环节，有助于及时纠正问题，强化控场技能。

1. 实时观察：教练或指导者应密切观察模拟过程，注意参与者的控场策略和技巧。

2. 及时反馈：在关键时刻提供反馈，强调正确的操作或指出需要改进的地方。

3. 鼓励与支持：反馈应具有建设性，既提出批评也给予鼓励和支持，以维持参与者的积极性。

## 二、案例分析

案例分析是一种强大的教育方式，特别是在控场能力的培训中。以下将详细介绍如何通过案例分析来锻炼控场能力。

（一）选择案例

1. 目的：选择合适的案例是案例分析的第一步。案例应涵盖不同类型的沟通场景和挑战，能反映控场能力的核心要素。

2. 具体与真实：案例应来自实际生活或工作环境，内容具体、真实，便于引起参与者的共鸣和思考。

3. 具有教育价值：案例应揭示控场能力的重要方面，有助于深化对控场策略和技能的理解。

4. 适合目标受众：根据学员的背景和水平，选择恰当的案例，确保案例分析的针对性和有效性。

（二）案例解析

1. 目的：通过深入分析案例，挖掘案例中的控场技巧、策略和原则，培养参与者的分析和判断能力。

2. 分析控场情境：探究案例中沟通的背景、目的、参与者等因素，理解控场情境的复杂性。

3. 识别控场策略和技巧：通过剖析案例中的沟通流程和效果，识别成功或失败的控场策略和技巧。

4. 辨析控场原则：从案例中提取控场的通用原则，理解控场能力在不同沟通场景中的应用。

（三）讨论与启示

1. 目的：通过组织讨论，促进参与者对控场能力的深入理解和创造性思考，提取可应用于实际沟通的启示。

2. 分组讨论：将参与者分为小组，每组分析一个或几个案例，然后分享分析结果。

3. 全体讨论：在分组讨论后，组织全体参与者进行讨论，交流不同组的分析视角和结论。

4. 提取实用启示：引导参与者从案例分析中提取控场能力的实用启示，将理论联系实际，为今后的沟通实践提供指导。

## 三、专业培训

专业培训是提高控场能力的重要途径之一。这一部分将深入探讨专业培训的各个方面，包括培训的选择、参与、效果评估等，以确保专业培训能真实有效地提高控场能力。

（一）选择合适的培训课程

1. 确定培训需求：分析团队或个人在控场能力方面的具体需求和不足，以便找到最符合需求的培训课程。

2. 评估培训机构：寻找具有良好声誉和专业资质的培训机构，了解其教学理念、师资力量、教学内容等，确保培训的专业性和质量。

3. 考虑培训形式：根据团队或个人的时间、预算等实际情况，选择线上、线下或混合培训等不同形式。

（二）参与实践

积极参与培训过程中的实践活动，是提高控场能力的关键。

1. 积极参与：在培训过程中，积极参与讨论、案例分析、角色扮演等，以便将理论知识转化为实际技能。

2. 互动交流：与培训师和其他学员充分交流，分享经验，相互学习，共同提高。

3. 个人反思：培训后，及时反思自己的学习过程和成果，识别改进的空间和方向。

（三）持续学习

控场能力的提高是一个持续的过程，因此在培训后还应继续学习和实践。

1. 复习和巩固：定期复习培训内容，通过实际沟通场景的练习，巩固和提高控场能力。

2. 继续深造：可以参加进阶培训课程或专题讲座，不断更新知识和技能。

3. 建立学习社群：与培训班上的同学或同事建立学习社群，持续交流和学习，共同成长。

控场能力的锻炼需要综合运用多种方法，不仅包括从模拟沟通场景的真实体验到案例分析的深入剖析，再到专业培训的系统学习，还包括自我反思和同伴学习等方式。这些方法相辅相成，共同促进控场能力的全面提高。每个人都应根据自身的特点和需求，灵活运用这些方法，努力提升自己的控场能力，从而推动团队沟通的顺畅进行。

# 控场能力对于团队的作用

## 一、减少沟通障碍

控场能力有助于识别和排除沟通过程中可能出现的障碍，如情感的紧张、信息的歧义等。通过对沟通过程的精心管理，可以降低沟通障碍的发生概率，促进信息的顺利流通。沟通障碍可能来自多个方面，如语言、文化、心理等。

（一）识别沟通障碍

良好的控场能力使团队成员能够敏感地察觉沟通障碍的迹象，例如成员间的误解、情感紧张等，并及时采取措施解决。

（二）管理情感障碍

控场能力有助于管理沟通中的情感障碍，如敌意、焦虑等。例如，通过积极的反馈和鼓励，可以减轻团队成员的沟通压力和担忧，促进沟通的顺利进行。

（三）解决信息歧义

通过对沟通内容的精确控制，可以减少信息的歧义和混淆，使信息的传递更加准确和明确。

（四）克服文化障碍

在多元文化团队中，控场能力还可以帮助识别和克服文化障碍，例如，通过考虑不同文化背景下的沟通习惯和期望，可以减少文化冲突和误解。

## 二、增强团队凝聚力

控场能力有助于建立和维护团队成员之间的信任和理解，从而增强团队的凝聚力。

（一）识别和调解冲突

控场能力可以帮助及时发现和解决团队内部冲突，保持团队成员间和谐关系，形成团队内合作精神。

（二）平衡个人和团队利益

通过控场，可以确保每个团队成员的声音得到合理的关注，从而平衡个人和团队的利益，增强团队成员对团队的认同感。

（三）促进开放沟通

控场能力有助于创造安全、无压力的沟通环境，鼓励团队成员开放表达自己的观点和感受，增进团队内部的信任和理解。

## 三、适应复杂多变的工作环境

在复杂多变的工作环境中，控场能力可以帮助团队灵活应对各种沟通挑战，如突发事件的危机沟通、跨文化沟通的难题等。良好的控场能力可以使团队更加敏捷和灵活，更好地适应不断变化的外部环境。

（一）灵活应对沟通挑战

良好的控场能力可以使团队在面对突发事件、沟通危机时迅速响应，准确评估情况，并采取有效措施。

（二）适应跨文化沟通

掌握控场能力有助于理解不同文化背景下的沟通规则和习惯，有效地减少文化差异带来的沟通障碍。

（三）提高变革适应能力

通过控场能力的提升，团队能够更好地应对组织变革带来的挑战，确保变革的顺利推进。

控场能力是团队沟通中不可或缺的，它涉及团队沟通的方方面面，从协调信息流通到引导沟通目标，从处理情感反应到管理沟通时间。通过明确控场能力的定义、要素，并运用有效的锻炼方法，每个团队成员都可以提升自己的控场能力，从而提高团队整体的沟通质量。

【讨论】

在职场中，也同样需要有让别人感到"舒服"的能力。有一句话很能颠覆普通人的三观："如果你与某个人相处非常愉快，抛出的梗对方都能接，交流没有任何不适，最大可能不是你遇见知己，而是这个人情商极高阅历极丰富，他在向下兼容你。"

"跟他相处很舒服"，可以说是普通人对朋友最高的评价了。而且能让人感到舒服的人，会让很多人心甘情愿为他去打拼，这人的地位和实力越高，这种"征服率"就会越高。不过要做到真的很难，就像毛姆说的："你要克服的是你的虚荣心，是你的炫耀欲，你要对付的是你时刻想要出风头的小聪明。"职场上的控场能力某种程度上就是舞台上的把控力，是有听众和表演的现实艺术。无论什么表现，都是沟通信息的传递，多加训练，终会有"台上一分钟，台下十年功"的控场能力。

# 第四节　设计能力

设计能力在团队沟通中扮演着极为关键的角色。它不仅与个体的创造性思维和问题解决技能有关，还关系着如何将沟通策略有效地整合到团队日常运作中。设计能力不是孤立的，而是涵盖了对沟通需求的识别、对沟通方案的规划，以及对沟通效果的评估和优化。

下面我们将深入探讨设计能力的各个方面，以及如何对其进行训练。

## 设计能力的重要性

设计能力作为一种综合素质，要求个体不仅要有敏锐的洞察力，还需要具备战略思维和实际操作能力。在团队沟通中，设计能力使得成员能够有效识别沟通的目的、内容、对象和形式，从而选择最合适的沟通方式和技巧。此外，设计能力还涉及如何将沟通方案融入团队的文化和价值观中，以及如何评估沟通效果并不断优化。

## 一、促进有效沟通

设计能力有助于识别和确定沟通的核心目标和需求。在团队中，每个成员都可能有不同的沟通风格和需求，设计能力允许我们灵活地调整沟通策略，以便更有效地与不同成员沟通，从而确保信息准确、及时、有效地传递。

（一）理解受众需求

通过深入了解团队成员的需求和期望可知，设计能力使团队能够创建更具针对性的沟通策略。例如，对于不同的角色和责任，沟通的方式和内容可能需要有所不同。设计能力使团队能够考虑到这些差异，并据此创建更有效的沟通方案。

（二）创建清晰的沟通路径

设计能力还包括创建清晰、一致的沟通路径，确保信息能够顺畅流通。这涉及选择合适的沟通渠道、格式和风格，以及确定信息应该如何传递和接收。例如，团队可以设计一套规范的报告系统，以确保关键信息能够迅速、准确地传达给所有相关人员。

（三）促进双向沟通

有效的沟通不仅是一种单向过程，还涉及接收和理解反馈。设计能力允许团队建立机制和流程来鼓励和捕捉反馈。例如，定期的团队会议、在线调查或反馈箱等，都是促进双向沟通的工具，可以确保团队成员的声音被听到和理解。

设计能力在促进有效沟通方面起到了至关重要的作用。通过明确目标、理解受众、创建清晰的路径、促进双向沟通和保持灵活性，团队可以订立更精确、更有针对性的沟通策略。这不仅增强了团队内部的协作和理解，也有助于团队更好地实现共同目标。不论是在项目管理、决策制定还是在日常协作中，设计能力都是确保沟通效率和效果的关键因素。

## 二、增强团队协同

设计能力还涉及将沟通方案与团队的文化、目标和价值观紧密结合。这样不仅可以确保沟通方案与团队的整体方向一致，还可以通过沟通增强团队成员之间的信任和理解。这种协同效应进一步强化了团队的凝聚力和执行能力。

（一）共享价值观和目标

有效的沟通设计能力能够帮助团队明确和共享价值观和目标。通过精心设计的沟通流程和机制，团队成员可以更好地理解彼此的期望和责任，形成一致的目标追求。共享的价值观和目标是团队协同工作的基础，有助于减少冲突，增强团队成员之间的互相信任。

（二）促进开放和透明沟通

设计能力的运用也促进了开放和透明的沟通。在团队中，沟通不仅是信息交流的工具，更是建立信任和理解的桥梁。通过明确的沟通渠道、规范的沟通流程和恰当的沟通内容设计，可以确保团队成员之间的沟通既开放又透明，提高团队协同的效率和效果。

（三）强化角色和明确责任

设计能力还有助于强化团队成员的角色和明确责任。通过有针对性的沟通设计，团队成员可以更清晰地了解自己在团队中的地位和任务，从而更加积极主动地履行职责。当每个成员都明白自己的角色和责任时，团队的协同效率和效果将大大提高。

（四）提高决策效率

通过精心设计的沟通流程，团队能够更有效地进行决策。设计能力使团队能够迅速汇集和分析各方信息，确保决策过程既合理又及时。有效的沟通设计还有助于确保所有团队成员在决策过程中都有发言权，从而提高决策的质量和接受度。

总体来说，设计能力在增强团队协同方面起着关键作用。从共享价值观和目标，到促进开放和透明沟通，再到强化角色和明确责任，以及提高决策效率，设计能力都在不同方面增强了团队协同。当团队成员通过精心设计的沟通流程和方式共同努力时，团队不仅可以更高效地完成任务，还可以形成更紧密、更有凝聚力的团队文化，为团队的长远发展奠定坚实基础。

## 三、评估和优化

设计能力还包括对沟通效果的持续评估和优化。通过不断监测和分析，团队可以识别潜在的问题和挑战，并及时调整沟通策略。这种反馈循环有助于团队不断学习和改进，使沟通成为一项可持续发展的能力。

（一）设计评估的目的

设计评估旨在确保沟通设计与团队的实际需求和目标密切相关。评估过程中可以检查沟通设计的各个方面，包括沟通目标、沟通方式、沟通工具的选择等，以识别哪些方面有效，哪些方面需要改进。

（二）评估方法

1. 自我评估：团队成员可以通过自我观察和反思来评估沟通的效果，思考哪些方面可以改善。

2. 同行评估：通过团队成员之间的相互评价，可以更全面地了解沟通设计的强项和弱点。

3. 专家评估：请教外部专家或顾问进行评估，可能提供更客观和专业的视角。

（三）优化策略

1. 持续反馈：设立反馈机制，确保团队成员能够及时提供对沟通设计的反馈，从而持续调整和改进。

2. 灵活调整：沟通设计需要灵活，根据团队的变化和发展，及时调整沟通策略和工具。

3. 学习和培训：提供培训和资源，以便团队成员可以不断学习和提升自己的设计能力。

设计能力不仅是沟通的技术要素，更是团队成长和成功的重要推动力。它连接了沟通的理论和实践，确保了沟通不仅是一项基本技能，而且是团队建设的核心组成部分。正如在本章节的其他部分所讨论的，不断增强和优化设计能力是提升团队沟通能力和实现团队目标的关键步骤。

# 设计能力的训练

设计能力的训练并不是一蹴而就的过程，而是通过有计划和系统的培训活动，逐步提高个人和团队的沟通设计技能。以下我们将详细探讨设计能力的训练方式。

## 一、团队协作项目

开展团队协作项目是培训设计能力的实践方式，其关注的是团队成员如何协同工作，共同完成沟通设计任务。该训练方式能够促进团队成员之间的相互理解，增强沟通设计的实际操作能力。

**（一）项目选择**

1. 需求分析：首先了解团队内部和外部沟通需求，确定相关的沟通设计项目。

2. 目标设定：明确项目的具体目标，如提高信息流通效率，增强团队凝聚力等。

3. 适应性评估：确保项目与团队的实际工作紧密结合，提高沟通设计的实用性。

**（二）团队组建**

1. 成员挑选：挑选具有不同专业背景和沟通技能的团队成员，形成互补的协作小组。

2. 角色分配：根据成员的专长和兴趣，合理分配项目中的不同角色和任务。

3. 团队文化培养：通过共同设立规则和目标，培养团队协作的文化氛围。

**（三）任务分配**

1. 任务明确：将项目细化为可操作的任务，确保每个成员都明确自己的责任。

2. 时间规划：设置合理的时间表，确保项目的有序推进。

3. 资源配置：合理分配项目所需的各类资源，如人力、资金、设备等。

**（四）项目执行**

1. 沟通机制建立：建立清晰的沟通机制，确保信息的及时流通。

2. 协作流程管理：监控项目进展，协调团队成员之间的协作关系。

3. 问题解决：遇到问题时及时调整，确保项目的顺利进行。

4. 质量控制：设立质量标准，定期检查项目的执行质量。

**（五）项目反馈**

1. 效果评估：项目结束后，分析项目的执行情况，评估沟通设计的实际效果。

2. 经验总结：汇总项目经验，总结成功和失败的经验教训。

3. 持续改进：根据反馈进行调整，不断提升沟通设计的效率和效果。

开展团队协作项目作为设计能力训练的一种有效方式，不仅能够提高团队成员的沟通设计技能，还能增强团队协作和沟通的实际效果。通过项目选择、团队组建、任务分配、项目执行和项目反馈等环节，实现沟通设计的全方位培训和实践。这种方式强调的是实际操作和团队合作，为团队成员提供了一个真实、动态的学习平台，促使他们将理论知识转化为实际操作能力。

## 二、反馈与指导

反馈与指导是设计能力训练的重要组成部分。此环节的核心目的是确保沟通设计的方向和质量，也是增强团队成员对沟通设计的认识和理解的关键途径。

（一）选择合适的导师

1. 评估需求：明确沟通设计的具体需求和目标，以便找到合适的导师。
2. 候选人筛选：列出具有丰富沟通设计经验和专业知识的导师候选人。
3. 面谈沟通：与候选导师进行面对面沟通，以了解他们的教学风格和专业理解。
4. 确定导师：根据沟通效果和团队需求，选择合适的导师。

（二）设定沟通机制

1. 沟通频率：确定与导师沟通的频率，例如每周一次、每月一次等。
2. 沟通形式：选择适合的沟通形式，如面对面沟通、视频会议等。
3. 沟通内容：明确沟通的主要内容和焦点，如沟通设计方案的审查、问题解决等。
4. 沟通记录：确保每次沟通的重点和结论都有详细记录，以供日后参考。

（三）接受反馈和调整

1. 积极倾听：在沟通过程中，积极倾听导师的反馈和建议，不要急于辩解或解释。
2. 反馈分析：沟通后，分析导师的反馈，识别可操作的改进点。
3. 方案调整：根据反馈分析结果，对沟通设计方案进行适当调整。
4. 再次反馈：向导师展示调整后的方案，再次获取反馈，确保方案的合理性和有效性。

（四）建立长期关系

1. 持续沟通：沟通不应仅限于项目期间，应建立长期的导师－学员关系。
2. 互动交流：鼓励团队成员与导师进行非正式的互动交流，以增进相互了解和信任。
3. 关注进展：与导师共同关注沟通设计的长期进展，分享成功和失败的经验。
4. 反馈与指导环节是设计能力训练中不可或缺的一部分。通过合理选择导师、设定沟通机制、接受反馈和调整以及建立长期关系等步骤，不仅可以提高沟通设计的质量和方向，还可以促进团队成员的专业成长和团队合作的密切。此外，与经验丰富的导师建立长期合作关系还可以为团队的长期发展提供有力的支持和指导。

设计能力是沟通能力训练的重要组成部分。通过增强设计能力，团队成员不仅能更有效地传达和理解信息，还能促进团队的创新和协作。正如我们在前面所学习的，沟通不仅是一种技巧，更是一种艺术。而设计能力则是这门艺术中不可或缺的一环，它连接了理论与实践，个人与团队，创造了沟通的可能性和美感。通过对设计能力的深入理解和不断训练，我们能够更好地担任团队中的沟通设计师，引领团队走向更高效、和谐的未来。

**【案例】尊严之争**

A 想了一个晚上的设计解决方案，第二天很开心地过来跟 B 说，B 说"这个不行，我早就想过了"，然后两个人就火药味很浓地吵起来了。表面看起来两个人在争论方案，其实是尊严之争。

A 一个晚上的思考，几秒钟就被 B 推翻了，B 否定的不是 A 的方案，而是 A 的智商。在这种主观感受下，A 也不明白为什么自己火气很大，但就是会想要跟对方死磕。

**［分析］**

这个例子中，B 可以试着反过来想想，如果 A 在瞬间否定自己，自己会怎么反应，就能明白问题的症结了。这个例子给我们的启示是，永远不要第一时间否定对方，要说"让我想想"。即使第一时间就对是非有个判断，也要先拖一下，给自己一点时间仔细思考下方案的合理性，再给出答复。

**［点评］**

能够想他人之所想，确实能够大大帮助到我们日常的沟通。但是和一秒变"小白"一样，这需要大量经验的积累，才能达到收放自如的境界。当自己情绪波动的时候，可以直接地表达自己的感受给对方听，而不要防卫性地攻击。比如当对方说你的设计很丑的时候，你可以说"审美是主观的，每个人都有自己的评判标准，不过这个设计你觉得丑还是让我很沮丧"，而不要说"这个哪里丑了，这么上流的设计都看不懂你真土，你倒是画个给我看看"。前者的表达直接地把自己的感受传达给对方，使对方更容易接受，而后者只能使沟通变得更糟。

# 第十二章　控制与冲突

当我们深入探讨团队沟通的各个方面（从基本的沟通方式、障碍、过程到沟通能力训练）后，一个不可避免的现实逐渐浮现：在组织中，沟通并不总是流畅的。团队中的人可能会遇到控制和冲突的问题，这可能会阻碍沟通的流动，甚至可能破坏团队的凝聚力和效率。

控制是一种必要的组织过程，用于确保团队的目标和任务得到恰当执行。然而，过度或不当的控制可能会引发紧张和反感，影响沟通的自由流动。此外，冲突作为组织生活的一个普遍现象，可能源于各种原因，从资源分配的不满、目标不一致到个人价值观和信念的冲突。如果不妥善处理，冲突可能升级为激烈的对立，损害团队的和谐和生产力。

在本章中，我们将深入了解控制与冲突，探讨它们如何影响团队沟通，并提出有效的策略来解决和减轻这些问题。通过理解控制的不同类型和冲突的过程，我们可以学习如何在这些挑战面前保持沟通的开放性和效率。本章将为我们提供有关团队沟通的重要方法，进一步深化我们对团队建设和管理的理解。

## 第一节　控制及其分类

控制在组织和团队管理中起着至关重要的作用。无论是确保团队目标的达成，还是保持组织行为的一致性，控制都是一个关键组成部分。然而，控制不是一个简单的命令和遵从的过程，而是一个复杂的管理功能，涉及许多不同的方面和类型。

### 控制的定义

控制是一种管理过程，通过设立标准，测量、评估绩效，以及采取必要的纠正措施，确保组织的目标和任务按照计划的方向推进。控制不仅包括对现有流程的监督，还涵盖对未来趋势和潜在问题的预测和应对。

#### 一、控制的基本含义

团队控制在组织行为学和管理学中被广泛研究和实践。理解控制的基本含义是实现组织目标和提高团队绩效的关键步骤。

（一）定义

控制可以定义为一个系统化的过程，它通过设立标准、测量绩效、评估偏差并采取必要的纠正措施来确保组织的目标和计划得到实现。控制不仅仅是对人员的监督和管理，更涵盖了各种资源、流程和输出的综合评估和优化。

（二）特点

1. 目标导向：控制始终围绕组织的目标和战略进行，确保所有活动与长期和短期目标一致。

2. 连续性：控制是一个持续不断的过程，需要随着组织环境和内部条件的变化而不断调整和优化。

3. 动态互动：控制涉及多个部门和层级的交互作用，需要精心协调以确保整体协同和效率。

4. 客观性与灵活性：良好的控制应基于客观的数据和分析。应对挑战和机遇需有足够的灵活性。

（三）重要性

1. 增强一致性和凝聚力：通过明确的标准和期望，控制有助于团队成员理解和追求共同目标，增强团队的一致性和凝聚力。

2. 提高效率和效益：有效的控制可以减少资源浪费，确保任务按时完成，从而提高组织的效率和效益。

3. 减少风险和不确定性：通过持续监测和及时纠正，控制有助于识别和减轻潜在的风险和不确定因素。

4. 促进持续改进：控制可促使组织不断反思和学习，推动持续改进和创新。

控制作为团队管理的基石，在促进组织目标实现、提高团队绩效、建立良好的组织文化等方面发挥着关键作用。组织领导和管理者应重视控制的基本含义，积极建立和优化控制体系，以支持组织的持续发展和成功。

## 二、控制的主要功能

控制在组织和团队管理中的核心地位，体现在其多元化和全方位的功能上。以下详细阐述控制的主要功能，以便深入理解其在团队激励与沟通中的不可或缺地位。

（一）效率提升

通过控制，组织能够监测和评估资源的分配和使用情况，从而确保资源得到最有效的利用。这包括人力、资金、时间和其他重要资源。效率的提升不仅减少了浪费，还有助于加快进度和改进工作流程。

例如，通过实施时间管理控制，团队可以监测项目进度，识别潜在延迟并及时采取纠正措施，确保项目按时完成。

（二）目标一致性

控制有助于确保所有团队成员、部门和组织层级的努力都集中在实现共同的组织目标上。通过明确设立标准和期望，控制可以引导所有人朝着一致的方向努力。

例如，在多部门协同工作的项目中，通过跨部门的沟通和控制机制，可以确保各部门的目标和工作流程相互协调，共同推动项目成功。

（三）风险管理

风险管理是指识别和管理潜在风险。通过监测绩效和识别偏差，控制可以及时发现潜在问题，从而采取预防或纠正措施，降低或消除对组织目标的负面影响。

例如，通过财务控制和预算审查，组织可以及时发现可能的财务风险，并采取相应措施以防止损失或资金短缺。

（四）品质保证

通过维持和执行一致的标准和期望，控制有助于确保组织的产品或服务的品质和一致性。品质控制不仅涉及产品的物理特性，还包括工作流程、团队沟通和客户满意度等方面。

例如，在产品开发过程中，通过质量控制流程，组织可以确保产品满足既定的质量标准，从而满足客户需求和市场期望。

总体而言，控制通过提高效率、确保目标一致性、管理风险和保证品质，为组织提供了稳固的基础，以实现其长期目标和战略。理解控制的这些核心功能，有助于组织和团队更有针对性地设计和实施有效的控制策略，从而实现更高的绩效和成功。

# 控制的必要性

控制有助于确保组织资源的有效利用，增强团队的凝聚力，提高工作效率。通过有效的控制，组织能够快速识别和纠正偏差，使团队的努力聚焦在共同的目标和价值观上。控制作为组织管理的一个核心功能，它的必要性体现在多个方面。

## 一、确保目标的达成

通过设立清晰的标准和目标，控制有助于确保团队的努力方向与组织的长期战略和短期目标一致。有效的控制机制可以及时识别偏差，采取纠正措施，使团队回归正确的方向。

（一）目标设立

目标设立是确保目标达成的第一步。组织需要明确、可衡量、可达成、相关性强和时间限定的目标，清晰的目标使团队成员了解他们的工作方向和预期成果。

（二）监控和评估

通过持续的监控和评估，组织可以及时了解进展情况和可能的偏差。监控机制应灵活且实时，以便及时发现问题。评估则须定期进行，通过与预定目标的比较，分析成效和偏差。

（三）纠正措施

当发现偏离目标的迹象时，需要及时采取纠正措施。这可能涉及更改方法、增加资源或调整目标。重要的是，纠正措施应与团队成员共同讨论和决策，确保他们的参与和承诺。

### （四）反馈和激励

清晰的反馈机制可以加深团队成员对目标达成的认识和动力。适时的奖励和激励也可以提高团队的积极性和责任感。

## 二、优化资源利用

控制不仅涉及人员和时间的管理，还包括对资金、设备和其他资源的有效分配和使用。通过监控和评估资源的使用效率，组织能够减少浪费，增加价值创造。

### （一）资源的定义和分类

资源可以包括人力、财力、物力和时间等多个方面。了解和将资源分类有助于确定其优化使用的方式。

### （二）资源分配和调度

通过精心的资源分配和调度，组织可以确保资源用于最重要和紧急的任务。这可能涉及资源共享、借用和重新分配。

### （三）监控资源使用

持续监控资源的使用可以及时发现浪费或不足。例如，通过追踪项目的时间和预算消耗，管理者可以及时了解是否存在效率问题。

### （四）资源使用效率的提高

对现有资源使用的持续改进和创新。例如，通过培训和技能发展，人力资源的使用效率得到提高。

### （五）可持续资源管理

考虑到全球资源紧张和环保要求，可持续资源管理也变得越来越重要。组织需要考虑如何在不损害未来发展的前提下有效使用资源。

## 三、进行风险管理和预防

控制还涉及对潜在风险的识别和管理。通过预防控制，组织可以及时识别潜在的威胁和机遇，采取适当的预防和应对措施，降低不可预见因素对组织目标的威胁。

### （一）风险识别

通过分析组织内外环境，及时识别可能对目标达成产生负面影响的风险因素。

### （二）风险评估

对识别的风险进行量化和定性分析，确定其可能的影响和出现的概率。

### （三）风险响应

基于评估结果制定风险响应计划，包括风险减轻、转移、接受或避免等策略。

### （四）风险监控

持续监测风险因素和响应计划的执行情况，及时调整策略以适应变化。

## 四、促进创新和改进

有效的控制不仅关注现状，还关注未来的改进和创新。通过对现有流程和结果的分析和评估，控制可以揭示存在的问题和改进空间，促进组织不断学习和进步。

（一）识别改进机会

通过分析现有流程和绩效数据，发现存在的问题和瓶颈，揭示潜在的改进机会。

（二）鼓励创新思维

通过设立创新奖励机制和提供资源支持，激发团队成员的创新意识和能力。

（三）实施改进计划

基于改进目标，组织跨职能团队共同开展改进项目，采用诸如 PDCA、六西格玛等改进方法。

（四）创新和改进的持续化

将创新和改进纳入组织日常管理，形成持续改进文化。

## 五、确保组织行为与法规、道德的一致性

组织在运营过程中必须遵循法规和道德规范。控制机制有助于确保组织行为与这些规范一致，防止可能的法律风险和声誉损失。

（一）识别适用法规

了解和识别适用于组织运营的所有法规和标准，如劳动法、环境法、知识产权法等。

（二）制定合规计划

基于适用法规，制定合规计划和流程，确保组织的所有活动都符合法律要求。

（三）道德和社会责任

除了法律要求，还须关注组织的道德和社会责任，如公平交易、环保、员工福利等。

（四）合规审计和评估

通过定期审计和自我评估，确保合规计划的有效执行，及时发现和纠正不合规行为。

总的来说，控制在确保组织效率、效果、和谐和可持续发展方面起着关键作用。然而，有效的控制需要精心设计和实施，过度或僵化的控制可能会产生负面效应。因此，理解控制的多维度功能和平衡不同控制要素是组织成功的关键一环。

# 控制的类型

团队和组织的控制不是一成不变的，其根据目标、环境和需要采取多种形式。了解不同类型的控制并在适当的场合运用它们对于实现有效管理至关重要。以下是对控制的各个类型的详细阐述。

## 一、战略控制

战略控制集中于组织的长期目标和整体方向。这一控制层面要求管理层关注市场趋势、竞争环境、社会变化等宏观因素，并据此确定公司的整体战略方向。

（一）定义

战略控制可以定义为一种管理过程，组织确保其方向和策略与其长期使命和愿景相一

致。这不仅要求对现有策略进行持续评估，还要求对外部环境进行监测，以便及时识别并应对潜在的机会和威胁。

（二）重要性

1. 确保方向一致性：战略控制有助于确保组织的各个方面都与总体战略和愿景保持一致。

2. 提前识别问题：通过持续监控，可以提前识别潜在的问题和挑战，并采取适当的纠正措施。

3. 灵活应对变化：了解外部环境和市场动态能够更灵活地调整战略方向，以适应不断变化的商业环境。

（三）主要功能

1. 对齐战略：确保战略方向与组织的长期使命、愿景和目标保持一致。

2. 监控环境：不断监测外部环境和内部表现，以确定是否需要调整战略方向。

3. 风险管理：通过早期识别和评估潜在威胁来管理和减轻战略风险。

战略控制是一个复杂但至关重要的过程，需要组织不断审视自身的战略方向，并准备调整和适应不断变化的环境。通过正确的工具、方法和聚焦，战略控制能够促使组织更强大、更灵活和更成功。

## 二、战术控制

战术控制专注于中期目标和计划的执行。这涉及将长期战略转化为具体、可衡量的目标和计划。

（一）定义

战术控制是在组织的中层管理中实施的一种控制形式。它将高层战略转化为具体、可执行的任务和目标，并通过监督和调整来确保其有效实施。

（二）重要性

1. 弥合战略与操作层面的鸿沟：战术控制有助于确保长期战略能够在实际操作中得以执行。

2. 合理分配资源：战术控制通过明确中期目标和计划来确保资源得到合理、有效的分配。

3. 提高反应灵活性：战术控制能够使组织在面对市场和环境变化时更加灵活和迅速地做出响应。

（三）主要功能

1. 目标分解：将战略目标分解为具体、可衡量的操作目标。

2. 监控与评估：跟踪中期目标的进展并进行评估，以便及时发现和纠正偏差。

3. 协调与沟通：确保各部门和团队在实施中期计划时能协同工作。

战术控制在团队和组织管理中占据核心地位，能够确保战略目标得以有效实施。通过了解和掌握战术控制的各个方面，管理者可以更好地为组织导航，确保在追求长期成功的道路上不偏离方向，同时也能够灵活应对不断变化的市场环境和挑战。

### 三、操作控制

操作控制在组织和团队中起着基础且核心的作用。它关注的是组织的日常运作和活动，确保各项操作流程都按照既定的标准和规范执行。

（一）定义

操作控制是一种对组织内部流程和任务的持续监控，旨在确保它们符合既定的质量和效率标准。这种控制类型与组织的长期战略和中期战术相结合，将它们转化为具体、可执行的任务和流程。

（二）主要功能

1. 监控日常活动：操作控制需要实时监控组织的日常活动，确保其与计划和目标一致。

2. 保证质量：通过标准化流程和持续监控，确保产品或服务的质量满足标准。

3. 提升效率：识别和消除浪费及效率低下的区域，提高组织的整体运营效率。

4. 纠正小的偏差和问题：及时发现并纠正小的偏差和问题，防止它们演变成更大的偏差和问题。

操作控制是组织和团队管理中不可或缺的组成部分。通过监控和管理日常运作，操作控制不仅能确保质量和效率，还能促进团队成员之间的沟通和协作。掌握操作控制的原则和实践是团队管理人员的基本素养。

### 四、预防控制

预防控制是一种前瞻性的控制方法，它强调在偏差和问题发生之前采取行动。预防控制旨在识别潜在的风险和挑战，并采取适当的预防措施来减轻或消除这些风险。

（一）重要性

1. 降低风险：通过识别和评估潜在风险，预防控制有助于组织避免不必要的损失和后果。

2. 提高效率：通过预先解决可能的问题，组织可以更顺畅地实现其目标，节省纠正问题所需的时间和资源。

3. 增强信任：透明的风险管理和预防措施可以增强团队成员和利益相关者的信任和信心。

（二）步骤

1. 风险识别：包括市场分析、竞争环境评估、内部审计等，以了解可能影响组织目标实现的潜在障碍。

2. 风险评估：确定风险可能性和影响，以便优先解决重大风险。常用的工具有风险矩阵和故障树分析等。

3. 制定预防措施：基于风险评估的结果，确定适当的预防措施，如风险缓解、风险转移、风险避免等。

4. 实施预防措施：将预防措施整合到组织的日常运营中，确保全体成员了解和执行这些措施。

5. 持续监控和评估：定期审查和评估预防措施的有效性，确保其与组织的目标和战略保持一致。

总之，预防控制是一个综合性的过程，涉及风险识别、评估、预防措施的制定和实施，以及持续监控。正确执行预防控制可以有效降低组织风险、提高运营效率，并加强团队和利益相关者之间的信任。尽管存在一些挑战，但通过细致的规划和恰当的执行，预防控制可以成为组织成功的重要保证。

## 五、纠正控制

纠正控制是组织控制系统的重要部分，主要聚焦于识别和纠正问题或偏差。当组织的实际表现与预期目标不一致时，纠正控制就会启动，以确定问题的根源并采取相应的纠正措施。

（一）问题识别

有效的纠正控制以及时、准确识别问题为基础。此阶段包括：

1. 监控和分析数据：收集和分析有关表现和过程的数据，以确定是否存在问题或偏差。

2. 设立警戒线：设置接受范围或标准，超出该范围的情况需要进一步调查。

3. 进行问题诊断：深入分析问题，确定其性质和严重程度。

（二）根源分析

找到问题的根本原因是解决问题的关键步骤。

1. 使用工具和技术：如鱼骨图、"五个为什么"分析等，来深入挖掘问题的根源。

2. 跨部门协作：需要多个团队和部门共同参与，确保分析全面、准确。

（三）采取纠正措施

一旦找到根本原因，就需要采取纠正措施来解决问题。

1. 制定纠正计划：明确解决问题的具体步骤、责任人、时间表等。

2. 进行动态监控：实施过程中持续监控，确保计划的执行，并及时调整。

纠正控制是一项复杂但至关重要的任务。通过及时识别和解决问题，组织不仅能够减轻短期影响，还可以从中学习和成长，进一步提升长期的竞争力和效能。正确实施纠正控制可以增强团队的协同作战能力，提高组织对未来挑战的适应能力。

了解和掌握控制的这些类型对团队管理和组织成功至关重要。它们提供了一个全面的框架，以确保各个层面的活动都符合组织的目标和价值观，并能够灵活地应对各种外部和内部的挑战和变化。正确的控制方法不仅提高了效率和效果，还有助于建立一个更协调、有凝聚力的团队环境。

### 【案例】管理者王熙凤

在宁国府中，秦可卿去世之时，贾府还算得上是如日中天的时候。若将其看作企业，此时的贾府正处于企业的繁荣期，业务兴盛，组织结构完善，管理制度较为合理，特别是财务状况也是相对良好的。此时的贾府绝对是股票市场上的黄金股，从前来吊唁的人就可以看出，此时是有很多人看好贾府的。

宁国府白事，从内外环境来说都是好的，且恰逢宁国府无人主事之时，贾珍是宁国府的最高层领导，从文中"贾珍便忙向袖中取了宁国府对牌出来，命宝玉送与凤姐，又说："妹妹爱怎样就怎样，要什么只管拿这个取去，也不必问我。只求别存心替我省钱，只要好看为上；二则也要同那府里一样待人才好，不要存心怕人抱怨。只这两件外，我再没不放心的了。'"可以看出，贾珍是在绝对放权。从管理学上来说，他不仅给予了管理经营权，而且最高层才有的决策权也充分地给予了，甚至最重要的财政大权也都凝聚在那对牌之中。事实上任何一位管理者拥有了管理、决策、财政大权，办起任何事情来都会十分顺手。在此次处事中，可以说贾珍的放权是王熙凤最大的利处。

贾珍放权，贾府正处于兴盛时期，在管理上可以说依然还是井井有条。虽然说此时有那么些小小的问题，却依然不构成王熙凤需要处理的公关危机，一切处理起来也还是顺手的。此时的宁国府仿佛就是一个直线职能式的组织结构，凤姐在这时就相当于在组织的最高层，没有老爷太太的约束，一切由她自个拿主意，而下面的人只需服从就好。有好的环境和足够的职能权力当然是不够的。一个领导者要想管理好一个企业，必须具备其他很多的条件。王熙凤在荣国府中可以说是除老太君外说一不二的人物，人人都对她敬重三分，此时的凤姐可谓是处事利索，甚有领导者的风范，这是两府皆知的事情。所以即使凤姐并非宁国府之人，此时下属也都是对她敬畏三分的。她的个人魅力也会为她带来管理和领导的权威。

当然所有的条件都具备了，从环境到计划都已经完善了，接下来的就是执行了。凤姐在此时可谓是强有力的执行者，在众下人中树立起了自己的权威。

而到了第一百十回，此时的贾府已经到了企业成长阶段的衰落期，刚刚经历抄家不久的贾府，此时处事也得小心翼翼。

今时不同往日，众人皆已不再看好贾府，府中秩序紊乱，就仿佛一个在破产边缘垂死挣扎的企业，内部人心涣散，外部十面埋伏，此时处事得多多谨慎才行，可王熙凤此时却错估了形势。况且此次处事皆由他们夫妻俩来，一个主内一个主外。这样的管理搭档更是让员工猜忌不已："他们会公正吗？他们不会谋私利吗？……"这些都是潜伏的危机。

此时在荣国府，上头除了老太君外还有老爷太太，岂能容王熙凤真正主事，且此时邢、王两夫人也都似串通好了，放手不管。没有人支持，作为中层管理者的王熙凤想行使高层管理者的权力，谈何容易！

没有财务上的支持，处理白事这样等同于公关危机的事情真可谓是无从下手，而此时的王熙凤却又自乱阵脚，她没有在最危急的时刻保持最清醒的头脑来主持大局。她还凡事亲力亲为，可这并不能解决问题，还让下属更加看低她。

所以从一百十回中可以看出，此次事件处理得不好，不仅有王熙凤自己的原因，也有环境和上层的原因。这一次，王熙凤作为中层领导却要行使高层领导的权力，且没有财务上的支持，加上此时企业正处于衰落期，众多的主客观原因，造成了一贯处事利索、效率高、结果好的王熙凤此时办事极为不力。

通过前后对比，我们可以看出，作为管理者，处事之时很多要素是必备的：高层管理的支持（包括决策权、指挥权和财务权）、完善的内外环境分析、合理而富有弹性的计划、良好的执行力、不间断的良好沟通，还有奖惩等激励措施。只有这样才能管理好一个组织，就如贾府这样的复杂的组织。

# 第二节　控制过程

控制作为组织中不可或缺的一部分，涉及确保团队目标的恰当执行和实现。控制不仅是一种限制和命令的过程，还涉及监视、评估和调整。了解控制过程可以帮助团队避免偏离目标，确保资源得到有效利用，并增强团队凝聚力和成员间的信任。

## 确立标准

控制过程的第一步是明确和确定标准。标准是预先设定的规范或准则，用于评估团队或个人成员的绩效。它可以是数量的，例如完成任务的时间和质量标准；也可以是质量的，如团队文化和价值观。明确的标准有助于团队成员明确期望，集中精力实现共同目标。

### 一、定义目标

标准的确立始于明确和具体化团队的目标。目标应具有可衡量、具体、现实、相关和时间限制的特点。例如，一个目标可能是"提高产品质量，减少三个月内 5％ 的退货率"。这样的目标不仅明确和具体，还可以衡量和跟踪。

### 二、与团队成员协商

确立标准的过程不应该是单方面的。团队成员对标准的接受和认同是关键的，因为这些标准将用于评估他们的表现。与团队成员协商有助于确保标准既具有挑战性又现实可行，并且与团队的任务、资源和能力相匹配。

### 三、分类标准

标准可以按不同的维度分类，例如时间、质量、成本等。例如，产品开发团队可能会设定与产品质量、开发时间和预算相关的标准。这样的分类有助于更全面和精确地衡量绩效，确保团队在各个关键方面都保持一致和协调。

### 四、文档化

标准一旦确定，应适当文档化并与团队成员共享。这可以是正式的绩效合同、项目计划或内部文档。文档化有助于确保团队成员对期望有共同的理解，也为以后的监测和评估提供良好的基础。

## 监测和衡量

一旦标准设定，监测和衡量就成为关键环节。这一阶段涉及周期性或持续性地观察和评估团队或个人的工作绩效。这可能包括直接观察、报告、会议或更正式的绩效评估。有效的监测和衡量可以及时发现问题，防止小问题变成大问题，也有助于激励和提高团队的士气。

## 一、设立监测指标

成功的监测和衡量始于明确和设立相关的监测指标。这些指标应与团队的目标和期望紧密相连，可以是量化的（例如完成任务的时间、质量标准等）或是定性的（例如团队合作精神、沟通效率等）。正确的监测指标可以清晰反映团队的工作进展和效果，促使成员更专注于目标的实现。

## 二、选择监测工具和方法

有效的监测和衡量需要选择合适的工具和方法。常见的工具包括绩效报告、数据分析软件、直接观察和员工反馈等。方法可以根据团队的具体情况和需求灵活选择，例如日常检查、定期审查、全面审计等。结合多种工具和方法可以提供更全面和准确的绩效信息。

## 三、进行持续和周期性监测

监测可以是持续的，也可以是周期性的。持续监测涉及实时或近实时地收集和分析绩效数据，有助于及时发现和解决问题。周期性监测则在特定的时间段进行，如每周、每月或每季度，有助于全面评估长期绩效和趋势。两者结合可以确保绩效的全方位掌控。

## 四、考虑人际关系和团队文化

有效的监测和衡量还需要考虑人际关系和团队文化。开放和诚实的沟通氛围可以促进成员的积极参与和反馈，而过于严格或僵化的监测可能导致抵触和不信任。平衡监测的需要与团队成员的舒适度和信任感，可以增强监测效果并促进团队凝聚力。

## 五、分析结果和反馈

分析监测和衡量的结果是至关重要的一步。这需要从多个角度理解数据，找出隐藏的模式和趋势，确定潜在的问题和机会。分析结果应与团队成员共享，并邀请他们参与讨论和反馈。开放的反馈有助于团队成员理解监测的目的和意义，也可以为后续的改进提供有价值的见解和建议。

# 纠正偏差

当发现实际绩效与标准之间存在显著差异时，可能需要采取纠正措施。这可能涉及重新分配资源、提供额外培训、调整工作流程或更改团队目标。纠正偏差并不总是消极的；在许多情况下，它可以被视为学习和成长的机会，有助于团队的持续改进和发展。

## 一、识别造成偏差的原因

在采取任何纠正措施之前，了解造成偏差的原因至关重要。原因可能多种多样，包括资源分配不当、工作流程不合理、团队成员能力不足，以及外部环境因素等。通过深入分析和了解导致偏差的原因，管理者可以有针对性地解决问题。

## 二、制定纠正计划

识别偏差原因后，团队需要制定明确的纠正计划。这可能涉及重新分配任务、重新设定目标、更改工作方法或提供额外的支持和资源。一个有效的纠正计划应该是可行的，并明确谁负责执行，什么时间完成，以及如何评估成功。

### 三、执行纠正计划

纠正计划制定后，必须迅速采取行动来执行。这可能涉及与团队成员沟通、重新配置资源或改变工作流程。在执行纠正计划时，透明度和沟通是关键。团队成员需要了解正在发生什么及为什么，以确保他们理解和支持纠正措施。

### 四、监测和评估

纠正措施执行后，必须对其效果进行监测和评估。这包括检查是否实现了既定目标，是否解决了造成原始偏差的原因，以及是否出现了没有预料到的副作用。这一阶段可能需要收集和分析数据，与团队成员沟通，以及根据需要进一步调整。

### 五、学习和反思

纠正偏差不仅是解决问题的过程，还是一个学习机会。通过反思纠正过程中的成功和失败，团队可以从经验中学习，并改善未来的控制实践。这可能涉及与团队成员共享见解，讨论如何改进，并将学习纳入未来的计划和决策中。

纠正偏差是控制过程中关键的一环，需要精心规划和执行。通过明确识别造成偏差的原因，制定和执行有针对性的纠正计划，监测和评估效果，以及学习和反思，团队可以确保其活动与目标、标准保持一致，促进持续改进和成长。成功地纠正偏差的过程能增强团队的适应能力和韧性，有助于建立一个更加和谐、高效的工作环境。

控制过程是一个复杂但至关重要的组织功能，它有助于确保团队目标的实现，并维护团队的整体协调和效率。通过确立明确的标准，有效地监测和衡量，灵活地纠正和调整，以及开放和积极地反馈，控制过程可以成为团队成功和持续发展的关键支柱。

### 【案例】比亚迪的过程控制

在管理者从事的工作中，奖励和激励员工是重要的活动之一。作为管理者，想让所有员工付出最大努力，就必须了解员工如何受到激励及为什么会被激励，并调整激励活动以满足员工的需要或诉求。而比亚迪公司的管理过程中就充分体现了如何运用当代动机理论来有效地激励员工。

首先，比亚迪公司推行从上到下的目标管理系统，员工按照公司的整体目标来规划个人的工作目标，对公司作出承诺。这不仅使员工参与了目标的设置过程，而且让员工为了达到目标而工作，从而达到更高的绩效水平，体现了目标对行为的指导作用。这与目标设置理论一致。目标设置理论认为具体的目标会提高工作成绩，为了达到目标而工作是工作动机的主要源泉之一。

其次，期望理论认为，当人们预期某种行为能带给个体某种特定的结果，而且这种结果对个体具有吸引力时，个体就倾向于采取这种行为。比亚迪公司努力研究如何去发挥员工的潜能，努力设计激励方案，努力引导员工发挥积极、主动、创新的主观能动性。对于每一个岗位，比亚迪公司都有一个发展规划，员工可以体会到自身的进步、成长及成功的喜悦，这些都促使员工通过自己的努力来提升工作绩效；而设置出勤奖、月度绩效奖、季度绩效奖、进步奖、服务年资奖、优秀员工奖、最佳员工奖、特别奖等多种组织奖励可以促使员工达到与公司一致的个人目标。

再次，根据强化理论，管理者可以通过强化他们认为理想的行为来影响员工，正如比亚迪公司规定 J 级以上员工可享受买车优惠、F 级以上员工可享受住房优惠，为员工建设大型活动中心，以及提供各种奖励等，这些都对员工的工作动机产生了积极的影响。比亚迪之所以发展如此迅速，与其有效的员工激励措施是密不可分的。

比亚迪公司的控制系统属于市场控制型。市场控制是强调使用外在市场机制（如价格竞争和相对市场份额），在系统中建立使用标准来达到控制的一种方法。在价格竞争方面，比亚迪公司采用低成本战略。比亚迪公司坚持自主研发、自主生产、自主品牌的发展模式，并且自己生产汽车模具，使生产成本大大下降，让更多的中国人轻松拥有一辆汽车的目标成为可能。目前，比亚迪公司已建成西安、北京、上海、深圳四大产业基地，在整车制造、模具开发、车型研发等方面都达到了国际领先水平，产业格局日渐完善，比亚迪系列汽车在市场上的份额越来越大。

[分析]

控制过程可以划分为三个步骤：

1. 衡量实际绩效。

四种信息常常被用来衡量实际绩效，它们分别是个人的观察、统计报告、口头汇报和书面报告。走动管理是一种观察方式，指管理者到达工作现场，直接与工人交流，交换关于工作如何进展的信息。比亚迪公司做到了这一点，各部门经理会不定时到基层察看工作的进展情况。信息也可以通过口头汇报的形式获得。在比亚迪公司，不同部门的管理者每月或每周至少与下属员工进行一对一的交谈，通过谈话的方式来评定员工的实际绩效。

2. 将实际绩效与标准进行比较。

比较步骤用来确定实际工作成绩与标准之间的偏差。比亚迪公司每月都会根据上月的产出情况制定出本月的产出表，并在月底将实际产出与标准产出做对比。

3. 采取管理行动来纠正偏差或不足。

有三种方案可供选择：什么也不做、改进实际工作、修订标准。比亚迪公司鼓励员工们发现工作中需要改进的地方，并向上级反映。意见一旦被采纳，就会用于实际工作从而改进工作，使工作更科学化。

**【案例】比亚迪公司的竞争战略及组织文化**

**一、竞争战略**

社会中，每一个企业、组织都面临同行业等各方面的竞争压力，没有哪家企业能够在所有的事情上都获得成功，于是，迈克尔·波特提出了管理者应该选择能够给企业带来竞争优势的战略的观点。比亚迪公司主要采取的是低成本战略和差异化战略。

（一）低成本战略

比亚迪公司成立了自己的研究院，有自己的专家队伍，自主研究新的车型，而且比亚迪公司的生产线全部都是自己制造的，这样一来，新车型的研发及生产线方面都节约了大量的成本。另外，国内只有比亚迪公司是自主生产汽车模具，国内的其他汽车生产公司的模具均要从国外进口，而从国外进口一套模具所花的费用远远超过了自主制造的费用，这样，比亚迪汽车的成本又大大降低了。

（二）差异化战略

比亚迪公司的差异化战略主要是借助技术、价格、销售几个方面实现的。比亚迪公司本着 F3（faddy，时尚；faithworthy，可靠；futuramic，新颖）理念，曾被评为"缺陷最少的车"，获得"CCTV 自主创新奖"等奖项，而其在与国际某知名品牌的官司中胜出也是因为比亚迪掌握着这方面的核心技术。这些都是比亚迪在品质上的差异化战略。价格方面，比亚迪汽车定价介于经济车和中级车之间，这一差异化定价，确立了中级车新的价格标杆，走在了市场前头；销售方面，比亚迪拥有一套自己的销售网络，每年都会对员工进行培训，组成专门的销售队伍，并且加大了广告投入。

（三）控制方面

从控制类型上来看，比亚迪公司采取了有效的前馈控制与同期控制。在其一款新车上市的经销商大会上，该车型被认为太过普通而被怀疑不会有好的销量。在这种情况下，比亚迪公司总裁果断地采取了措施，即停止该车型的继续生产，重新制造新的模具、生产新的车型。在这一过程中，比亚迪公司避免了预期出现的车不畅销的问题，属于事前控制；而停止了该车型的继续生产，属于同期控制。有效的控制使得比亚迪公司及时、重新调整了生产方向，避免了负面结果的产生。

（四）外部环境分析

比亚迪公司进入汽车行业时，缺少经验。当时国内已有奇瑞等汽车公司比比亚迪公司起步早，更加成熟，竞争力更大。比亚迪公司的收购行为使陕西省拥有第一家中高级轿车生产基地，填补了陕西省在这方面的空白；引入竞争机制，积极把产品推向市场；为本地区解决就业人口数千人，还增加了政府税收。这些优点使得比亚迪公司获得陕西省政府的大力支持。

（五）内部资源和能力分析

在收购秦川汽车公司之前，比亚迪公司已收购并成立了北京的汽车模具制造厂，为汽车的制造和节约制造开发成本提供了条件。秦川汽车公司已经开发出自己的品牌福莱尔，初具规模，比亚迪公司收购现成的汽车制造厂，原有的技术工人与领导层都没有太大变动，这点也是比亚迪公司快速进入轿车制造市场的优势。比亚迪公司在上海的研发队伍可以自主开发新车型和新技术，也大大降低了造车成本。销售部门可以及时地与制造部门沟通、反馈信息，使组织行为及时、有效。

（六）SWOT 分析

根据 SWOT 分析，可以看出比亚迪公司充分利用外部环境提供的机会和自身优势来使劣势最小化。对秦川汽车公司的收购弥补了比亚迪公司初进入汽车市场缺少经验的不足。比亚迪公司在短短几年后就年产量近十万辆、年销售额近百亿元，充分证明了比亚迪公司当初的收购行为是正确的。

## 二、组织文化

组织文化就是组织成员共有的价值和信念体系，这一体系在很大程度上决定了组织成员的行为方式，它代表了组织成员所持有的共同观念。比亚迪公司的组织文化精髓可以用七个维度准确地表述。

（一）成果导向

管理者关注结果或成果，而不是如何取得这些成果。公司建立管理人员考核体系，科学地进行员工的绩效考核，并根据考核结果对员工进行动态管理，完成晋升、调动、奖惩等工作。提拔的原则是注重贡献，这样可以使员工关注绩效，并为此付出努力，提高工作效率。

（二）员工导向

管理决策中要考虑结果对组织成员影响的程度。设置员工绩效奖；设置评分标准，达到所要求的标准即发给奖金给予鼓励或给予买车、买房等的优惠；创办子弟学校，给予员工精神上的鼓励和支持，使他们全身心投入工作中。

（三）团队导向

围绕团队而不是个人来组织工作。推行从上到下的目标管理，员工按照公司的整体目标来规划个人的工作。他们都有统一的目标，并为实现团队目标贡献自己的力量，通过相互协作实现目标。

（四）进取性

员工富有进取性和竞争性，主动学习业务知识与技能，提高自身的工作能力。员工发挥积极、主动、创新的主观能动性，积极努力实现既定目标。公司提供了积极的条件和奖励，激发员工主动学习。员工的绩效越高，公司的竞争能力越强。

（五）稳定性

组织决策和行动强调维持现状。下一年的新计划中不仅有新车型上市的计划，也有继续生产老车型的计划，企业在稳中求发展。

（六）创新与风险承受力

鼓励员工创新并承担风险。创新、勇于承担工作责任，对工作目标及结果负责。公司鼓励员工大胆创新，并将规划、条例类控制减少到最低限度。员工形成创造性思维并将其运用到工作方法、产品开发上，推动公司的发展。

（七）关注细节

员工表现出精确性，且分析和关注细节。如员工在生产过程中提出了关于保护环境的生产建议，被公司采纳的，会给予奖励。

组织文化可用这七个维度来衡量，它们将影响员工的行为，并影响他们如何对问题进行定义、分析和解决。

［点评］

人力资源管理具有战略性意义。多项研究的结果表明，组织的人力资源是其竞争优势的重要源泉。比亚迪公司在人力资源开发过程中坚持创造一种公平、公正、公开的氛围，实行人性化管理，建立一套充分开发个人潜能的机制，在实现企业总体目标的同时，给每个员工提供充分实现自我价值的发展空间。

**一、招聘**

招聘是要汇集某工作职位的一大批潜在的候选人，可通过内部搜寻、广告征召、员工推荐、互联网广告等进行。比亚迪公司在招聘和录用中，注重人的素质、潜能、品格、学历和经验，遵循公正选拔与公开竞争的原则，诚心招揽各方面的优秀人才。比亚迪公司每年都从全国各地多所大学选拔一批优秀的应届毕业生作为人才储备，经过培训和实习后，派驻到公司的重要岗位上。

### 二、目标管理

包括确定目标、参与决策、明确期限和绩效反馈。显然，目标管理强调员工实现其与上司共同制定的目标，这也成为对个人努力的一种激励。比亚迪公司推行从上到下的目标管理，员工按照公司的整体目标来规划个人的工作目标，对公司作出承诺；同时公司给予培训机会，满足员工在设备、人员、合作等方面的合理要求，从而组成一个有机的整体。公司的考核体系就是基于这种目标管理。公司的人力资源配置原则是内部优先于外部。公司尊重员工的自主性，坚持个人意愿与公司整体需要相结合的原则，为员工开辟了内部岗位调换的空间。公司保证员工在公司内部可以有一定的流动性。

### 三、薪酬

比亚迪公司的薪酬充分体现了员工的职务重要性、责任大小、能力、贡献、经验等各方面的综合水平。薪酬与工作是对应的、公平的、公正的。

### 四、规划

比亚迪公司努力研究如何去发挥员工的潜能，努力制定激励措施，努力引导员工发挥积极、主动、创新的主观能动性。对于每一个岗位，公司都有一个发展规划，员工可以体会到自身的进步、成长及成功的喜悦。公司设置了出勤奖、月度绩效奖、季度绩效奖、进步奖、服务年资奖、优秀员工奖、最佳员工奖、特别奖等多种奖项。

### 五、福利

不可避免地，员工方面也存在着工作与生活平衡的问题。为了缓解员工压力，比亚迪公司成立了篮球、太极等社团并建造了活动中心。

## 第三节　冲突的定义与类型

冲突是组织生活中的常见现象，几乎所有团队在某些时候都会遇到冲突。理解冲突的定义和类型是解决和管理冲突的第一步。

# 冲突的定义

在团队运作中，冲突被视为不可避免的一部分，它可以是有益的，也可以是有害的。为了更好地理解和管理冲突，我们首先需要深入探讨其定义和不同维度。

### 一、定义

冲突是团队生活中的常见现象，对于其本质和起源的理解有助于更有效地管理和解决。

#### （一）冲突的含义

冲突可被定义为两个或更多个团队成员之间的兴趣、目标、价值观或观点的不一致或对立。它可能涉及感情、行为和认知的元素。

（二）冲突的重要性

理解冲突的本质有助于团队的决策过程。鼓励开放的沟通和辩论，有时候甚至可以激发创造力。

（三）冲突的种类

1. 内部冲突：一个人内心的感受和思考之间的对立。

2. 人际冲突：团队成员之间的对立。

3. 组织冲突：组织内部的不同部分之间的对立。

## 二、积极冲突与消极冲突

冲突可以描述为两个或更多个团队成员之间的不一致或对立情况。这种不一致可能涉及目标、期望、意见、价值观或资源分配。

（一）积极冲突

1. 促进创新：适当的冲突可以推动团队成员超越传统思维，考虑新的解决方案。

2. 改进决策：开放的辩论可以确保所有观点得到充分探讨，从而促进更全面和更好的决策。

3. 增强团队凝聚力：通过公开讨论和解决冲突，团队成员可以建立相互信任和理解。

（二）消极冲突

1. 降低效率：未解决的或不适当的管理的冲突可能导致团队效率降低。

2. 损害关系：持续的争吵可能导致团队成员之间的紧张和疏远。

3. 威胁团队稳定：如果冲突长时间未解决或升级，可能对团队的稳定性构成严重威胁。

通过区分积极和消极的冲突，我们可以学习如何管理和利用冲突来实现团队目标，同时避免可能的负面影响。在团队沟通和管理实践中，应用这些理解有助于促进更和谐和高效的团队运作。

# 冲突的类型

冲突可以根据多种因素进行分类，以下是一些主要的类型。

## 一、任务冲突

任务冲突是团队中常见的一种冲突类型，涉及团队成员在任务执行方面的观点和意见的不和。

（一）定义

任务冲突指团队成员在团队任务的目标、内容、解决方案、执行方式等方面产生的不一致或对立。这种冲突可能涉及任务的具体内容、优先级、分配资源、责任分配等方面。

（二）成因

1. 目标不清晰：团队目标不明确或成员对目标理解不一致。

2. 资源分配不合理：团队资源（如时间、资金、人力）的分配不合理。

3. 责任界定模糊：任务分工不明确，职责和责任界定模糊。

4. 沟通不畅：信息传递不准确，沟通渠道或工具存在问题。

（三）影响

1. 正面影响：有时任务冲突可以促进团队成员的讨论和思考，有助于挖掘更多创造性的解决方案。

2. 负面影响：未得到妥善处理的任务冲突可能导致团队效率降低、合作障碍增加，甚至演变为人际冲突。

（四）解决方法

1. 明确目标：确保团队目标清晰、具体，且团队所有成员对目标有共同的理解。

2. 合理分配资源：确保资源按照任务的重要性和紧急性合理分配。

3. 明确责任分工：清晰界定每个团队成员的职责和责任，确保没有重叠或遗漏。

4. 加强沟通：保证有效的沟通渠道和工作保障信息的准确传递，促进团队成员之间的相互理解。

## 二、人际冲突

人际冲突是组织内一个常见且复杂的现象，涉及团队成员之间的情感及人际关系紧张。

（一）定义

人际冲突发生在团队成员之间，涉及价值观、信念、感受、沟通方式等人际交往方面的不一致或对立。

1. 价值观与信念的差异：成员之间基于文化、教育背景、个人经历等方面的差异。

2. 沟通障碍：沟通风格、语言能力、沟通渠道等问题可能导致误解和紧张。

3. 情感冲突：团队成员之间的同情、喜欢或厌恶可能导致正面或负面的人际冲突。

（二）影响

1. 团队凝聚力下降：人际冲突可能导致成员间的信任降低，从而减弱团队凝聚力。

2. 工作满意度降低：不愉快的人际关系可能影响成员的工作积极性和满意度。

3. 效率降低：人际冲突可能导致资源分散，降低工作效率和协同效应。

（三）解决方法

1. 提高沟通：加强沟通可以增进理解，减少误解和偏见。

2. 促进共识：找到共同目标和价值观，减轻个人差异造成的紧张。

3. 第三方调解：有时，中立的第三方干预可能有助于调解紧张关系。

4. 团队建设活动：通过团队活动促进成员之间的了解和信任。

## 三、资源冲突

资源冲突是团队中常见且具有挑战性的问题，涉及资源如时间、资金、人员、设备等的分配和使用。

（一）定义

资源冲突是指在资源有限的情况下，团队或团队成员之间对这些资源的需求和利用存在不同或对立的观点和需求。

（二）成因

1. 资源稀缺：团队所需的资源有限，如经费、人力、设备等。

2. 需求冲突：不同项目或部门之间的资源需求可能不一致或对立。

3. 管理不当：缺乏有效的资源管理和分配机制。

（三）影响

1. 效率下降：资源分配的不合理可能导致某些任务或项目延迟。

2. 团队紧张：资源冲突可能增加团队成员之间的竞争和对立，从而降低团队凝聚力。

3. 项目风险增加：资源的不稳定供应可能增加项目执行的风险和不确定性。

（四）解决方法

1. 明确资源分配原则：明确和透明的分配原则可确保资源分配的公平和合理。

2. 增强沟通协调：定期召开资源协调会议，确保团队间的沟通和协同。

3. 灵活调整资源：根据项目的优先级和进展情况，灵活调整资源分配。

4. 建立资源共享机制：通过资源共享，促进不同团队或项目之间的协作和支持。

## 四、价值冲突

（一）定义

价值冲突指的是在团队或组织内部，成员间关于基本信念、价值观、道德、伦理或目的的不同或对立。这种冲突通常是深层次的，可能涉及个人或集体的核心身份和信仰。

（二）影响

1. 团队凝聚力下降：价值冲突可能破坏团队的信任和凝聚力，导致成员间的隔阂和不信任。

2. 决策困难：由于价值观触及核心信念，冲突可能导致团队在重大决策时分裂，难以达成共识。

3. 工作满意度降低：与同事、领导或组织的价值观严重冲突可能导致工作满意度降低，甚至离职。

（三）解决方法

1. 明确共享价值：团队需要明确和强调共享的价值和目标，使团队成员在重要问题上保持一致。

2. 尊重和理解差异：价值观可能有根本差异，但团队可以通过互相尊重和理解来找到共同点。

3. 增强沟通和协商：通过开放、坦诚的沟通，以及寻求妥协和共识，来解决或减轻冲突。

4. 外部调解：在某些极端情况下，可能需要第三方调解来解决深层次的价值冲突。

## 五、组织冲突

组织冲突是在不同部门、团队或组织层级之间发生的冲突。这一类冲突复杂多样，涵盖了众多可能的对立和分歧。

（一）定义

组织冲突是指在不同部门、团队或层级之间，由于目标、资源、权责、价值观或方法等方面的不一致或对立而产生的冲突。例如，销售部门和生产部门之间可能因目标和资源分配产生对立。

（二）影响

1. 效率降低：冲突可能减慢决策速度，增加协调成本。

2. 沟通障碍：部门间的对立可能导致信息隔阂，降低沟通效率。

3. 目标受阻：不一致的目标可能阻碍组织的整体发展和战略实现。

（三）解决方法

1. 明确权责：通过明确各部门的职责和权力，减少冲突的可能性。

2. 强化沟通：增加部门间的交流和沟通，理解和尊重彼此的立场和需求。

3. 统一目标：确保组织层级的目标一致，通过协调和协商达成共同目标。

4. 灵活资源分配：通过合理和灵活的资源分配，确保各部门的需求得到满足，减少对立。

# 团队文化与冲突管理

团队文化影响着团队成员的相互作用、沟通方式、价值观和期望，因此在冲突产生和解决过程中扮演了重要角色。

## 一、团队文化对冲突的影响

团队文化是一组复杂的价值观、信念和规范，可以显著影响团队冲突的产生和解决。

（一）开放文化与透明文化

1. 定义：开放文化与透明文化强调信息自由流通、坦诚沟通和相互信任。

2. 积极影响：促进及时沟通，减少误解和猜测，降低冲突的产生。

3. 潜在挑战：可能暴露敏感信息，需要适度控制和引导。

4. 实际案例：某技术团队通过定期开放式讨论会，减少了项目延误导致的冲突。

5. 建议：通过明确沟通渠道和规范，鼓励开放沟通，同时保护敏感信息。

（二）竞争文化与合作文化

1. 定义：竞争文化强调成员间的竞争和比较，合作文化则强调共同努力和共享成果。

2. 积极影响：

（1）竞争文化：激发成员积极性，提高工作效率。

（2）合作文化：鼓励成员共享资源和知识，减轻冲突。

3. 潜在挑战：

（1）竞争文化：可能导致资源争夺、人际关系紧张。

（2）合作文化：可能导致责任不明确，需要明确团队规范和职责。

4. 实际案例：某市场团队通过协作平台，有效解决了资源分配的冲突。

5. 建议：平衡竞争文化和合作文化，明确规则和责任分配。

（三）多元化与包容文化

1. 定义：多元化与包容文化强调不同背景和观点的价值，提倡接受和尊重差异。

2. 积极影响：增强团队的创造力和适应性，有助于减轻价值观和观点的冲突。

3. 潜在挑战：不同背景可能产生沟通障碍和误解，需要强化沟通和共享价值观。

4. 实际案例：某国际团队通过文化交流培训，减少了文化差异导致的冲突。

5. 建议：强化文化教育和沟通，促进多元文化的包容和理解。

团队文化的这三个方面对团队冲突的产生和解决都有深远影响。理解并塑造这些文化元素，可以有效地减少冲突并提高冲突解决的效率和效果。开放与透明、竞争与合作、多元化与包容这三个维度都涉及复杂的平衡和调整，需要团队领导和成员共同努力和参与。

## 二、冲突管理策略与团队文化

团队文化不仅会影响冲突的产生和演变，还会深深地影响冲突的解决方式。冲突管理不是孤立的过程，而是与团队文化紧密相连的。以下将深入探讨结合团队的文化特质如何通过不同的冲突管理策略促进更高效和谐的团队合作。

（一）协同解决冲突

协同解决冲突是一种寻求共同利益和双赢解决方案的方法。在这样的文化环境中，团队成员被鼓励分享观点，寻求共识，而不是坚持己见。

1. 实施方法：设立共享的冲突解决准则，鼓励开放和诚实的沟通，培训团队成员使用共同解决问题的技能。

2. 优势与挑战：可促进形成创造性的解决方案，增强团队凝聚力；但需要时间和努力来建立信任和合作。

（二）增强沟通与理解

团队中的沟通障碍往往是冲突的根源。增强沟通与理解可以促进团队成员之间的共情，减少误解。

1. 实施方法：包括定期的团队沟通会议，有效的反馈机制，以及培训如何倾听和理解他人的观点。

2. 优势与挑战：可以减少不必要的冲突，增强团队合作；但需要持续努力和投资于沟通技能的培训。

（三）强调共享价值和目标

团队的共享价值和目标是凝聚力的源泉，它们可以超越个体差异，减少价值观和目标方面的冲突。

1. 实施方法：明确团队的使命和愿景，确保团队成员了解和认同共享价值和目标。

2. 优势与挑战：有助于形成一致的团队方向，减少目标冲突；但需要注意平衡个人和团队的利益。

（四）提供灵活的冲突解决机制

每个冲突都是独特的，需要根据冲突的性质和情境提供灵活的解决机制。

1. 实施方法：提供多种冲突解决工具和渠道，如调解、协商和第三方干预等。

2. 优势与挑战：提供针对性解决方案，促进快速解决；但可能需要专业的调解人员和复杂的机制。

团队文化与冲突管理策略的相互作用形成了团队运作的复杂动态。通过了解和实施上述策略，团队可以更有效地解决和预防冲突，促进形成更和谐、更具创造性和更高效的工作环境。从协同解决冲突到强调共享价值，每种策略都有其独特的实施方法和挑战，它们共同构成了一个多元化和适应性强的冲突管理体系，最终的目标是创造一个支持开放、尊重和协作的团队文化，以更好地服务于组织的整体目标和使命。

### 【案例】科技创业公司的冲突与协同

某科技创业公司自创立之初，就明确了自己的使命是"以技术创新驱动社会进步"。为了实现这一使命，公司聚集了大量年轻的科技人才。这些人才都怀揣着对技术的热爱和对未来的憧憬，共同塑造了公司的团队文化。

**一、团队文化**

（一）创新精神

鼓励员工敢于尝试，不怕失败，相信每一个失败都是通往成功的垫脚石。

（二）协作氛围

强调团队成员之间的互补与合作，认为"一个团队的力量远大于个体之和"。

（三）进取心态

始终保持对市场的敏感度和对未来的好奇心，追求持续的技术突破和市场份额增长。

**二、冲突来源与表现**

然而，随着公司的快速发展和团队规模的扩大，一些潜在的冲突开始浮现出来。

（一）资源分配冲突

不同项目团队在争取研发资源、市场预算等方面产生了激烈的竞争。由于公司资源有限，这种竞争往往导致一些重要但资源需求较大的项目得不到足够的支持。

（二）决策权冲突

随着公司业务的多元化，不同部门之间的决策权划分变得模糊。在某些关键问题上，多个部门都认为自己有决策权，导致决策过程冗长且效率低下。

（三）价值观差异冲突

随着新员工的不断加入，一些与公司初创时期不同的价值观开始出现在团队中。这些价值观的差异在某些情况下会引发激烈的争论和分歧。

（四）工作方式与风格冲突

不同背景的员工带来了多样化的工作方式和风格。虽然这种多样性为公司带来了更多的创意和视角，但也在一定程度上影响了团队协作的效率。

**三、冲突处理过程**

面对这些冲突，公司采取了以下措施进行处理：

（一）建立透明的沟通机制

鼓励员工在内部论坛等平台自由发表意见和建议，同时定期召开员工大会，让管理层直接听取员工的意见。这种透明的沟通机制有助于及时发现并解决问题。

（二）明确资源分配原则

制定一套公平、透明的资源分配原则，并根据项目的战略重要性和市场需求进行动态调整。这在一定程度上缓解了项目团队之间的资源竞争。

（三）优化决策流程

明确各部门的职责和决策权范围，同时建立一个跨部门的决策协调小组，负责在关键时刻进行跨部门协调和决策。

（四）尊重价值观差异

明确价值观的差异是不可避免的，鼓励员工在保持基本共识的前提下，尊重彼此的差异并寻求共同的发展目标。

（五）统一工作规范与培训

针对工作方式和风格的差异，制定一套统一的工作规范和流程，并通过内部培训帮助员工熟悉和掌握这些规范和流程。

## 四、处理结果及影响

经过一段时间的努力，公司内部的冲突得到了有效缓解：

（一）团队协作更加顺畅

员工之间的沟通和协作变得更加高效和顺畅，项目的推进速度也明显加快。

（二）公司氛围更加积极

员工普遍感到公司的氛围变得更加积极和开放，对公司的归属感和忠诚度也得到了增强和提升。

（三）业务持续发展

在解决了内部冲突后，公司能够更加专注于业务的发展和创新，市场竞争力得到了进一步提升。

然而，也有一些员工表示，某些深层次的冲突和分歧仍未完全解决。例如，在价值观和工作方式方面仍然存在一些难以调和的矛盾。因此，公司需要继续努力巩固现有的成果并寻求更深入的解决方案。

[分析]

该公司在团队文化和冲突管理方面展现出了积极的态度和行动力。通过建立透明的沟通机制、明确资源分配原则、优化决策流程等措施有效地缓解了内部的冲突和分歧。这些举措不仅提升了团队协作的效率和员工的满意度，还为公司的持续发展奠定了坚实的基础。

[点评]

冲突管理是一个持续的过程，需要公司不断地投入关注和努力。为了进一步巩固和提升团队文化和冲突管理的成果，还建议该公司继续采取以下措施：

1. 持续关注员工需求，及时发现并解决潜在的问题和矛盾。

2. 加强内部培训和开展团队建设活动，提升员工的团队协作能力和沟通技巧。

3. 鼓励开放性的讨论和反馈机制，让员工能够积极参与公司的决策和发展过程。

4. 定期对团队文化和冲突管理进行评估和调整，确保其与公司的发展战略和市场环境保持一致。

# 第四节　冲突过程

在组织中，冲突不可避免地存在，并且对团队沟通产生深远的影响。正确理解和有效管理冲突过程，将有助于团队增进理解，提升合作，并推动组织向前发展。以下将详细阐述冲突过程的五个阶段、处理方式，以及跨文化交际中的五种策略。

## 冲突的五个阶段

### 一、潜在冲突阶段

潜在冲突阶段是冲突过程的第一个阶段，它涉及团队或组织内部可能导致冲突的因素和条件。尽管表面上可能看不到明显的争执或紧张情况，但这些潜在冲突如果不加以关注和管理，可能会升级为更严重的冲突。

（一）资源分配

资源分配经常成为潜在冲突的焦点，特别是当资源有限或需求超过供应时。主要资源包括：

1. 时间资源：项目截止日期、工作时间表和其他时间限制可能引发潜在冲突。
2. 财务资源：预算限制和资金分配可能造成部门或团队之间的紧张关系。
3. 人力资源：人员分配和角色定义可能导致个体或团队之间的不满。

有效的资源管理和公平的分配可以在早期阶段防止这些潜在冲突升级。

（二）目标不一致

团队成员对组织或项目目标的不同理解和期望也是潜在冲突的常见来源。如果团队成员对目标没有共同的认识，他们可能会朝着不同的方向努力。此外，个人目标与团队或组织目标之间的不一致也可能导致冲突。

（三）价值观差异

不同的文化背景、信仰和价值观可能会在冲突潜在阶段产生分歧。这些差异可能体现在工作习惯、沟通风格、决策方式等方面。理解和尊重这些差异可以降低其成为实际冲突的风险。

（四）潜在冲突的识别和管理

识别潜在冲突需要敏锐地观察和深入地了解团队和组织的动态。以下是一些可能的管理策略：

1. 开放沟通：通过定期会议和一对一讨论，了解团队成员的期望。
2. 透明决策：确保所有关键决策过程透明和公开，以增强信任和公平感。
3. 灵活调整：灵活调整资源分配和目标设定，以反映团队或组织不断变化的需求。

## 二、认知和情感阶段

冲突的认知和情感阶段是复杂且关键的组织过程，在团队之间的冲突升级为明显分歧之前发生。在此阶段，团队成员开始意识到自身与他人在观点、感受和解决问题方法方面的不同。以下内容将详细描述这一阶段的核心要素和影响。

（一）认知冲突

认知冲突主要涉及团队成员对事实、数据、解释和方法的不同理解。与情感冲突不同，认知冲突集中在"问题"的不同解读和解决方案上，而不涉及个人情感。认知冲突可能有以下特点：

1. 观点分歧：团队成员对某一问题的看法不一，可能因个人经历、教育背景等因素产生差异。

2. 解决方案分歧：即使对问题有共同理解，团队成员可能对最佳解决方案持有不同见解。

3. 重视程度不同：团队成员可能对某些目标或项目分配有不同的优先级和重视程度。

认知冲突不一定是消极的。正视和解决认知冲突可能促使团队探讨更多解决方案，从而增强创新能力和问题解决能力。

（二）情感冲突

与认知冲突关注思维和理解不同，情感冲突更集中在个人情感反应上，如压力、愤怒、失望或羞愧。情感冲突的主要特点包括：

1. 人际紧张：可能由沟通不畅、不信任、嫉妒等引发。

2. 情感反应：强烈的个人情感反应可能导致对问题的客观分析和解决能力下降。

3. 情感冲突如果不加以管理，可能会破坏团队的凝聚力和效率。

（三）管理策略

认知和情感阶段的有效管理关键在于开放和诚实的沟通。团队领导和成员必须：

1. 建立信任：鼓励团队成员分享观点，承认和尊重彼此的差异。

2. 促进沟通：确保信息流通，创造一个支持开放讨论和提问的环境。

3. 使用调解技巧：在必要时采取调解措施，以消除或减轻冲突。

## 三、意图阶段

意图阶段是冲突过程中的一个关键节点，此时团队成员面临如何对待和响应冲突的问题并开始关注。冲突的解决方向在此阶段得到确定，可能是积极的解决路径，也可能走向消极的方向。以下是意图阶段的详细分析。

（一）合作

合作是一种双赢的冲突解决方式。在此种方式下，双方都致力于寻找一种双方都可以接受的解决方案。这需要开放沟通、共享信息、目标相同和互信。

1. 优点：增进理解，促进团队合作，可能产生创造性的解决方案。

2. 缺点：可能需要更多的时间和精力，不合适那些需要迅速解决的冲突。

### （二）竞争

竞争是一种赢者通吃的战略，其中一方试图强迫另一方接受其观点或方案。

1. 优点：在某些情况下，可能是必要的，特别是在涉及非常重要的原则或价值观时。

2. 缺点：可能导致长期的敌意和不信任，损害团队凝聚力。

### （三）避免

避免指不直接处理冲突，而是绕过或忽略它。

1. 优点：可能是一种短期解决方案，特别是当冲突的根本问题是次要的或当情绪过于高涨时。

2. 缺点：长期避免可能导致问题积压，进一步加剧冲突。

### （四）妥协

妥协指双方在某些问题上让步，以达成一项协议。

1. 优点：可以迅速解决冲突，尤其在双方的立场相对平衡时。

2. 缺点：可能导致双方都不完全满意的解决方案，可能抑制更有创造性的解决方案。

## 四、行为阶段

行为阶段是冲突过程中的关键阶段，此时冲突已经从隐性转化为显性，且双方都表达了各自的意图。在这个阶段，冲突的双方会采取实际的行动来响应对方。这些行为可以多种多样，且直接影响冲突的走向。以下是行为阶段的主要特征和管理策略。

### （一）行为的展现

行为阶段中的行为可能涵盖了广泛的范围，从积极的协商和合作到消极的攻击和抵抗。

1. 协商：双方试图通过讨论和沟通寻找共同利益的解决方案。

2. 妥协：为了达成一致，双方都愿意放弃某些立场或需求。

3. 斗争：一方或双方都坚持自己的立场，并试图通过竞争或强迫使对方服从。

### （二）沟通与调解技能

在行为阶段中，沟通与调解技能的运用至关重要。这些技能有助于保持冲突在可控范围内，并引导它朝更有建设性的方向发展。

1. 有效沟通：了解对方的立场和需求，同时清晰、公正地表达自己的观点和感受。

2. 共同解决问题：采取合作的态度，与对方共同寻找解决方案，而不是仅关注自己的利益。

3. 调解：如果双方陷入僵局，可能需要第三方的介入来协助找到合适的解决方案。

### （三）行为的影响

行为阶段中所采取的行动将直接影响冲突的最终结果。

1. 团队关系的改善或恶化：取决于双方能否找到合适的解决方案，并恢复彼此的信任。

2. 组织效率的提高或降低：如果冲突得到了有效解决，团队合作可能会变得更加紧密，效率提高；反之，则可能导致进一步的分歧和效率下降。

（四）管理策略

针对行为阶段的冲突，管理者和团队领导需要采取一系列策略来引导冲突的解决。

1. 促进开放沟通：创建安全的沟通环境，鼓励团队成员开放地表达自己的观点和感受。

2. 提供调解支持：在需要的情况下，提供或寻找专业的调解支持，帮助双方找到合适的解决方案。

3. 强调共同目标：重申团队的共同目标和价值观，帮助双方跳出僵局，重新找到合作的基础。

## 五、结束阶段

冲突的结束阶段是冲突解决过程的最终阶段，标志着冲突的结束或转变。这一阶段的核心内容是评估和分析冲突解决的成效，明确其对团队或组织的长远影响。以下详细展开这一阶段的不同方面。

（一）正面结果

正面的冲突结果能够提高团队效能和成员之间的信任。

1. 增强团队凝聚力：通过解决冲突，团队成员间的理解和信任可能增强，从而促进更紧密的合作关系。

2. 促进创新和学习：开放的讨论和冲突的解决可以激发新的观点和解决方案，推动团队的创新和学习。

3. 提高决策质量：冲突过程中的讨论和反思可能提高决策的全面性和质量。

（二）负面结果

没有妥善处理的冲突可能导致一些负面结果，这些负面结果可能长期影响团队的士气。

1. 降低团队士气：持续的冲突和分歧可能导致团队成员的疲惫和沮丧，从而降低整体士气。

2. 导致分裂和疏远：如果冲突没有得到适当解决，可能会在团队内部形成隔阂和分裂。

3. 减缓项目进展：过度的冲突和不一致可能妨碍项目进展和执行。

（三）结果评估和反馈

冲突的结束阶段不仅涉及结果的直接影响，还包括对整个过程的反思和评估。

1. 分析冲突解决的效果：通过定量和定性的方法评估冲突解决方案的效果和持续性。

2. 提供反馈和学习：鼓励团队成员分享他们的经验和教训，以便将来更好地处理类似冲突。

（四）长远影响

冲突的解决不仅对当前项目有影响，还可能对整个组织的文化和长远发展产生影响。

1. 塑造组织文化：有效的冲突解决可以塑造积极的组织文化，如强调合作和沟通。

2. 影响未来冲突解决：当前冲突的解决方式和结果可能成为未来处理冲突的参考和

模板。

# 冲突处理方式

冲突的处理是一项复杂且需要细致分析的任务。有效地解决冲突能够促进团队协作、提高组织效率，而错误的处理方式则可能加剧冲突，损害团队凝聚力。

## 一、合作（协同解决）

### （一）定义

通过积极沟通和协调，寻找一个双方都满意的解决方案。

### （二）优点

增强团队凝聚力，促进共同理解和信任。

### （三）缺点

可能需要较多的时间和努力。

### （四）适用场合

当双方都关心结果，并愿意投入时间和努力时。

## 二、妥协

### （一）定义

通过各方做出让步，达到一个大家都可以接受的平衡点。

### （二）优点

快速解决问题，减少紧张和对立。

### （三）缺点

可能牺牲长期利益，导致双方都不完全满意。

### （四）适用场合

当需要快速解决问题，或者双方的立场相近时。

## 三、竞争（强制）

### （一）定义

一方强势推进自己的立场，可能通过权威或压力来实现。

### （二）优点

在紧急情况下快速解决问题。

### （三）缺点

可能损害关系，降低团队凝聚力。

### （四）适用场合

在关键问题上需要迅速采取行动时。

## 四、回避

### （一）定义

通过回避或推迟，不直接处理冲突。

### （二）优点

可以避免短期的紧张和对立。

### （三）缺点

长期可能导致问题恶化。

### （四）适用场合

当问题不重要，或者现在不是解决问题的合适时机时。

## 五、迁就（屈从）

### （一）定义

一方选择屈服于另一方的需求或要求。

### （二）优点

短期内快速解决冲突，维护和谐关系。

### （三）缺点

可能导致长期不满和紧张。

### （四）适用场合

当维护和谐关系比解决问题更重要时。

## 六、整合（创造性解决）

### （一）定义

尝试通过创造性思维，找到一个全新的解决方案，以满足各方的需求。

### （二）优点

可能找到双方都非常满意的解决方案。

### （三）缺点

需要时间、努力和创造力。

### （四）适用场合

当采用标准方法也无法工作，需要采取新的视角和思路时。

冲突处理方式应该考虑冲突的性质，双方的需求和关系，以及组织的长远利益，根据具体情况灵活选择。恰当地使用上述方式有助于将冲突转化为促进团队成长和发展的机会（图 12-1）。

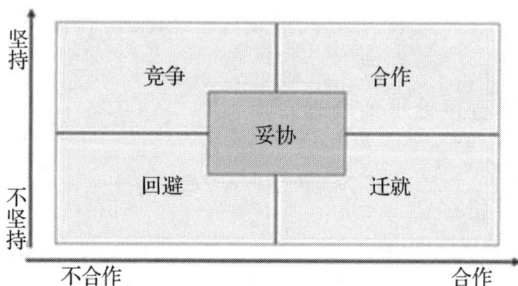

图 12-1　冲突处理方式

# 跨文化交际

在当今全球化的背景下，跨文化交际已成为许多组织的日常内容。团队成员可能来自不同的文化背景，带着各自的价值观、沟通风格和期望进入团队。了解这些差异并妥善处理是有效沟通和冲突解决的关键。

跨文化沟通是一项复杂而敏感的任务，它要求团队成员理解、适应并尊重各自的文化差异。它有以下五种策略。

## 一、增强文化意识

（一）自我意识

理解自己的文化背景，了解自己可能对其他文化产生的先入为主的观点。

（二）他人文化了解

努力了解团队成员的文化背景、信仰、价值观和习俗，以便更好地理解他们的行为和反应。

（三）肯定文化多样性

鼓励和支持团队内的文化多样性，将其视为一种资源而非障碍。

## 二、清晰沟通

（一）避免模糊性

避免使用特定文化的隐喻、俚语或幽默，因为它们可能在不同文化背景下引起误解。

（二）使用普遍理解的语言

尽量使用简单、明确的词汇和句子结构，确保信息对所有人都是清晰的。

（三）非言语沟通

注意肢体语言、面部表情和语调，因为这些也可能在不同文化中有不同的解释。

## 三、倾听与理解

（一）积极倾听

通过目光交流、点头和鼓励性的姿势表现出真实的倾听。

（二）态度开放

对不同文化观点持开放态度，尝试理解而非评判。

（三）反馈和确认

通过反馈和确认确保正确理解了对方的意图和情感。

## 四、灵活调整

（一）沟通风格的适应

根据对方的文化背景和沟通风格灵活调整自己的沟通方式。

（二）情境适应性

考虑文化背景对特定沟通情境的影响，如商业会议、社交聚会等。

（三）技术适用性

考虑在跨文化沟通中使用何种沟通工具或技术平台，以满足所有参与者的需求和习惯。

## 五、构建信任

（一）透明沟通

保持沟通的透明度和一致性，以建立信任。

（二）诚信守诺

通过展现诚信和兑现承诺来赢得团队成员的信任。

（三）共同价值观

寻找和强调团队成员之间的共同价值观和目标，以加强团队凝聚力。

跨文化沟通不仅是一项技能，更是一种思维方式，要求我们以开放、包容、适应的态度与不同文化背景的人沟通和合作。正确运用以上这些策略可以促进团队内的有效沟通、加强团队合作，并有助于解决可能出现的跨文化冲突。

### 【案例】轮岗的冲突

HR 部门有主管 A、助理 B、招聘专员 C、培训专员 D，还有一名文员 E 处理考勤。HR 部门经理为了让下属都有所提升，在他们日后的职业生涯中能横向、纵向发展，经过长时间的考虑与调查，决定在部门内进行轮岗：B、C、D 三人交换岗位工作，文员 E 的工作暂时不动。在轮岗前 HR 部门经理已开会公布这么做的原因，但助理 B 一心想晋升，但又未达到主管的水平，他认为轮岗是降级，所以在与另两位同事交接工作时很不配合，而且很多工作上的细节都没有交接到位，时不时还会与 C、D 发生口角。

［分析］

助理 B 没有给自己定好位，基础也不够扎实。如果这个时候晋升，即使坐到主管位置上也会出现问题。而且轮岗只是让员工在工作技能上多功能化，并非降级或调岗。

［点评］

HR 部门经理应先与专员 C、D 沟通，让这两位专员接受轮岗的安排，并让他们知道这样做给他们带来的好处多多。这样他们才能尽力工作。再与助理 B 进行沟通，告诉他公司帮他做的职业规划、晋升路线及轮岗对他的好处等。让他认同后，再对他目前的不足之处进行点评，并且要让他认识到自己的不足。只有认识到自己的缺点，人才能成长，才能虚心学习，与同事友好相处。

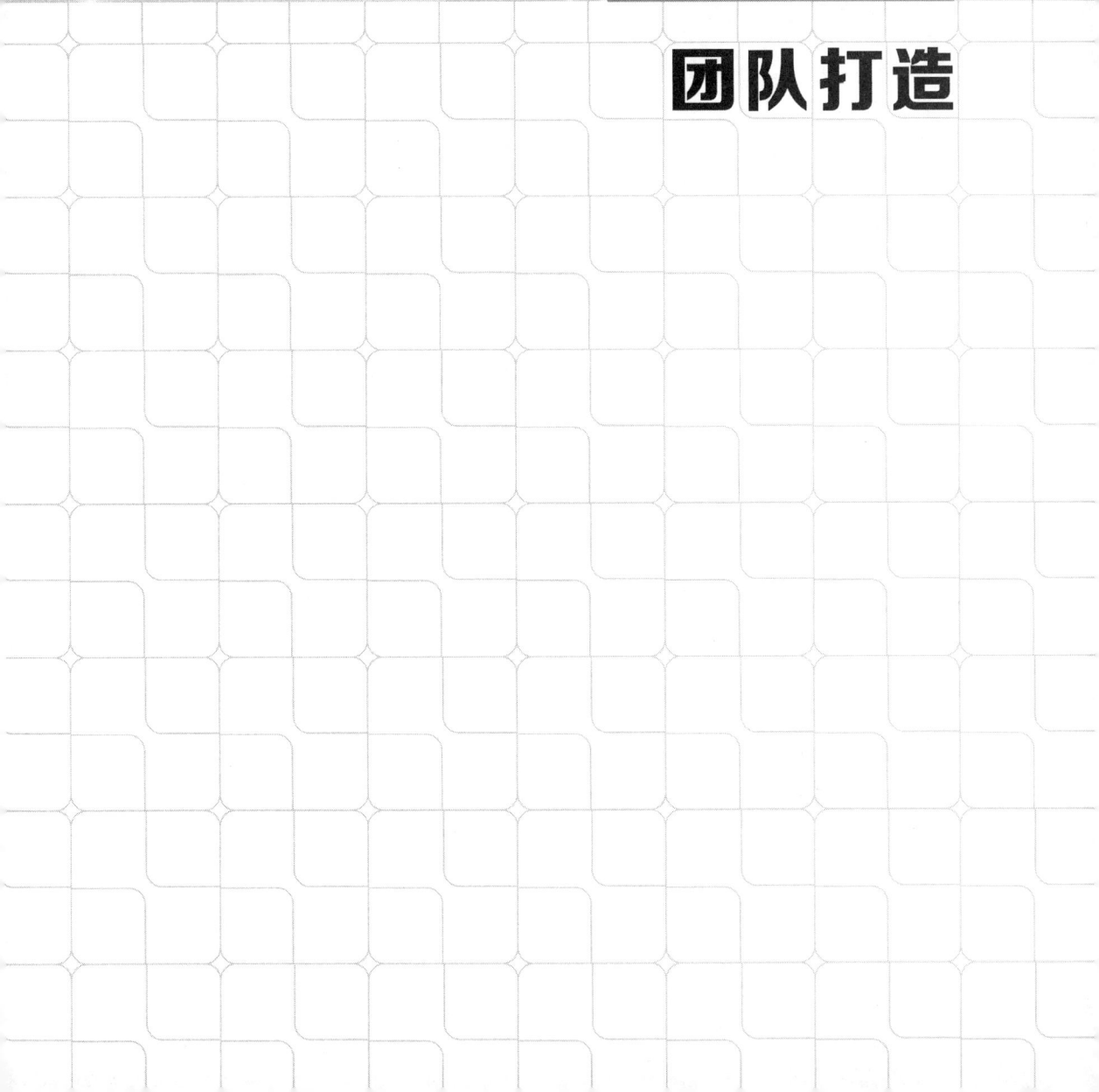

# 第四部分

# 团队打造

# 第十三章　团队建设

随着团队沟通和协作的基础逐渐奠定，我们进入团队建设这一重要环节。团队建设不仅仅要组织和管理人员，更要打造一支富有活力、充满创造力和深具协同精神的团队。本章将继续之前关于团队激励、团队沟通的讨论，更深入地探讨团队的目标设定、目标实现、渠道探索及团队管理层的培养。

团队建设是一个复杂而富有挑战性的过程，涉及许多领域和技能。无论是目标的设定与实现，还是团队的组织与管理，都需要精心策划和执行。团队建设不仅包括人员的招募和分工，还包括激发团队成员激情、建立信任、促进创新等，确保团队的整体方向与公司或组织的长期战略目标相一致。

在本章中，我们将通过不同的角度深入了解团队建设的各个方面，以及如何将一群不同背景、不同技能的人融合成一个有凝聚力的团队。我们将从团队目标的设立开始，讲述如何确立明确、可实现的目标，并将这些目标转化为实际行动。我们还将探讨如何在团队中培养领导层，使他们能够带领团队走向成功。

## 第一节　团队目标建设

团队目标建设是团队建设过程中的基础环节，涉及团队的愿景、方向和使命。与个人目标相比，团队目标的设立更为复杂，需要充分考虑团队的整体特点和个体差异，同时还要与组织的整体战略相一致。

### 团队目标的重要性

团队目标不仅激发团队成员的积极性和创造力，还能确保团队的工作方向与组织的长远计划相一致。良好的团队目标可以增强团队凝聚力，激发成员的责任心，促进团队成员之间的协同合作。

#### 一、激发成员激情和责任感

明确的团队目标可以激发团队成员的工作激情和责任感。一个有挑战性且可实现的目标能够让团队成员感到兴奋和有成就感，激发他们的积极性和主动性。

## （一）明确的追求

有了清晰的团队目标，成员们能够知道正在努力实现什么，这样的明确性可以增强工作的意义和价值感。

## （二）个人与团队的结合

当团队目标与个人目标紧密结合时，成员会感受到自己对团队的贡献和价值，从而增强责任感。

## （三）挑战与可达成性

一个既有挑战性又可实现的目标能够激发成员的斗志和激情，推动他们跳出舒适区，追求卓越。

## （四）正反馈机制

对团队目标达成进展的持续评估和反馈、及时给予肯定和鼓励，可以持续激发成员的工作热情。

通过合理的目标设定和管理，团队领导可以激发成员的激情和责任感，促使他们全身心投入团队的工作中。

## 二、促进团队协同合作

团队目标作为共同的追求，促使团队成员之间协同合作。每个成员都明白团队目标的实现依赖于集体的努力，从而更加愿意与他人合作，共同努力实现目标。

## 三、评估团队绩效的标准

团队目标还可以作为评估团队绩效的重要标准。团队的工作成果和进展可以与目标进行对比，及时发现问题，调整战略，确保目标的实现。

## （一）共同的方向

团队目标提供了共同的工作方向，确保大家都是同一目标，减少资源的浪费和方向的混乱。

## （二）互补与合作

通过团队目标，成员能够清楚地了解自己的角色和其他人的角色，从而更好地互补和合作。

## （三）透明与信任

明确的团队目标增强了团队内部的透明度，促进了信任的建立。信任是高效合作的基础。

团队目标的重要性不仅体现在导向作用上，还涉及团队协作、成员激励、绩效评估及组织战略实现等多个方面。合理的团队目标能够将团队的能量集中在正确的方向上，促使团队成员共同成长和团队持续成功。它是团队成功的基石，也是激励团队前进的强大动力。

# 团队目标的制定

团队目标的制定是一个复杂而重要的过程，涉及多个因素和关键步骤。

## 一、明确团队愿景

团队愿景是对团队未来的长远设想和方向。它激发团队成员的激情，形成共同价值观，是团队工作的航标灯。

（一）分析组织的整体战略

1. 理解战略目标：深入理解组织的战略目标和愿景，确保团队的方向与组织整体战略一致。

2. 识别关键因素：确定与团队工作直接相关的战略因素，包括市场定位、竞争优势、客户需求等。

（二）定义团队的核心价值和使命

1. 共同价值观：组织团队讨论，找出团队成员共同认同的价值观和原则。

2. 使命陈述：明确团队的基本使命和存在意义，如解决特定问题、满足特定需求等。

（三）具体化团队愿景

1. 可视化：将团队愿景转化为具体、生动、可感的图景，增强团队成员的共鸣。

2. 量化指标：为团队愿景设立具体可衡量的指标，以便团队成员明确自己的工作方向和目标。

## 二、设立短期目标与长期目标

团队目标的制定应注意短期与长期的平衡。合理的目标设定有助于保持团队工作的连续性和协调性。

（一）短期目标

1. 明确性：短期目标应具有明确的任务、时间、责任人等要素。

2. 可衡量性：设立具体的衡量标准和指标，以便准确评估进展和成效。

3. 可操作性：确保短期目标与团队的资源、能力相匹配，易于执行。

（二）长期目标

1. 方向性：长期目标指导团队的整体方向和远景，与团队愿景密切相关。

2. 灵活性：长期目标需要有一定的灵活性，以适应市场和环境的变化。

3. 挑战性：设立一定的挑战性，激发团队成员的积极性和创造力。

## 三、参与式目标制定

参与式目标制定意味着所有团队成员都参与目标设立过程，从而提高目标的透明度和成员的参与感。

（一）促进共识形成

团队成员通过参与，对目标有更深入的理解，增强了对目标的认同感和承诺度。

（二）充分利用资源

团队成员的专业知识和经验可以为实现目标提供丰富的资源，增加目标的可创造性和可实现性。

（三）提高沟通效率

参与式目标制定也是一个沟通过程，有助于团队成员之间的相互理解和协调。

（四）方法和步骤

1. 确立大方向：首先明确团队的总体方向和愿景。

2. 收集意见：邀请团队成员分享他们的观点和建议。

3. 共同讨论：组织会议讨论，共同分析、评估并优化目标设立。

4. 达成共识：确保所有团队成员都对最终的目标感到满意，并进行承诺。

## 四、目标可实现性分析

设立的目标既要具有挑战性，又要具有可实现性。目标可实现性分析的主要步骤如下。

（一）资源评估

分析团队的人力、财力和物力资源，确保这些资源与目标相匹配。

（二）能力评估

了解团队成员的技能和经验，确保目标与团队能力相匹配。

（三）风险评估

识别可能威胁目标实现的风险因素，并提前制定应对措施。

（四）设立中间里程碑

设立可达成的中间目标，有助于保持团队的动力和方向。

（五）灵活调整

目标不应是固定的，而应根据团队及外部环境的变化进行调整。

团队目标建设不仅是团队管理的基础，而且是团队发展的动力源泉。它需要团队领导的深入了解和周密规划，也需要团队成员的积极参与和共同努力。通过合理的目标制定，团队可以确立明确的发展方向，不断迈向成功。

**【案例】偷懒**

A 公司是一家国内顶级的信息通信产品公司。这天，A 公司临时接到国内某大型网络公司的一笔订单，对方要求 A 公司在极短的时间内为其开发一款第三方网络交互软件，并且该网络公司承诺如果 A 公司可以顺利完成任务，今后将跟 A 公司建立长期合作关系。

A 公司老总自然不敢怠慢，立刻从编程部门抽调了 6 名优秀的编程人员，组成一个项目团队，并且任命在工作中表现最为优异的小 K 作为这个项目团队的负责人。由于这个订单对公司的发展至关重要，老总走的时候放下狠话：如果不能按时完成任务，你们今后就都不用来公司上班了。老总的一席话无疑把每个人都逼上了绝境，团队中的每个成员开始积极地搜集相关资料，分析客户深层次需要，设计软件的组织构架……每个人可谓就就业业，以期按时完成任务。

可是，一段时间后，团队中部分成员的积极性就开始下降了，惰性也日渐显露，虽然每个人表面上看去都在做事情，可是整个工作进度却明显不如从前。作为负责人的小 K 自然是看在眼里，急在心里。小 K 也曾私下找过那几个"偷懒"的团队成员谈过，可是每个人都借口任务太艰巨了，自己能力有限，已经尽力而为了。这样的回答让小 K 无话可说。

在接下来的时间里，小 K 不得不和其他团队成员付出加倍的努力，每天起早贪黑、披星戴月，以保证项目可以顺利按时完成。经过三个月的艰苦努力，大家终于按时完成了任务。然而当每个团队成员都从老总手里接过 5000 元钱奖金的时候，小 K 他们几个曾为团队立下汗马功劳的团队成员却怎么也高兴不起来。

**[点评]**

在知识大爆炸的时代，工作对个体的要求增加、难度增大，依靠某个人独立完成某项工作已经越来越不现实了。对于团队领导来说，整合团队资源，调动团队成员的工作积极性，提高团队整体绩效，保质保量完成目标，显得尤为重要。

团队是由不同的个体组成的，每个个体的思维方式、做事风格迥异，所以在团队工作过程中，某些问题会逐渐露出头角并进一步显性化，从而影响到团队的整体绩效。案例中的这个团队的管理肯定出了问题，团队合作氛围遭到破坏，员工的工作积极性必受挫伤。

在一个团队中，造成团队绩效低的原因有很多，总体来说可以概括为以下几点：一是团队目标不明确，缺少指引团队成员前进的指路灯，致使其如断线的风筝漫无目的地工作，这也是导致国企效率低下的一个重要原因；二是团队成员职责分工不清晰，每个成员在团队中承担的角色定位不清楚，成员之间工作职责交叉或者缺失，易引起团队内部互相扯皮，增加内耗；三是与团队运作相关的制度不健全，对成员的约束或者激励机制尚未形成，干多干少一个样，部分成员往往会存在"搭便车"心理，偷懒现象时常发生；四是团队无沟通机制，或者沟通机制不畅通，信息共享不够，"你唱你的调我哼我的歌"，无法在团队内部形成合力。

# 第二节　团队目标完成

目标设立是团队建设过程的第一步，但设立目标并不是关键，如何使团队一起努力实现这些目标才是关键。团队目标的完成不仅体现了团队的效能，还塑造了团队成员之间的互动和协作关系。

本节将深入探讨团队目标完成的过程，分析团队成员对团队目标的价值与贡献，并提供实用的方法和策略，以确保团队目标的成功实现。

## 团队成员的价值与贡献

团队目标的实现取决于每个成员的努力以及如何与其他成员协同工作。此部分将详细探讨团队成员在实现团队目标中的价值与贡献，分析如何通过角色理解与分工、互相信任与支持来增强团队的整体效能。

# 一、角色理解与分工

团队目标完成的过程中，角色理解与分工是推动效率和协同的关键因素。

## （一）定义角色和职责

1. 明确角色定位：团队成员需对自己的角色有清晰的认识，理解自己在团队中的地位和作用。角色定位是确定职责和期望的基础，有助于确保团队成员明确知道自己的工作内容。

2. 职责描述：为每个团队成员编写详细的职责描述，概述他们的主要职责、工作范围、预期成果等，有助于消除混淆和不确定性。

3. 期望设定：团队领导应与成员讨论并设定明确的期望，以确保每个人都清楚自己需要达到的标准和目标。

## （二）沟通与合作

1. 开放沟通：促进开放和透明的沟通，确保所有团队成员都了解自己的角色和其他人的职责，从而增强团队合作。

2. 团队协作平台：可以使用各种协作工具和平台，如 Slack、Microsoft Teams 等，以提高团队沟通效率，确保信息畅通。

## （三）个人能力与团队需求的匹配

1. 能力评估：了解团队成员的技能和兴趣，以便为他们分配与能力相匹配的职责。

2. 灵活分配：在项目过程中，可能需要根据项目需求和团队成员的技能进行职责调整。灵活分配有助于充分利用团队资源，提高工作效率。

## （四）持续监控和反馈

1. 定期检查：团队领导应定期与每个成员进行一对一的检查，以了解工作进展和可能的挑战。

2. 及时反馈：提供及时的、积极的建设性反馈，有助于团队成员及时调整工作方向和方法，保证项目的顺利进行。

角色理解与分工是团队成功的基础。明确的角色和职责、有效的沟通和合作、个人能力与团队需求的匹配、持续的监控和反馈，共同构成了团队角色分工的整体框架。通过这些方法，团队可以确保每个成员都在合适的位置上发挥自己的长处，从而共同推动团队目标的完成。

# 二、互相信任与支持

团队的核心是人际关系，而信任与支持是维系人际关系的关键元素。在团队中，信任并不是一夜之间就能建立的，它涉及诸多复杂的因素。以下是团队中互相信任与支持的几个关键方面。

## （一）建立信任关系

1. 透明沟通：信任的基础在于开放和透明的沟通。团队成员需要感觉自己的声音被听到，自己的意见被重视。

2. 保守秘密：信任需要团队成员能够相互保守秘密，不在团队外部透露敏感信息。

3. 信守承诺：承诺的履行是建立信任的一个重要方面。团队成员需要知道他们可以依靠彼此来履行承诺。

（二）相互支持和协助

1. 合作精神：合作精神强调的是共同努力和同心协力。每个团队成员都需要感觉到自己是团队的一部分，而不是孤立无援的。

2. 互相教育和学习：团队成员应该愿意分享他们的知识和技能，并从其他成员那里学习。

3. 协助解决问题：当某个团队成员遇到困难时，其他成员应该主动提供帮助和支持。

（三）共享责任感和成就感

1. 责任感：团队成员需要有共同的责任感，知道自己在团队中的角色及重要性。

2. 共享成功：团队的成功属于每个成员，不应归功于个别人。团队成员应共同庆祝胜利，共同享受成功的喜悦。

（四）鼓励开放和真诚的反馈

1. 建设性批评：团队成员应当鼓励并接受建设性的批评。这种批评不是为了指责，而是为了帮助成员改进和成长。

2. 敞开心扉的沟通：团队内部的沟通应当是开放和诚实的，无论是赞扬还是批评，都应该直言不讳。

互相信任与支持是团队协同工作的基础，涉及多个层面和方面。团队领导和成员必须共同努力，通过明确的沟通、积极的合作、共享的责任感和开放的反馈机制，培养和维护团队内部的信任关系。信任一旦建立，就会成为团队凝聚力的强黏合剂，帮助团队更有效地实现目标。

团队成员的价值与贡献是实现团队目标的关键。了解和尊重每个成员的独特价值，确保他们的角色和工作与团队的整体目标一致，是团队成功的重要因素。通过角色理解与分工、互相信任与支持，团队不仅可以实现目标，还可以建立一种积极、协作的工作环境，有助于团队的长期成功和稳定。

# 目标实现策略

团队目标的实现需要精心策划和管理。

## 一、定期回顾与调整

团队目标的实现不仅需要明确设立，还需要在执行过程中不断地回顾和调整。这一步骤至关重要，因为它允许团队在实现目标的路径上进行必要的微调，确保与最初的目标和期望保持一致。以下是关于定期回顾与调整过程的详细讨论。

（一）定期检查

1. 检查频率：定期检查应与目标的性质和团队的需求相匹配。例如，短期目标可能需要每周检查，而长期目标可能需要每月或每季度检查。

2. 进展追踪：通过使用项目管理工具和数据分析，团队可以追踪目标的进展，确保任务的按时完成。

3. 参与者：定期检查应包括团队领导和所有相关团队成员，以确保全面了解项目的状态。

（二）灵活调整

1. 调整理由：如果团队发现目标进展不如预期或者外部环境发生变化，应该灵活调整策略。

2. 与目标对齐：调整应保持与初始目标的一致性，不偏离原先设定的目标方向。

3. 沟通与透明度：调整过程应该透明并与所有团队成员沟通，确保每个人都明白变动的原因和新的方向。

（三）成员参与

1. 鼓励反馈：在整个过程中应鼓励团队成员提供反馈，无论是关于目标的进展还是关于如何改进的建议。

2. 共同责任：每个团队成员都应认为实现目标是共同的责任，而不仅仅是领导层的任务。

3. 协同工作：团队的协同工作不仅可以促进目标的成功实现，还可以增强团队内部的凝聚力和信任。

定期回顾与调整是团队实现目标的关键部分，可以确保团队不偏离正确路径并能灵活应对不断变化的需求和挑战。通过定期检查、灵活调整和成员参与，团队可以更有效地实现目标，同时团队内部的协作和沟通也得到了增强。总体而言，这一过程可以让团队保持对目标的关注，确保最终实现所设定的目标。

## 二、奖励与激励

目标实现过程中的奖励与激励不仅可以提高团队的工作积极性和满意度，而且可以强化团队成员对目标重要性的认识和追求。以下细分了一些关于奖励与激励的主要方面。

（一）个人奖励与激励

个人奖励与激励着重于针对团队中每个成员的特定需求和兴趣。

1. 个人成就的认可：通过个人表彰、荣誉证书等方式，正式或非正式地肯定个人对目标实现的贡献。

2. 职业发展的支持：通过提供培训、教育、晋升机会来激励成员。

3. 灵活的工作安排：根据个人需求提供灵活的工作时间或远程工作机会。

（二）团队奖励与激励

团队奖励与激励着重于激发团队的凝聚力和合作精神。

1. 团队建设活动：组织与目标有关的团队活动或工作，以促进沟通和合作。

2. 共享成功的经验：通过共享成功案例和学习经验，增强团队成员之间的信任和理解。

3. 集体奖励：当团队实现重要里程碑时，提供集体奖励，如团队聚餐、旅行等。

团队目标完成是团队成功的核心环节。通过明确的分工、有效的协作、合理的目标设立、建立激励机制，团队能够共同努力，确保实现目标。团队领导和成员必须共同努力，彼此信任和支持，以确保目标的顺利实现。只有团队目标与个人目标紧密相连，团队成员才会全身心地投入，共同迎接挑战，实现团队的长远成功。

### 【寓言】刺猬效应

冬天里刺猬面临两难的困境。天气太冷，两只刺猬靠在一起取暖。靠得太近，会被对方身上的刺扎到，于是离远一些。离得太远，又感觉到冷，于是靠近一些。这样反反复复地靠近又离远，两只刺猬终于找到一个既不会冻着也不会扎着的最佳距离。

这是德国哲学家叔本华在散文集中收录的一则寓言故事，用以说明人们之间的亲密程度，也像刺猬一样面临着困境。我们渴望靠近他人，却又对过于亲密的关系产生恐惧。在组织中，我们也很难把握成员之间相互连接的紧密度，太松造成效率低下，太紧造成某个利益小集团，导致组织的割裂。

在很多管理者看来，团队带来的不是推动力，而是麻烦，业绩差、人际关系紧张、执行力差、效率低下、不同意见无休止地争论等，都使管理者陷入绝望。他们更多地感知到的是个体带来的负担，而不是团队的合力。每名管理者都期望团队成员优秀，更希望看到团队高绩效的表现。但在实际过程中，管理者却有着其他的忧虑，他们担心团队因授权而失控、因授权而不唯领导是从、因团队成员过多参与而使自己的权威受到挑战。于是他们继续提供一切问题的解决方案，继续成为唯一的拯救一切危难的英雄人物。

人们喜欢在团队中工作，不是因为金钱与福利，而是因为在团队工作中的自豪感、成就感和自我价值的实现，这是很重要的一点。从某种意义上来说，这种情感是无法用物质多寡来衡量的，因为自我实现的过程本身就是人们想要的。

[点评]

大多数人愿意加入一个认可自己、理解自己的团队。人们评价一个团队是否有归属感，其基本要点包括：

1. 团队中个体的体验感受。

团队是否有共同的目标？团队成员是否在同一方向上努力？团队成员间能否互补？团队成员相互依赖程度如何？团队合作是否快乐？

2. 团队成员间的相互关系。

谁来做决定？谁是主要的行动负责人？谁是推动者？

就像刺猬在冬天取暖一样，一个团队内的所有成员也一定会有一个交点，而这个交点应该可以把团队成员的最大共同之处挖掘出来。而团队建设的关键在于，能否让每一只刺猬都能够融入团队之中，让每一个伙伴都了解其他人的技能优势有哪些、贡献有哪些、在组织中的价值如何。只有这样，团队才能尽快地融合在一起。

### 【讨论】

1. 你的团队目标模糊或多变吗？

2. 你的团队成员达成了虚假共识了吗？

3. 你的团队有很多没有解决的人际矛盾吗？

4. 你的团队的会议经常议而不决吗？

5. 你的团队成员开会经常迟到或根本不来吗？

6. 你的团队成员并不觉得要彼此负责吗？

7. 你的团队成员互相猜忌防备吗？

8. 你的团队内部存在恶性竞争吗？

# 第三节　团队渠道探索

团队建设不仅限于内部成员的培训和协同工作，还涉及外部资源的探索和利用。团队渠道探索是一个关键环节，涵盖了寻找和发展与团队目标和战略相一致的各类资源和机会。这一过程强调灵活性、创造力和协同作战能力，确保团队可以在不断变化的环境中找到最适合的资源。

## 团队渠道概述

团队渠道是指团队通过某些特定的路径和方式，与外部资源和机会相连。这些资源可以包括信息、技术、人脉、市场、投资等，而机会则可以是市场开拓、项目合作、合作伙伴关系、战略联盟等。

团队渠道概述涉及团队如何与外界建立连接和互动的整体理解。为了实现特定的目标和任务，团队必须探索和利用各种外部资源和机会。

### 一、渠道的定义

团队渠道可以被定义为一个复杂的网络结构，通过该结构，团队可以与外部资源和机会相连。渠道包括了许多不同的路径和方式，允许团队获取信息、技术、市场、投资等多种资源。

（一）定义

渠道可以被理解为一种沟通、协作和资源交换的桥梁。它可以是信息渠道、技术渠道、人脉渠道，以及团队为实现目标和任务所必需的外部连接方式。

（二）种类

1. 信息渠道：用于收集和传播有关市场、技术、竞争对手等的信息。

2. 技术渠道：与外部技术供应商、研究机构等的联系通道，支持团队的技术发展。

3. 市场渠道：与潜在客户、合作伙伴、供应商等建立联系。

4. 投资渠道：涉及投资、融资和资本运作，为团队提供必要的财务支持。

（三）功能

渠道不仅是连接外部世界的通道，而且还具有筛选、加工和传递资源的功能，确保团队能够充分利用外部资源。

## 二、渠道的重要性

### （一）资源获取

团队通过外部渠道获得各种重要资源，如新技术、市场信息、投资和人才。例如，与大学或研究机构的合作可能带来前沿技术。

### （二）机会识别

渠道使团队能够及时发现和响应新的市场机会和商业趋势。通过市场分析和合作伙伴的反馈，团队可以更快地捕捉到潜在的商业机遇。

### （三）增强竞争力

系统地利用和管理渠道可以提高团队的竞争力。透明的信息流、高效的资源交换和有针对性的合作关系都有助于团队在激烈的市场竞争中获得优势。

### （四）环境适应

通过了解和利用外部渠道，团队能更好地适应不断变化的市场和技术环境。例如，通过跟踪新兴技术和消费者需求，团队可以及时调整策略和方向。

### （五）风险分散

通过多元化的渠道策略，团队可以分散某些商业风险。与不同类型和领域的合作伙伴建立联系，可以降低依赖单一资源或市场的风险。

## 三、渠道的特性

团队渠道的特性通常包括以下几点。

### （一）多样性

渠道可以采取多种形式和类型，如技术合作、市场推广、知识共享等。团队需灵活利用这些多样化的渠道来适应不同的需求和环境。

### （二）动态性

渠道不是一成不变的。随着外部环境的变化和团队需求的演变，渠道的类型和重要性可能会发生变化。团队必须灵活适应这些变化，不断调整渠道策略。

### （三）交互性

渠道不仅是团队获取资源的途径，还涉及与外部实体的互动和合作。有效的渠道管理要求团队与合作伙伴建立互信和共赢的关系。

### （四）风险性

渠道探索和利用可能涉及一定的风险，如合作失败、信息泄露等。团队需评估和管理这些风险，确保渠道策略的成功执行。

## 四、渠道的组成元素

团队渠道通常包括以下几个主要组成元素。

### （一）渠道目标

渠道目标是渠道探索和利用的核心驱动力。明确渠道目标有助于团队专注于符合其战略目标的渠道，确保资源的有效利用。

（二）渠道资源

渠道资源指团队通过渠道可以访问的外部资源，包括资金、技术、市场信息等。正确识别和利用渠道资源对团队成功执行任务至关重要。

（三）渠道伙伴

渠道伙伴指与外部组织或个人的合作关系。选择合适的合作伙伴并建立良好的合作关系是渠道成功的关键。

（四）渠道管理

渠道管理包括渠道选择、评估、监控和优化等一系列过程和方法。有效的渠道管理能确保团队最大限度地从渠道中获益。

团队渠道概述为我们提供了一个全面的视角，来理解团队如何与外部世界连接和互动。渠道是复杂的，涉及多个方面，但通过了解其定义、重要性、特性和组成元素，我们可以更好地理解和利用它们，以支持团队的目标和战略。

# 渠道类型

团队渠道的类型是多种多样的，其选择和应用涉及团队的具体需求、目标和所在行业的特点。以下详细介绍各个渠道类型的特点、应用和实际操作建议。

## 一、信息渠道

（一）定义与特点

信息渠道是一种将团队与外部信息资源连接的重要途径。这种渠道能够提供市场趋势、竞争对手分析、客户需求和社会环境等重要信息。信息渠道的特点在于能够持续提供关键信息，支持团队的战略规划、市场分析和风险管理等。

（二）应用场景

1. 市场分析：通过信息渠道，团队可以获得有关市场动态、消费者行为和竞争态势的数据和分析结果，有助于更精确地定位市场和制定策略。

2. 战略规划：信息渠道可以提供行业趋势、政府政策、经济环境等宏观信息，有助于团队的长期战略规划和定向。

3. 风险管理：准确及时的信息有助于识别潜在风险及不确定性，从而制定有效的风险应对策略。

## 二、技术渠道

（一）定义与特点

技术渠道指通过与技术提供商、研究机构、科研院所等合作，获取先进的技术和产品。这种渠道关注新技术的开发、现有技术的优化和技术成果的商业化等方面。

（二）应用场景

1. 产品开发：技术渠道可以为团队提供最新的技术和工具，支持新产品的开发和创新。

2. 生产优化：通过与技术供应商合作，团队可以引进先进的生产技术和设备，提高生产效率和质量。

3. 服务创新：通过技术渠道，团队可以探索新的服务模式和技术，以增强服务能力和竞争优势。

### 三、市场渠道

市场渠道的选择和运作是团队的一项重要任务，不仅直接关系到产品的销售，而且影响到团队在市场中的定位和竞争力。

（一）定义与特点

市场渠道是指团队通过一系列有组织的中间环节把产品或服务传递给消费者的过程。它包括直销渠道、分销渠道、电子商务渠道等。

1. 直销渠道：团队直接与最终用户交互，无中间环节。

2. 分销渠道：通过分销商、经销商等中间商把产品送到消费者手中。

3. 电子商务渠道：通过网络和移动应用等电子方式，连接团队和消费者。

（二）应用场景

市场渠道的应用场景极为广泛，涵盖了市场扩展、客户获取、销售增长等方面。

### 四、投资渠道

投资渠道在团队的发展中不可或缺，它连接团队与资金市场，以支持项目融资、企业扩张、合并和收购等目标。

（一）定义与特点

投资渠道涉及与投资者、金融机构、风险资本等合作，寻找投资机会和融资渠道。

1. 银行贷款：通过商业银行或专业金融机构获取贷款。

2. 风险投资：寻找风险投资公司或个人投资者投资。

3. 股权融资：通过发行股票，将公司股份出售给公众投资者。

（二）应用场景

投资渠道的主要应用场景包括项目融资、企业扩张、合并和收购等。

团队渠道类型的选择和应用是一项复杂而关键的任务，涉及多个层面的考虑和协调。通过对各类渠道的深入了解和精心选择，团队可以更有效地连接到外部资源和机会，从而推动自身的发展和成功。

## 渠道探索策略

渠道探索是团队与外部世界连接的重要桥梁，涉及许多复杂和微妙的因素。成功的渠道探索需要明确的策略和方法。

### 一、市场研究

市场研究是理解目标市场和识别潜在机会的过程。详细步骤如下。

（一）收集信息

有效的市场研究开始于广泛收集信息。

1. 市场报告和行业分析：订阅专业的市场研究机构报告，以获取深入的行业见解。

2. 在线资源和社交媒体：利用网络资源，包括社交媒体，了解市场趋势和消费者反馈。

3. 与潜在客户和合作伙伴的访谈：更深入地了解他们的需求和期望。

（二）分析竞争态势

了解市场上的竞争对手，可以洞察先机。

1. 竞争对手分析：识别主要竞争对手，并分析其优势、劣势、机会和威胁。

2. 定位分析：使用 SWOT 分析等工具，确定团队在市场中的位置。

（三）识别机会

基于所收集的信息，团队可以识别潜在的市场机会。

1. 机会评估：对每个识别的机会进行评估，以确定其可行性和潜在回报。

2. 合作伙伴选择：识别可能的合作伙伴，并评估如何与他们合作可以将机会最大化。

## 二、风险评估

风险评估是渠道探索过程中至关重要的一环。在选择合适的渠道之前，理解和量化可能的风险非常重要。

（一）风险识别

风险识别是指确定潜在渠道可能带来的风险。

1. 财务风险：包括资金流动性风险、信贷风险、市场风险等，可能影响团队的资金状况。

2. 合作伙伴风险：涉及合作伙伴的不可预测行为，如失信、合同违约等。

3. 市场风险：市场环境的不确定性可能影响渠道的可持续性和盈利能力。

（二）风险量化

对识别的风险进行量化评估，以理解风险的可能性及影响程度。

1. 使用评分系统：创建评分系统对风险进行分类和排序。

2. 计算风险暴露：量化风险可能带来的潜在损失。

3. 构建风险矩阵：将风险的可能性和影响程度结合在一起，可视化风险状况。

（三）制定缓解策略

针对每个识别的风险，制定缓解策略。

1. 风险转移：例如，通过合同条款将风险转移给第三方。

2. 风险减轻：指制定方案减少某一风险的可能性或影响程度。

3. 风险接受：指有意识地选择接受某些风险，并准备应对可能的后果。

## 三、建立关系

成功的渠道探索需要与潜在合作伙伴建立并维护良好的关系。

（一）选择合作伙伴

选择合作伙伴时要综合考虑诸多因素，如信誉、资源、战略对齐等。

（二）建立联系

通过各种方式建立联系，如业务会议、社交媒体互动、电话沟通等。

（三）维护关系

长期关系的维护需要投入时间和资源，涉及定期沟通、问题解决、共同目标追求等。

## 四、持续评估和改进

渠道探索不是一次性任务，而是需要持续关注和改进的过程。

（一）监控效果

通过指标如回报率、合作伙伴满意度等来持续监控渠道探索的效果。

（二）学习和调整

从每一个阶段中学习，并根据反馈和结果不断调整策略。

（三）与整体战略对齐

确保渠道探索与团队的整体战略保持一致，及时调整以反映整体战略的变化。

渠道探索策略不仅要求团队了解自己和外部环境，还要求具有灵活性、创造力和协同作战能力。通过明智地选择和利用各种渠道，团队可以有效地连接到所需的资源和机会，支持其长期的成功和增长。

总的来说，团队渠道探索是团队建设过程中的一个关键环节，涉及与外部环境的互动和利用。通过明智地探索和利用各种渠道，团队不仅能够获得必要的资源和机会，还能够保持灵活性和竞争力，以适应不断变化的商业环境。

### 【案例】苹果的创新

关于苹果公司的开放式创新，有三条重要的经验特别值得借鉴。

#### 一、创新既来自企业内部，也来自企业外部

苹果公司擅长将自己的想法和来自外部的技术结合起来，然后用一流的软件和漂亮的设计进行包装。苹果告诉我们，不能单纯依靠自身的创新，而要善于接收外部的创意。苹果的创新特色，经常使人们将它与爱迪生、贝尔实验室相提并论。人们印象中的创新是公司将工程师锁起来，大家一起寻找灵感。而苹果的创新是将自己的策划与外界的技术巧妙结合在一起，并在一流的软件和时尚的设计方面进行充分的包装。

比如 iPod 音乐播放器的创意就是由苹果聘用的一个项目顾问首先提出来的。他将现货供应的零件与苹果的内部优势——如有特色的、方便的控制操作系统——结合在一起。通过设计，iPod 音乐播放器与苹果的自动点唱软件 iTunes 紧密结合在一起，而这个软件也是苹果从外部购买并经过升级改造的。苹果公司成为一个将各种技术综合起来的"管弦乐队"，同时不排斥来自外部的创意，并能通过自己的手法将这些技术融合在一起。

#### 二、苹果阐释了围绕使用者的需要而不是技术的需要来设计新产品的重要性

苹果阐释了设计新产品应当围绕着使用者的需要而不是技术的需要这一观点的重要

性。很多科技公司认为自己的技术处于领先地位，这样就让产品畅销了，实际上最后研发出的只是一个工程师为另一个工程师设计的小玩意儿，并不为市场所接受。苹果一直以来就善于将先进的技术和简单的应用结合起来。

**三、苹果公司通过 AppStore 统一管理 iPhone 应用软件的销售**

发送、收费、宣传由苹果公司全面负责，因此，开发者可以专心开发优秀的应用软件。由此可见，iPhone 改变的不是自己一款产品的销售模式，而是改变了以往移动平台四分五裂的局面，建立了一个全新的统一平台，以及让生态系统中的多方都获益的新模式。

［点评］

开放式创新是指在一个人才遍布的世界，企业要想在创新上胜人一筹，就必须利用人才的智慧。iPhone 的 App 应用程序和开放创新很有关系。苹果手机面市时被世人喜爱的是它独特的触摸屏，但后来令它成功的却是小程序。这些小程序的开发不需要很高的编程水平，因此苹果手机面市第一年，就产生了 20 万个小程序。依靠 App 应用程序，苹果手机很快拉开了与其他手机的距离。

# 第四节　团队管理培养

团队管理培养是团队建设过程中的重要组成部分，它关注如何培养和发展团队的管理能力。强有力的团队管理不仅有助于团队达到既定目标，而且能够激发团队成员的潜力，增强团队的凝聚力和创新能力。本节将探讨团队管理培养的重要方面，包括管理层的能力和角色、培训和发展计划。

## 管理层的能力和角色

团队管理层的能力和角色是团队成功的关键因素。一个卓越的管理层能够提供明确的方向，促进团队协作，确保资源的有效分配，并充分激发团队成员的潜力。以下是团队管理层的主要能力和角色的详细探讨。

### 一、领导能力

（一）塑造愿景

管理层需要为团队设定清晰的愿景和目标，使团队成员理解并积极响应。

（二）激励团队

通过正面的反馈和认可，激发团队成员的积极性和创造力。

（三）决策能力

做出及时和明智的决策，以支持团队的目标和战略。

## 二、沟通能力

### （一）打开沟通渠道

确保信息在团队内部畅通无阻，促进开放、诚实和透明的沟通。

### （二）解决冲突

通过有效沟通，识别和解决团队内部的冲突和不同意见。

### （三）外部沟通

与组织的其他部门和外部利益相关方有效沟通，确保团队目标与组织战略一致。

## 三、决策能力

### （一）分析和评估

通过分析数据和信息，评估各种方案的优缺点，做出最有利于团队的决策。

### （二）风险管理

评估决策可能带来的风险，并采取适当措施降低风险。

### （三）及时决策

在需要迅速采取行动的时候，做出快速而明智的决策。

## 四、协调能力

### （一）资源协调

确保团队资源得到最佳利用，包括人、财、物等资源。

### （二）项目协调

确保团队项目按时完成，满足预定标准和预算。

### （三）利益相关方协调

平衡团队内外部利益相关方的需求和期望，确保团队目标的实现。

团队管理层的能力和角色在团队成功中起到核心作用。他们不仅需要具备出色的领导能力、沟通能力、决策能力和协调能力，还要能够灵活运用这些能力，适应不断变化的组织环境和团队需求。通过专注于这些关键能力的培养和发展，团队可以确保管理层具备引领团队走向成功的必要条件。

# 培训和发展计划

团队管理的培训和发展计划是确保团队持续进步和长期成功的核心组成部分。这一过程要精心设计和执行，以确保管理人员具备所需的技能、知识和素质。

## 一、定制培训

### （一）需求分析

首先要进行需求分析，确定团队管理层所需的具体技能和知识。这可能涉及与团队成员沟通，了解他们对管理层的期望和需求。

（二）个人化计划

根据分析的结果，制定个人化的培训计划。这可能包括一对一的辅导、小组研讨或特定主题的研讨会。

（三）持续跟踪

定期评估培训计划的有效性，并据此调整。持续的跟踪可以确保培训内容与团队的实际需求保持一致。

## 二、持续发展

（一）长期计划

持续发展需要长期计划，确保管理人员不断学习和进步。可以设置长期目标，并分阶段实施。

（二）职业成长

促进管理人员的职业成长，提供晋升机会和更广泛的职责。职业成长不仅激励团队管理层，还有助于团队的稳定和士气。

（三）终身学习

鼓励终身学习，使团队管理人员持续更新其技能和知识，与行业最佳实践保持同步。

## 三、外部资源

（一）外部讲师和培训师

聘请的外部讲师和培训师能为团队带来新的视野和专业知识，分享不同组织和行业的最佳实践情况。

（二）在线学习平台

利用在线学习平台如 Coursera、edX 等，可以让团队接触到最新的课程和教育资源。

（三）参与研讨会和会议

鼓励团队参与相关的研讨会和会议，与同行互动，扩展人脉，学习新的趋势和观点。

团队管理培养的培训和发展计划是一个复杂且至关重要的。通过精心定制的培训、长期的职业发展计划、外部资源的有益利用，团队可以确保其管理人员具备实现团队目标所需的能力。通过这一过程，团队不仅可以增强其内部能力，还可以提高适应外部环境变化的灵活性和竞争力。

团队管理培养是团队成功的关键因素之一。通过强调管理层的能力和角色、实施针对性的培训和发展计划、建立有效的评估和反馈机制，团队可以确保管理层具备领导团队走向成功所需的技能和素质。团队管理培养不仅能促进团队的效率和协作，还有助于激发团队成员的潜力和创造力，共同实现团队的目标和愿景。

**【案例】评先事件**

正威国际集团旗下某事业部有一位主管，硕士研究生学历，在公司负责企业文化建设，工作做得有声有色，其编写的内部期刊获得了集团总裁的赞赏。原本他很有发展前途，但他有些小毛病：爱睡懒觉、爱早退。

有一年年底，集团评选年度优秀员工，那位主管的上司推荐了他，他被评为公司年度优秀员工之一。但这事很快有人反映到集团总裁那里，并说："该主管每月迟到、早退二十多次，如果这类人员都成了优秀员工，那是不是鼓励大家以后都学他那样？"集团总裁高度重视，指示彻查此事，发现情况属实后当即将该主管免职，其上司等好几个经理、总监级管理者也因受牵连而被撤职。

品德与作风是管理者的两大底线。管理者的能力是可以培养的，而品德与作风却是人的本性。品德与作风过硬的管理者，把能力培养起来，就能成为出色的管理者；相反，如果管理者的品德与作风存在问题，则很容易成为公司的害群之马，往往能力越强，职位越高，危害就越大。

[点评]

管理者的真正价值——攻山头。

企业界常常流传一种说法：一线紧，二线松，三线肿。意思是工作在一线的基层员工，往往是人手紧、工作忙；处在二线承上启下的中层，主要起上传下达的作用；而作为三线的高层管理者，往往数量多，工作少，整个管理层显得很臃肿。

在企业里，原本是管理层级越高，责任就越大，工作就应越紧张。而在不少企业里却是相反的，一线员工整天忙于各种业务；而管理者却是级别越高，工作就越轻松。

管理者作为公司重金聘来的骨干人才，不是用来摆设的，而是用来攻山头的。管理者在办公室坐镇、由基层员工去攻山头的做法是不对的，毕竟基层人员的力量有限。只有在部门负责人的亲自组织带领下，才能形成一个富有战斗力的团队。公司的许多工作，必须由管理者带头攻，才可能把山头攻下。

# 第十四章　团队创新

    团队建设在组织文化塑造和目标实现中起着核心作用，它为团队创新铺设了坚实的基础。

    通过之前章节的深入了解，我们已经掌握了团队的沟通、激励和构建方法，现在我们将进一步探讨团队创新的重要性和实现途径。

    创新是任何组织成功的关键因素，特别是在今天竞争激烈、变化迅速的商业环境中。没有创新，组织可能陷入僵化，无法适应不断变化的市场需求。然而，创新并不是孤立的活动，而是一个复杂的过程，涉及许多不同的阶段和元素。

    本章将集中探讨团队如何通过创新来推动组织目标。我们将详细了解团队如何捕捉创新机会、如何将创意落实到实际中、如何面对团队变革的挑战、如何有效地进行跨团队协作。本章将不仅让你理解团队创新的重要性，还将为你提供实用的工具和策略，使你能够在你的团队和组织中推动创新。

    与团队建设密切相连，团队创新需要明确的方向、协调的合作和积极的参与。而这些元素的培养和实现，与前面章节的内容紧密相连。在本章中，我们将尝试将这些理论联系起来，形成一个完整的、可操作的团队创新框架。

## 第一节　团队创新展望

    团队创新不仅是一个独立的理念或战略，而且是组织生命周期中的一个关键环节。它贯穿在组织的各个层面，从最基层的执行团队到最高层的管理团队，都需要不断地用创新意识推动组织的成长和发展。

### 团队创新的重要性

    团队创新的重要性不仅在于推动产品或服务的创新，还在于促进组织的文化、流程和战略转型。团队在组织中的作用独特而重要，因此团队创新对组织的整体创新具有决定性的影响。

#### 一、推动产品或服务创新

团队创新在产品或服务的创新方面扮演了核心角色。

（一）响应市场需求

1. 灵敏捕捉信息：团队可以更灵敏地捕捉到市场的微妙变化，并且更迅速地响应。这一点在管理类期刊上有许多相关的研究支持。

2. 更精准定位客户需求：通过协作，以及与不同背景的融合，团队成员能够更深入地了解并定位客户需求。

（二）增强竞争力

1. 促进创意的碰撞：团队成员之间的互动可以激发新的创意，推动产品或服务的创新，从而增强竞争力。

2. 降低创新风险：团队可以通过集体的判断和多角度的分析，有效降低创新过程中的风险。

## 二、塑造创新文化

塑造创新文化是一个多方面的任务，涉及价值观、行为准则、组织结构和奖励机制等。以下是团队如何通过创新来塑造组织文化的具体方面。

（一）鼓励尝试与失败

1. 容忍失败的环境：组织应鼓励团队成员尝试不同的方法和方向，即使这可能会带来失败。失败应被视为学习和增加经验的机会，而不是批评和惩罚的由头。

2. 失败后的反思和学习：失败后的反思和学习是不可或缺的步骤，团队成员可以从失败中吸取经验教训，并应用于未来的项目中。

（二）促进知识分享

1. 开放的沟通渠道：为了促进知识分享，组织需要提供开放的沟通渠道，鼓励团队成员相互交流、分享经验和想法。

2. 激励机制的设立：设立奖励和激励机制可以进一步促进知识的分享和合作，例如设立员工之间的知识分享奖励计划。

## 三、支持战略转型

团队创新在组织战略转型中的角色同样关键。下面详细描述了这一过程中的重要方面。

（一）引导战略方向

1. 发现新机会：通过团队的探索和试验，组织可以发现新的商业机会和潜在市场，从而可能改变或调整战略方向。

2. 创新作为战略重心：在某些组织中，创新成为战略的核心，团队创新的项目和方向可以直接影响组织的长期战略和愿景。

（二）增强战略灵活性

1. 快速响应市场变化：团队创新有助于组织快速响应市场和技术的变化，使其在竞争激烈的市场环境中保持领先地位。

2. 提高组织适应能力：通过不断地创新和学习，团队和组织可以增强自身的适应能力，更好地应对不断变化的外部环境和挑战。

团队创新的重要性不可忽视。它是组织整体创新的基石，影响着组织的产品、流程、文化和战略。通过理解团队创新的多方面价值，组织可以更有针对性地支持和推动创新，使之成为持续增长的动力源泉。

## 创新文化的培育

团队创新需要组织文化的支持。一个鼓励创新的文化将会提供必要的自由度和资源，让团队能够无拘无束地探索新思路和方法。组织领导层应当明确创新的价值观，确保员工明白创新对组织的重要性，并鼓励敢于尝试的精神。

### 一、明确创新的价值观

组织应当明确创新的价值观，并将其融入组织的使命和愿景中。这意味着组织不仅要鼓励新想法的产生，还要支持这些新想法的实施和商业化。通过强调创新的核心价值，可以确保员工认识到创新对组织成功的重要性。

### 二、创建安全的创新环境

员工必须感受到在尝试新方法和冒险时有足够的安全保障。这包括鼓励失败和错误的学习经历，而不是惩罚。设立创新基金、内部孵化器或特殊项目团队，可以为团队提供实验和探索的空间。

### 三、鼓励交流和协作

创新往往产生于不同领域和专业之间的交叉。组织应当鼓励跨部门、跨职能的沟通和协作。定期的创新研讨会、工作坊或创新实验室等活动，可以促进不同团队之间的相互学习和灵感碰撞。

### 四、领导层支持和参与

领导层的态度和行为对创新文化的形成有决定性的影响。领导者应当通过积极参与创新活动、提供必要资源和支持、树立创新典范来促进创新文化的建立。

### 五、建立度量和激励机制

正确的度量和激励机制能够引导和鼓励创新行为。组织应当设立与创新目标和过程相匹配的绩效评估体系，并提供相应的物质和精神奖励。

### 六、提供教育和培训

持续的教育和培训是确保员工具备创新能力的关键。组织应当提供有关创新理念、工具和方法的培训，以及与外部创新社区和网络的连接。

创新文化的培育是一个系统性工程，需要组织各个层面的共同参与和努力。通过明确创新的价值观、创建安全的创新环境、交流和协作、领导层的支持和参与、度量和激励、教育和培训，组织可以培育出一种鼓励创新、支持创新的健康文化，从而推动团队和组织的长期成功。

**【案例】乐高利润共享模式**

在乐高创意平台上，用户可以方便地注册及提交方案说明（通常提交的方案须非常详细，包括图片、说明）。"粉丝"对业余设计师的新套件创意进行投票。任何获得 10 000 张投票的创意都会进入审核阶段，然后乐高决定哪些可以进入生产阶段。所以前期的方案征集也是产品上市前的用户互动、市场调研、预热工作。目前为止，通过该流程已创作出十几个可用的套件，包括 NASA 女性科学家模型实验室和大爆炸理论公寓等。

乐高积极和外部合作，如 MITMediaLab，借助外部的研发力量缩短开发时间。而促成更大幅度的开放式创新，则不得不提到"破坏规则者"这个顾客族群。当时乐高公司与 MIT 合作开发的 Mindstorm 机器人玩具，一推出没多久，就被顾客公开程序代码，起初乐高公司暴跳如雷，但后来乐高公司选择开放平台，果然创造出更多更有创意的点子。

乐高公司利用顾客进行新点子或机会的探索，同时也成立乐高 Mindstorm 的交流社群，也积极和教师们共同开发课程，现在 Mindstorm 已经是许多学校老师教学用教材，借以启发学生更多的创意。由乐高、MIT 和使用者社群共同形成了一个包含供应者、合作伙伴顾问、外围制造商和教授等的完整生态系。而乐高也借由利润共享、智财保护等配套措施完善了开放式创新。

乐高还建立了"design by me"的设计平台，让顾客下载软件，使顾客也可将自己的创意上传到乐高的平台中，然后经过顾客投票，胜出的创意可进入乐高的新产品开发中，最后进行商品化上市贩卖。"design by me"是一个利用群体智慧集结创作的平台，配合开放式创新的政策与相关的知识产权保护，让每一个人都有可能是产品设计师。

乐高运用开放式的顾客共创平台，成功地缩短了产品开发时程——由原来的 24 个月降至 9 个月，同时也大幅提升了顾客的满意度。同时，乐高开放创新建立了利润共享模式，并且成功应用在多个项目中。为了保证利润共享模式的顺利实施，乐高采用了知识产权保护等配套措施。通过分布式共同创造的形式，把志趣相投的各方力量汇聚起来，乐高公司是这种创新模式的典型代表。

# 第二节　团队设计

在团队创新的过程中，设计阶段起着至关重要的作用。团队设计不仅是一种创造过程，还涉及策略、决策和协作等多个层面。以下是本节的详细探讨内容。

## 设计的重要性

团队设计不仅涉及产品或服务的外观和功能，更涉及创建有意义的解决方案来满足组织和市场的需求。设计阶段是创新的核心部分，团队需要深入理解问题、挖掘需求，并通过创造性的思维找到创新的解决方案。

## 一、解决问题的核心

设计不仅是涉及美学和功能性，而且更多的是解决问题的工具。团队必须深入理解他们面临的具体问题，以确定最适合的解决方案。这涉及对市场、用户需求和现有解决方案的全面分析。

## 二、战略意义

设计是团队将其战略目标转化为现实的方式之一。有效的设计可以使团队更好地与目标受众沟通，增强其产品或服务的可用性和吸引力，并推动商业目标。

## 三、创造价值

设计能够为组织创造实际价值。一个出色的设计能够提升用户体验，从而增加客户满意度和忠诚度。长期而言，这将为组织带来更高的回报和竞争优势。

## 四、促进创新

设计是创新过程的核心。通过设计，团队可以探索新的思维方式，挑战现有假设，实验不同的解决方案。这种开放和迭代的过程推动团队不断探索、学习和成长。

## 五、人本思维

在设计过程中，用户需求和体验占据核心地位。团队必须深入了解其目标用户的需求、愿望和挑战，以便创建真正有用的解决方案。这要求团队具备同理心和用户导向的思维。

## 六、跨学科协作

有效的设计需要多学科的知识和技能。这鼓励团队成员跨越职能界限合作，增强了团队间的沟通和理解。这种协作促进形成更为全面和综合的解决方案。

设计在团队创新和成功中起着关键作用。它不仅是一种解决问题和实现战略目标的工具，还是一种价值创造、促进创新和跨学科协作的手段。团队必须认识到设计的多元化作用，并充分利用设计思维和过程，以有效地推动其目标的实现。在当今竞争激烈的商业环境中，掌握和运用设计的重要性不容忽视。

# 团队设计流程

团队设计流程是一系列相互关联的步骤，目的在于将一个初步的想法转化为可实施的解决方案。这个过程需要团队的合作、创造力、策略规划和有效沟通。

## 一、需求分析

（一）识别目标

明确项目的核心目标，理解其与组织目标和战略的关联。

（二）市场研究

收集关于目标市场和用户的信息，确定需求和期望。

（三）竞争分析

评估竞争对手的解决方案，找出可以改进或区分的地方。

## 二、思维导图与头脑风暴

### （一）组织工作坊

利用工作坊的形式让团队成员共同参与思考和讨论。

### （二）使用思维导图

通过视觉化的方式将想法组织在一起，帮助团队成员找到解决问题的方法和潜在方向。

### （三）鼓励创造性

营造开放和包容的环境，鼓励团队成员提出独特和非传统的解决方案。

## 三、概念开发

### （一）筛选想法

从头脑风暴中筛选最有潜力的想法。

### （二）创建概念草案

将选定的想法转化为初步的概念草案。

### （三）概念评估

通过团队讨论和专家评审来评估概念的可行性和符合度。

## 四、原型与测试

### （一）创建原型

根据选定的概念，创建原型或模型。

### （二）用户测试

邀请实际用户参与测试，收集关于原型的反馈。

### （三）迭代改进

根据测试反馈不断改进原型。

## 五、最终设计与实施

### （一）确定最终设计

基于所有反馈和测试结果确定最终设计方案。

### （二）项目计划

制定详细的项目实施计划，包括时间表、资源分配等。

### （三）实施与评估

执行计划并进行持续评估，确保项目按计划进行。

团队设计流程是一种结构化的方法，用于将创新的想法转化为现实的解决方案。它涉及跨学科团队的协作，以及对目标市场和用户需求的深入理解。从需求分析到最终实施，每个阶段都需要团队成员的全面参与和高度投入。这个过程不仅推动了团队创新，而且还确保了解决方案与组织目标和市场需求的一致性。

# 持续改进与反馈

团队设计并不是一次性的过程。持续改进和定期反馈机制可以确保设计不断适应并满足变化的需求。团队需要学会接受和利用来自各方的反馈，以便不断优化和改进设计。

## 一、持续改进的重要性

持续改进不仅有助于完善现有的设计方案，还有助于推动团队不断学习和增长。一个有效的持续改进流程可以确保团队持续关注目标，不断挑战和提高自己。

## 二、改进的策略

### （一）基于反馈的迭代

通过收集和分析来自客户、团队成员和其他利益相关者的反馈，不断优化设计。

### （二）数据驱动的决策

通过分析与设计相关的各种数据，诸如用户行为、满意度调查等，识别需要改进的区域。

### （三）跨部门合作

与销售、市场、客服等部门紧密合作，确保设计方案符合整个组织的战略方向和客户需求。

## 三、反馈的收集与分析

### （一）定期审查会议

定期组织项目审查会议，邀请各利益相关方参与，共同评估设计方案的有效性和适用性。

### （二）在线调查和问卷

使用在线工具收集客户和用户的反馈，了解他们对设计方案的满意度和期望。

### （三）一对一访谈

与关键利益相关者进行一对一访谈，深入了解他们对设计方案的具体需求和期望。

### （四）社交媒体和论坛分析

分析社交媒体和在线论坛上的评论和讨论，捕捉公众对设计方案的看法和反应。

持续改进与反馈不仅是团队设计过程中的一个环节，而且是一种战略思维和工作方法。通过持续收集与分析反馈，不断优化和完善设计方案，团队可以更好地适应不断变化的市场环境，确保设计方案的长期成功和可持续性。

### 【案例】 将团队照顾好

维珍集团创始人兼首席执行官理查德·布兰森完美地展现了变革型领导者的精神。他曾这样说过："要将团队成员训练得足够好，这样他们就有能力离开，但也要对他们足够好，这样他们就不会想要离开。"

在经营维珍移动、维珍基金、维珍媒体等公司的过程中，理查德·布兰森为这些公司赢得了"快乐而有趣"的名声，布兰森的公司为员工提供了无限的休假时间。他确保自己将团队成员照顾得足够好。悠闲自在的布兰森相信这样一个简单的公式：快乐的员工＝快乐的客户。他成功的创业历程证明这种哲学是正确的。

**【案例】打破规则的力量**

Mindvalley 创始人兼首席执行官 Vishen Lakhiani 相信打破规则的力量。他独特的基于变革型教育的员工友好型公司鼓励创新和互动。

他在会议室里提供豆袋椅，为员工提供舒适的工作场所，而不是把他的团队成员限制在办公桌上。每年，他都会在一个热带地区举办一场"令人惊叹的盛会"，介绍新的想法和创新的方式来改变人们的思维方式和世界观。

对一些人来说，跳出框框去思考可能是一个挑战，但对于 Vishen 来说，这个框框根本不存在。

# 第三节　团队变革

团队变革是指团队为了适应新的环境、应对挑战或提高绩效而进行的重大改变或调整过程。这种变革可能涉及组织结构、工作流程、文化价值观、领导风格或团队成员之间的互动方式等方面的调整。

## 团队变革的影响因素

团队变革是一个复杂的过程，它可以由许多不同的内部和外部因素触发。理解这些因素对于成功管理和推动变革至关重要。以下是一些主要的影响团队变革的因素。

### 一、外部环境的变化

团队不是孤立存在的，而是处于一个不断变化的外部环境中。

（一）市场趋势

消费者的需求和预期、竞争对手的策略、全球化趋势等都可能促使团队调整其产品、服务或业务模式。

（二）法规要求

法规和标准的变化可能要求团队改变其操作方式或遵循新的法规和标准。

（三）经济因素

经济增长、通货膨胀、货币政策等宏观经济因素可能会影响团队的资金分配、预算和战略规划。

### 二、组织战略的调整

组织层面的决策和战略对团队变革有直接影响。

（一）组织目标的转变

如果组织的长期目标或使命发生变化，团队可能需要进行根本性的变革以适应新的方向。

（二）合并和收购

组织层面的合并和收购可能会导致团队结构、职责和目标的重大变化。

### 三、科技的进步

科技的进步是推动团队变革的另一个关键因素。

（一）新技术的引入

引入新技术可能要求团队成员学习新的技能，改变现有的工作流程和实践。

（二）自动化和人工智能

自动化和人工智能技术可能改变团队的工作性质，要求团队重新评估和分配人员职责。

### 四、团队成员的变化

团队的内部变化也可能触发变革。

（一）人员流动

关键人员的离职或新成员的加入可能会改变团队的状态或文化。

（二）能力和技能的增长

团队成员的能力和技能的增长可能要求团队重新评估其目标和战略。

理解促使团队变革的各种因素有助于组织更好地计划和管理变革过程。通过对这些因素的深入了解，团队可以更加积极地响应变革，将其转化为发展机遇，而不是被动地等待变革的压力。团队变革不再是一种选择，而是在不断变化的环境中持续发展和成功的必要条件。

## 团队变革的应对措施

团队变革是一项复杂的任务，涉及众多细节和考量。正确的应对措施不仅有助于平滑过渡，还能促使团队从变革中受益。以下是团队变革的具体应对措施。

### 一、明确变革目标和方向

（一）确定具体目的

变革的目的必须清晰明确，无论是提高效率、改进质量、增强竞争力还是其他。

（二）设立可衡量的目标

目标应具体、可衡量、可达成、相关性强、具有时间限制，以便团队能够清晰地追踪进展。

（三）确保一致性

变革的方向和组织的整体战略和目标应保持一致。

## 二、有效沟通

### （一）及时通报

团队成员应及时了解变革的动机、方案和预期影响。

### （二）开放对话

鼓励团队成员提问和分享意见，促进理解和接受。

### （三）持续沟通

变革是一个持续过程，需要不断沟通和更新信息。

## 三、参与决策

### （一）广泛参与

鼓励各层级团队成员参与决策，以增加变革的接受度和成功率。

### （二）集体智慧

集体决策可以利用团队的集体智慧，更全面地考虑各种可能性和影响。

## 四、提供支持和培训

### （一）识别需求

确定团队成员在变革过程中可能需要的技能和知识。

### （二）定制培训

提供针对性的培训和支持，确保团队成员具备成功实施变革的能力。

### （三）情感支持

变革可能会引起不安和抵触，团队领导应提供情感支持和鼓励。

## 五、持续监测和评估

### （一）设立基准

设立变革前的性能基准，以便与变革后的结果进行比较。

### （二）定期评估

定期检查进展，并与目标进行对比，确保变革按计划进行。

### （三）及时调整

根据评估结果及时进行必要的调整，确保变革的成功。

团队变革是一个复杂但必要的过程，涉及多个阶段和许多因素。通过深入了解变革的必要性、影响因素和应对措施，团队可以更好地应对变革带来的挑战，确保在动荡和不确定中保持稳健和活力。不仅如此，成功的变革还可以增强团队的创新能力和竞争优势，为未来的成功奠定坚实的基础。

## 【案例】字节跳动

### 一、战略选择决定组织形态，组织形式的创新尤为重要

字节跳动，横跨资讯分发和短视频两大赛道，不仅打败了传统媒体，还打败了其他移动互联网媒体。

张一鸣认为：公司竞争力体现在产品上，产品由用户感知，技术是生产产品的手段，团队是开发技术的中坚，文化是打造过硬团队的核心。他用一张图来概括中心思想，图上有四个核心要素：动力、助力、阻力和工具。处在最中心的，就是张一鸣再三强调的企业文化要透明。

他所创建的组织形式主要靠三点来支撑。

一是入职筛人。

招聘人才是一道原则关卡，通过招聘找到优秀、合适的人，再进行合适的授权和激励。如果招的人员素质不高、理解能力极差，那么公司的制度就得定得非常详细，实施审批流程就很复杂。但是如果面对一群高素质的人才，就可以将规则定得简单。

很多公司把人才当成人力成本，但张一鸣认为人才是投资回报率（ROI）。公司通过好的资源、机制和高薪资，招到高配的人，让他们更加进取。但很多员工后期才加入公司，期权分不到那么多，所以他把激励重点放到提高年终奖的比例上。他让优秀的人才能够得到 $6 \sim N$ 个月的年终奖，使大家能够不断进取，争取更多的奖金。他认为股票期权奖励的不是员工的业务能力，而是他的投资能力。

另外，字节跳动按照岗位级别评定和绩效评估确定薪酬。员工入职后不参考历史薪酬，无论他之前拿到的薪酬是什么样的，不能让历史薪酬影响了岗位级别的评定。HR 会根据岗位级别综合当前这个阶段的供求关系、竞争激烈程度给出 offer。

二是用系统工具实现文化透明。

张一鸣的文化透明并不是一句口号，而是实实在在落实在组织管理上的。

他通过飞书和 OKR 展示（目标与关键成果）实现文化透明。6 万员工，所有的工作进展状态及流程都在飞书上呈现。每个人，都能了解张一鸣的 OKR，知道老板的工作重点及进程。团队的 leader，首先结合自己部门近期工作安排，参考老板的 OKR，再考虑如何从自己部门的角度支持老板的 OKR，最后是关联其他相关业务线的 OKR，看看自己如何配合别的部门工作。

三是坚持 Context，更少 Control 的原则。

在每两月一次的 CEO 面对面、部门业务沟通双月会上，张一鸣会对公司的重要决策、战略方向、危机和问题做梳理。他采用从下而上的方法，让更多人参与决策，让更多的想法自下而上地涌动。字节跳动通过运用文化和系统工具，降低阻力，让具有创新能力的人才可以在这样的环境中被培育和发现。这种组织形式，能够大幅度地提高企业经营活动的效率，也为培育企业竞争优势提供新的方法。

企业通过组织变革调整组织形式，提高组织的运行效率是关键。变革需要自上而下和自下而上两种方式的相互结合，它们是相辅相成的。

## 二、全体员工要达成共识，企业管理者行为要与变革有一致性

企业变革对企业员工的影响比较大，涉及组织变动、职位变动、绩效变动，甚至裁员优化等，难免会产生很大阻力。而员工个体阻力是主观的、内在的，解决不好，就会引发负面的连锁反应，甚至导致变革失败。所以使企业内部上下达成共识是关键。但达成共识并不是开开会、定几个规章制度就可以实现的，需要做到以下四点：共同的事物、共同的语言、共同的举动、共同的感受。

共同的事物主要是指员工的工作环境、办公用具、系统标识，以及服装的统一、一起用餐的场所等，主要是让员工与组织尽可能地保持一致。就像平安保险公司，对于员工服装和礼仪、阶段性的入职培训、每天的晨会制度等都做了要求，不断让员工参与公共事务，并逐步形成共识。

共同的语言是指让员工在日常工作中围绕以顾客为中心，通过沟通促进合作，共同解决问题，并且以满足顾客需求为出发点。如果经常进行这些内容的沟通，那么员工所形成的共同语言就会以顾客为导向，就会形成相互合作、主动承担责任、积极解决问题的企业文化和行为习惯。

共同的举动是指让员工有一致性的举止，比如参加会议的规范要求、对客户需求的对策、销售的统一话术、品牌传播的统一要求、品质的标准、劳资关系等。对这些有一致性的要求和标准，就容易形成一致的团队。企业组织好比军队，当各方面都符合统一化的管理时，企业就是一个强大的组织。

共同的感受是指员工感受。员工的感受对于变革达成共识是很关键的。

## 三、设计变革制度规则，成立专业变革管理组织，支撑变革推进

变革要想取得成功，一定要有相应的管理制度来协助实施，管理制度必须和变革保持一致，而且制度设计还要合理，不能过于理想化。要有评价变革成效的方法，以及有效推行变革所需要的资源和技能，包括资金投入、时间周期、人员变动、培训等。组织的高层管理者需要制定推行变革的规划和预算。

变革要作为一个独立的事务来运作，必须有一个变革管理组织来对变革进行管控，可以建立变革委员会或变革管理办公室等。一把手要选拔那些有格局的员工，选拔能够站在公司高度、能够真正理解公司未来的人和有潜力的人来管理公司的变革。另外，HRBP也是支撑变革的重要组织，他们对业务有深入的理解，能站在业务的角度，支撑企业变革工作的推进。

另外，制度实施要有监督机制，要有相应的奖惩措施。对于那些阻碍变革的人要予以调离或降职，或者改变程序或流程来巩固变革。

企业具备管理转型升级的认知是变革成功的前提，但是成功实施变革还需要有实战经验的团队的引领。

# 第四节　跨团队协作

在当今全球化、高度竞争的商业环境中，跨团队协作成为成功实施许多项目的关键因素。这种协作要求不同团队之间分享知识、资源和技能，共同努力实现组织的战略目标。跨团队协作不仅可以促进创新和效率，还可以增强组织的灵活性和适应能力。

## 跨团队协作的策略与方法

跨团队协作的成功需要精心策划和管理。下面将详细解释跨团队协作的一些核心策略和方法，以便组织能够充分利用各个团队的独特能力和资源。

### 一、明确协作目标

（一）共享愿景

所有团队必须明白共同的目标和愿景，以确保协作的方向和意义。

（二）目标对齐

将各个团队的独特目标与组织的整体战略对齐，以促进共同努力。

（三）周期性评估

通过定期审查和评估协作进展，确保目标保持相关并及时调整。

### 二、建立沟通机制

（一）统一沟通平台

选择或创建能够满足所有团队需求的沟通平台，例如企业社交网络、项目管理软件等。

（二）透明信息流

促进信息的透明流通，确保每个团队都能访问和理解与项目有关的关键信息。

（三）定期会议

设定定期的跨团队会议，以便讨论进展、解决问题并保持一致性。

### 三、分配资源和责任

（一）资源共享

确定哪些资源可以共享，如人员、设备、资金等，并设立共享机制。

（二）明确责任

分清每个团队的职责和职能，防止职责和职能重叠或遗漏。

（三）协作协议

制定书面协议，明确各团队的责任、权利和期望，以便在协作过程中避免混淆和冲突。

### 四、跨团队培训和发展

（一）培训程序

开发跨团队的培训计划，确保所有团队具有协同工作所需的技能和知识。

（二）团队建设活动

通过团队建设活动促进团队间的信任和理解。

（三）反馈和改进

鼓励团队之间的开放反馈，识别潜在问题并及时改进。

综上所述，跨团队协作的策略和方法涉及明确的目标设定、有效的沟通机制、合理的资源分配和全面的团队培训。这些策略和方法的成功实施将加强团队之间的协同作战能力，提高组织效率，并推动组织朝着共同目标前进。

## 成功案例与实际操作

许多成功的组织已经将跨团队协作纳入其战略规划中，例如跨部门的产品开发项目、全球市场拓展等。在这些案例中，成功的关键在于构建强有力的组织支持系统、制定明确的协作流程、培养跨团队协作的文化。

跨团队协作在现代组织中越来越常见，它涵盖了许多领域，从产品开发到市场营销，从项目管理到客户服务。下面我们将深入探讨一些成功案例，并提供实际操作的工具和技巧，以帮助大家在实际工作中更好地了解与实施跨团队协作。

### 【案例】企业跨部门合作实例

某全球领先医药健康企业致力于医药产品的研究、开发、生产及销售，产品覆盖心血管疾病、血栓、肿瘤、糖尿病、中枢神经系统疾病、内科疾病和疫苗七个领域，总部位于法国巴黎，在全球拥有五大事业部，员工超过 11 万人，遍布 100 多个国家。作为首批进入中国的跨国制药企业，其仅在中国就有员工近万人。可想而知，如此庞大的组织，很多工作都需要跨部门协作才能完成，沟通效率尤其重要。

以下为该企业某部门的跨部门合作方案。

一、焦点：如何提高跨部门沟通效率

二、工具：七顶思考帽

三、步骤

（一）白帽（搜集信息）

1. 涉及部门多，有哪些不同的关注点。

2. 沟通时缺乏主持者。

3. 参与度与关注热点难协调。

4. 其他各部门对我部门的需求。

5. 其他部门经验借鉴。

6. 各部门专业领域的成果、专业知识。

（二）绿帽（解决方案）

1. 建立常用联络人数据库→建立信息数据库→建立产品部门信息、部门架构。

2. 部门间平台沟通会→信息共享→定期专业知识共享→建立网络共享平台。

3. 各联络人之间的情感沟通。

（三）红帽（投票选择）

1. 建立联系方式。

2. 专业内容分享。

3. 进行团队建设。

（四）黄帽（价值所在）

1. 能够快速找到相关负责人，并保持定期沟通。

2. 便于及时获得最新信息。

3. 换位思考其他部门工作需求。

4. 增加了合作的信任度和彼此的理解。

（五）黑帽（可能存在的问题）

1. 跨部门工作时间难协调。

2. 相关成本增加。

3. 促成的专业限制难以突破。

（六）绿帽（解决方案）

1. 寻求老板的参与支持。

2. 增加专业沟通的频率。

3. 在网络开放共享平台，可以随时学习。

（七）蓝帽（行动方案）

在各部门相关领导的支持下，建立各团队的联系方式，实施定期专业内容分享，组织团队建设活动，随时反馈意见。

# 第十五章　领导与管理

　　随着对团队建设和创新的深入理解，我们必须将目光转向领导与管理的重要方面，因为这是使团队成功的关键因素。本章将专门解释领导的性质和作用，理解理想的领导者和领导集体的素质，深入探讨领导方式及其理论，并最终涉及领导的艺术。

　　在团队创新和建设的基础上，领导与管理的角色显得尤为关键。正如我们在前面的章节中了解到的，团队的创造性和协同工作能力是实现目标的重要手段。但是，无论团队多么优秀和有创造力，都需要坚定和富有洞察力的领导来引导方向，协调各个部分，确保团队目标的实现。

　　领导不仅涉及指挥和管理，还包括激励和激发团队成员的潜能。优秀的领导者会创造一个鼓舞人心的工作环境，使团队成员感到自己的工作有意义，从而提高整体绩效。领导的艺术在于找到平衡，即在推动团队前进的同时，也要关注团队成员的个人需求和职业发展。

　　在一个快速变化的世界中，领导与管理的角色变得更加复杂，但也更加重要。本章旨在提供必要的工具和见解，不仅使我们理解领导的基本构成，还能使我们成为一个能够带领团队走向成功的卓越领导者。

## 第一节　领导的性质与作用

　　领导是组织和团队运作中的一个不可或缺的环节，其在协调、激励、实施和指导中扮演着关键角色。本节将详细探讨领导的含义、性质和作用，深入了解其对团队和组织的重要性。

### 领导的含义

　　领导可以定义为通过影响和支持他人来实现组织目标的过程。它不仅要求具有远见卓识的战略思维，还需要具备人际交往能力，以便理解、激发和引导团队成员。领导作为一个复杂的社会现象，自古以来就被企业家、政治家和历史学家深入研究。要理解领导的含义，我们需要从不同的层面和视角来审视它。

#### 一、领导的基本定义

　　领导通常被定义为一种有影响力的过程，其中一人或多人影响团队或组织中其他人的思想、情感和行为，以实现共同的目标和愿景。这个过程并不局限于正式的管理职位，它还可以出现在非正式的团体和社区中。

## 二、领导与管理的区别

虽然领导和管理经常被混用，但它们具有明显的区别：

管理侧重于规划、组织、指挥、协调和控制，以确保日常操作的有效性和效率。

领导更侧重于激励、启发和影响，以促进创新、变革和团队凝聚力。

## 三、领导的核心元素

领导的核心元素包括以下几个方面：

1. 愿景：领导者需要有明确的目标和方向，这将引导整个团队前进。

2. 影响：领导者通过个人魅力、说服力和情感智慧来影响他人。

3. 信任：领导者必须赢得团队成员的信任，这样才能有效地影响和指导他们。

4. 责任：领导者需要对团队的成败承担责任，展现责任心和承诺。

## 四、领导的类型

领导并不是单一的，它可以根据情境、目标、风格和方法进行分类。例如，有些领导者可能采取自上而下的权威式领导，而有些则可能采取合作、民主的方法。此外，还有变革型领导、交易型领导、伙伴式领导等多种类型。

领导的含义是丰富多彩的，涉及许多不同的方面和层面。通过对领导的深入理解，我们可以更好地识别和培养领导才能，无论是在工作场合还是在日常生活中。学习领导的核心元素和类型有助于我们成为更有效、更有影响力的领导者，能够激励和引导团队实现更高的目标。

# 领导的性质

领导的性质涵盖了领导者所具备的关键特征和行为方式。这些性质共同塑造了领导的核心价值，影响了领导者与团队成员之间的互动。以下将深入探讨领导的几个关键性质。

## 一、目标导向

目标导向是领导者对组织或团队目标有清晰的认识和方向，能够将团队引向既定目标。

领导者必须具备将目标转化为行动的能力，并确保整个团队朝着共同的方向努力。目标导向不仅涉及目标的设定，还包括如何动员和激励团队成员共同实现这些目标。

## 二、人际关系

人际关系涉及领导者与团队成员之间的相互理解、信任和共鸣，是成功领导的核心要素之一。

人际关系要求领导者具备与他人建立和保持积极关系的能力，包括有效沟通、共情，以及理解团队成员的需求、动机和期望。

## 三、灵活适应

灵活适应是领导者在变化的环境中调整和发展的重要能力。成功的领导者通常能够准确识别外部环境和内部团队动态的变化，并迅速采取适当的措施来适应这些变化。

这一性质对于如今快速变化的商业环境尤为重要，因为组织必须能够快速适应市场、技术、竞争和社会环境的变化。

### 四、道德和责任

道德和责任是指领导者在决策和行为中展示的道德价值观和社会责任感，是衡量领导者价值和影响力的重要标准。一个有道德和责任的领导者不仅遵循法律和伦理准则，而且积极履行对社会和环境的责任。

这一性质在塑造组织文化、促进员工满意度和维护公司声誉方面起着关键作用。

领导的性质是一组相互关联的特质和行为方式，它们共同决定了领导者如何与团队互动、指导和激励。理解这些性质有助于培养和提高有效的领导能力，推动团队和组织成功实现目标。

## 领导的作用

领导在组织和团队中的作用是多方面的且复杂的。不仅涉及目标的设定和达成，还涉及团队成员的动机、协调和文化塑造等方面。以下是领导作用的几个主要方面。

### 一、指挥作用

指挥作用是领导在组织中的关键职能之一，其确保整个团队朝着一致的方向努力并按时完成目标。

（一）设定方向

领导者须确保团队理解组织的愿景、使命和战略目标。这可能涉及讨论长期目标、行业趋势、竞争优势等。领导者在此过程中的明确和坚定是至关重要的，以使团队成员理解他们的工作并努力符合组织的整体目标。

（二）提供指导

指挥还涉及监督团队的进展，并在必要时提供支持和指导。这可能包括定期的进展检查、一对一的会议、提供资源或专门的培训等。领导者须解答问题或解决可能阻碍进展的难题。

### 二、协调作用

协调作用涉及管理团队成员之间、团队与组织其他部门之间的互动。协调可确保信息、资源和努力的一致性。

（一）团队协同

领导者须促进团队成员间的有效沟通和协作。这可能包括团建活动、定期团队会议、使用协作工具等。领导者须确保团队成员互相尊重、公开交流并对共同目标有共识。

（二）组织协调

除了团队内部的协调，领导者还需确保与组织其他部门的顺畅合作。这可能涉及与其他部门领导的定期沟通、确保资源共享、协调多团队项目等。组织协调确保了组织各部分的努力是协同和一致的，不会互相阻碍。

（三）冲突解决

协调还涉及处理和解决团队内部或与其他团队之间的冲突。通过开放和诚实的沟通、调解和有时可能的妥协，领导者须确保冲突得到及时解决，不会影响团队的凝聚力和生产力。

## 三、激励作用

激励作用是领导过程中的关键组成部分，涉及对团队成员的情感、积极性和创造性的引导和支持。

（一）个人激励

1. 识别需求：领导者通过与团队成员交流，了解他们的个人需求和职业目标，提供有针对性的激励措施。

2. 目标设定：领导者与员工一起设定明确、具有挑战性但又可达成的目标，从而增加工作的积极性。

3. 反馈与奖励：领导者定期给予正面反馈，以及基于绩效的物质或精神奖励，进一步加强员工的工作动力。

（二）团队激励

1. 共享愿景：领导者创建并传递一个引人注目的团队愿景，使团队成员共同追求。

2. 团队文化：建立积极、支持和合作的团队文化，促进成员间的信任和凝聚力。

3. 认可与赞誉：领导者应充分认可和表扬团队的努力和成就，从而增强团队的自豪感和归属感。

### 【案例】奥巴马

贝拉克·侯赛因·奥巴马二世（Barack Hussein Obama Ⅱ）是美国政治家和律师，也是美国第 44 任总统。

美国大使苏珊·赖斯评论说，奥巴马"让人们觉得他们的观点被倾听和欣赏。所以即使你的意见没有被选中，你仍然觉得你的愿景很有价值。这让你们更加热情地支持他的最终决定"。

奥巴马认为，如果没有有益于社区的个人意见，人们很容易被其他人的批评所左右。如果他们不训练自己有明确的意见，他们将花费大量时间来改变计划，而不是成为一个伟大的领导者。

### 【案例】Korn Ferry 调查

全球最大的猎头公司光辉国际（Korn Ferry）及《经济学人》杂志（The Economist）对一些跨国公司高管所做的"未来十年内，谁将在他们的全球性组织中拥有最大的影响力"的调查研究表明：61％的人认为是"团队"，14％的人认为是"一位领导者"。面对挑战能够征服逆境的个人英雄式的领导者时代已经成为历史，优秀的领导者不再单独存在，而是与优秀的团队共存，在这种富有创造力的组合下"领导者通过团队展现伟大，并协助团队成员展现伟大"，优秀的领导者和优秀的团队相互成就对方。

令人振奋的、能撼动世界的团队都是有一位能干的领导者和一群杰出的成员，彼此在互相尊重的情形下组成默契的团队，只有当团队中的每一位成员都能发掘出全部的潜力时，才能造就优秀的团队。正如主导"曼哈顿计划"的奥本海默一语道出的优秀团队的关键："你拥有众多优秀的天才，但他们各自为政，这不能成事。你要做好总指挥，营造一个充满创造性压力的环境，让每个人竞争着去解决问题。"优秀团队的领导者是团队的精神支柱，是团队的精神领袖，是务实的梦想家，是团队精气神的具体化身。领导者必须让团队中的成员心甘情愿地自由贡献超凡的能力，从而实现自己的梦想。这种以彼此尊重为基础的交互式的团队运作方式能成就优秀的团队和优秀的领导者。

优秀团队强有力的领导者至少需要做到如下四点。

1. 要赢得（而非要求）相当的尊敬。

让团队成员内心深处认为他说的话有价值，并像教练一样能带领大家出成绩，领导者能力的出色展示是赢得大家尊敬的基础。

2. 能激发彼此信任，并值得大家信任。

优秀团队中的成员奋力工作不只是为了钱，更多的是为了做成事的荣耀，热爱这份有意义的工作且全力以赴地奋斗。彼此信任是激发大家无后顾之忧、高度合作、全身心投入奋斗的基础。

3. 要谦恭殷勤接地气。

领导者在团队中往往是个出色的总管，需要去除影响团队正常开展工作的干扰因素，聚焦重点，领导大家而非驱使大家，让团队成员专心致志、轻装上阵、充满激情和热情地开展工作，为大家创造一个值得为之奋斗从而实现伟大梦想的环境，展现出领导者对团队的价值。

4. 要具有优秀的品德和道德。

优秀的领导者既牢记自己的组织责任，也时刻铭记自己的社会责任。具有优秀的品德和道德是优秀领导者最为宝贵的优点。

# 第二节　理想的领导者与领导集体

理想的领导者是一个复杂且多层次的概念。没有固定的模板可以定义所有成功的领导者，但是有一些品质和能力被普遍认同。

## 领导者的素质条件

理想的领导者应具备一些共同的素质和能力，这些素质有助于促进团队合作、推动目标实现，并确保组织的可持续发展。以下我们将深入探讨这些核心素质。

### 一、自信与决策能力

自信与决策能力是领导者引领团队成功的关键因素。

（一）自信的重要性

1. 自信的定义：自信是领导者对自身能力和判断的坚定信念，它来自专业知识、经验积累和对团队的信任。

2. 增强团队士气：领导者的自信可以传递给团队成员，提高整个团队的信心和士气，推动目标的实现。

3. 决策的影响：自信的领导者在决策时更果断，能够更好地评估风险和机遇，有效执行计划。

（二）决策能力的构成

1. 信息分析：优秀的领导者能够系统分析大量信息，从中挖掘关键因素，并据此做出明智决策。

2. 风险评估：通过对潜在风险的评估，领导者可以为团队准备应急方案，降低风险对项目的潜在损害。

3. 选择最佳方案：领导者需在多个方案中选择最符合团队目标的方案，并确保其得到有效执行。

（三）权衡与平衡

1. 坚定与灵活：在果断决策与灵活调整之间找到平衡。理想的领导者既能果断执行，又能适时调整战略。

2. 风险与机遇：通过对风险和机遇的权衡，领导者可以为团队找到最佳的前进路径，确保成功达到目标。

## 二、沟通与协调能力

沟通与协调能力对于团队协同工作、资源分配和冲突解决至关重要。

（一）沟通的艺术

1. 清晰沟通：通过清晰、准确的表达，确保团队成员理解共同目标，增强团队内的信任和透明度。

2. 反馈机制：设置有效的反馈渠道，确保团队成员之间的沟通畅通，及时了解和解决问题。

3. 非言语沟通：非言语沟通如肢体语言、面部表情等，也是有效沟通的重要组成部分。

（二）协调的技巧

1. 资源分配：协调涉及确保资源（如人力、时间、资金）的有效分配，以满足项目需求。

2. 解决冲突：通过调解、协商等手段解决团队内外的冲突，确保团队目标的顺利实现。

3. 促进协同工作：领导者通过协调，确保团队成员的协同工作，共同努力实现团队目标。

### 三、激励与鼓舞团队

（一）激励理论与实践

理想的领导者了解并运用不同的激励理论，以满足团队成员的不同需求和激发其潜能。

1. 赫茨伯格的双因素理论：领导者可以通过提供工作满足感和消除不满因素来激发团队成员的积极性。

2. 马斯洛的需求层次理论：领导者需要理解团队成员的基本需求和自我实现需求，并据此提供支持。

（二）定制激励方案

领导者需深入了解团队成员的个人需求和动机，为不同人员定制激励方案。

1. 个性化奖励系统：识别和奖励团队成员的个人成就，增强其归属感和自豪感。

2. 目标设定与反馈：明确、可衡量的目标、及时的反馈可增强团队成员的成就感。

（三）建设积极的文化

领导者致力于创建积极的工作氛围，鼓励团队成员追求卓越。

1. 团队精神与价值观：通过共享价值观和使命，增强团队的凝聚力和一致性。

2. 成长与学习机会：提供持续的学习和发展机会，鼓励团队成员不断成长。

### 四、诚信与道德领导

（一）诚信的定义和重要性

诚信是领导者必备的核心素质之一，它有助于建立团队的信任和尊敬。

1. 真实性：领导者要展现真实的自我，不做作、不虚伪。

2. 透明度：领导者需要与团队成员分享重要信息，增强团队的透明度和开放性。

3. 一致性：领导者的行为和言语须一致，以树立团队的信任。

（二）道德领导的实践

领导者需要在自己的行为和决策中展示道德领导。

1. 公正对待所有团队成员：避免偏见和偏袒，确保团队内的公平。

2. 遵守法律和道德规范：领导者应遵守法律和道德规范，树立良好的榜样。

（三）道德引导

理想的领导者积极推动团队的道德发展，确保组织的道德责任。

1. 道德教育与培训：提供道德教育和培训，提高团队成员的道德和素质。

2. 道德规范与期望：设立和强调道德规范，明确团队的道德期望和责任。

理想的领导者的素质条件是多元和复杂的，涵盖了自我认知、自我激励、沟通技巧和道德责任等多个方面。这些素质有助于领导者在不断变化的环境中导航，成功引领团队实现目标。此外，领导力的发展是一个持续的过程，需要领导者不断学习、自省和成长。

## 理想的领导集体

理想的领导集体不仅是个体领导能力的延伸，而且是团队和组织成功的关键要素。有效的领导集体能够汇集各种才能和资源，共同实现组织目标。以下我们将深入探讨理想的领导集体的关键方面。

## 一、多元化

多元化是现代组织中理想领导集体的基础和核心。一个多元化的领导集体强调了不同背景、技能、性别和年龄的融合，从而丰富了领导者的视野和解决问题的能力。以下是理想领导集体在多元化方面的详细解释。

（一）背景多样性

1. 不同的文化理解：不同文化背景的领导者可以帮助组织理解和适应不同文化环境，增强全球化竞争力。

2. 多元的教育和专业背景：各种教育和专业背景的融合能够为解决问题提供更全面的视角，推动创新。

3. 利用不同的生活经验：来自不同社会阶层、具有不同生活经历的领导者可能拥有独特的见解和解决方案。

（二）技能和知识的多样性

1. 互补技能：理想的领导集体拥有互补的技能，使团队能够更有效地解决问题。

2. 跨领域知识：跨领域的知识有助于促进创新，通过不同领域的整合来解决复杂问题。

3. 终身学习：领导集体鼓励成员追求终身学习，不断增加新知识和技能，以适应快速变化的环境。

（三）性别平衡和年龄多样性

1. 性别平衡：性别平衡的领导集体能够更好地代表和理解多元化的客户和员工。

2. 不同年龄的优势：不同年龄的领导者可以将经验和新视角结合，形成更全面的领导力。

3. 促进包容和公平：通过性别平衡和年龄多样性，领导集体可以促进组织内部的包容和公平文化。

多元化的领导集体是一个复杂但极为重要的概念。它不仅增强了领导集体的创造力和创新能力，还反映了组织对包容和公平的承诺。同时，这种多元化还必须结合有效的沟通和协作机制，以确保不同背景和视角的融合和协同，从而促进组织的整体目标和愿景的实现。这一过程需要深思熟虑的策略和持续的努力，以确保多元化成为组织领导力的真正优势。

## 二、协作和沟通

（一）共享愿景

共享愿景是领导集体中的成员共同认同和追求的长远目标或理念。它促进了目标的一致性和集体的凝聚力。

1. 愿景的明确性：愿景必须是清晰和具体的，所有领导者都能理解和支持。

2. 愿景的共享过程：共享愿景不是一个单方面的任务，而是需要全体领导者参与讨论和塑造的过程。

3. 愿景与目标的对齐：共享的愿景应与组织的战略目标和价值观紧密相连。

（二）有效沟通

有效沟通是领导集体中的成员建立信任和理解的基础。

1. 开放沟通：领导集体中的成员应鼓励开放、诚实的沟通，以便更好地理解彼此的立场和需求。

2. 倾听技能：优秀的领导者需要擅长倾听，理解和考虑他人的观点。

3. 沟通渠道和工具：选择合适的沟通渠道和工具可以促进更有效的信息交流。

（三）协同工作

协同工作是领导集体合作实现共同目标的能力和过程。

1. 团队协作文化：协同工作需要一个鼓励合作、互相支持和尊重的文化环境。

2. 协作工具和方法：通过使用现代化的协作工具和方法，可以促进领导集体的协作效率。

3. 共同责任感：协同工作要求领导集体中的成员对共同的目标和成果承担责任。

协作和沟通在领导集体中的重要性不容忽视。它不仅促进了领导者之间的信任和理解，还有助于实现组织的共同目标和愿景。通过共享愿景、有效沟通和协同工作，领导集体能够构建一个更紧密、更协调的团队，共同推动组织的成功和成长。

## 三、继续教育和发展

领导集体的继续教育和发展是保持其适应性、创新性及长期成功的关键因素。下面将对这一部分进行深入的探讨。

（一）持续学习

1. 个人成长：领导集体中的成员应该是终身学习的典范，不断寻求新知识和技能，保持个人成长和职业发展。

2. 组织学习文化：领导集体应该推动创建一种鼓励学习、分享和成长的组织文化，包括提供学习资源、鼓励探索和促进知识共享。

3. 学习与战略对齐：领导集体的学习计划应与组织的整体战略和目标对齐，确保学习内容与组织的方向和需求一致。

（二）培训和发展

1. 定制化培训：基于领导集体和组织需求的定制化培训可以确保培训内容与实际需求相符合。

2. 领导发展计划：设计和实施针对现有和潜在领导者的长期发展计划，以保证组织领导力的质量及延续性。

3. 反馈和评估：定期评估培训效果并获取反馈，确保培训和发展的效果。

（三）适应变化

1. 灵活性：在不断变化的商业环境中，领导集体必须灵活并能够迅速调整其战略和方向。

2. 变革管理：领导集体应具备引领和管理组织变革的能力，确保组织能够有效地适应市场和环境的变化。

3. 跨界能力：领导集体应有能力跨越不同领域、文化和市场，以适应全球化和多元化的挑战。

理想的领导集体不是一夜之间就能建立的。它需要时间、努力和承诺，以及明确的过程、框架来识别和培养适当的领导者。通过多元化、协作和沟通、继续教育和发展，组织可以建立一个强大的领导集体，能够引导整个组织朝着成功和卓越迈进。

### 【案例】张瑞敏的领导力

21世纪早期，张瑞敏便意识到，环境的变化和客户体验的日益复杂要求企业具备更强的领导力，而这种领导力需要在海尔社区更底层和更广泛的范围内重新分配。为此，他对成立于20世纪80年代的海尔进行了重新的思考，并带领着这家企业在40年里不断开展变革，以创造更多的对市场的观点、更多的对未来的想法和更多的领导机会，而像微型企业、平台、生态系统等想法就在这个过程中产生了。这些理念不仅是对组织的重新设计，而且代表了对领导角色的英雄式重铸。它们从根本上扩大了组织内部的自主权，同时模糊了组织与生态系统利益相关者之间的界线，并更新了人们对商业组织的看法：在这里，关系比资产更重要，客户体验塑造了创造和分享价值过程中的每一个活动。

这种转变中其实包含着一种反差，即具有如此庞大领导力设想的人竟是一个从政府开启职业生涯并在无人可选的情况下临危受命去带领一家被视为毫无希望的青岛冰箱公司的政府官员。而也正是这次任命，让张瑞敏踏入了市场化领导的领域。之后，张瑞敏从这一早期经历中脱颖而出，被尊为有远见卓识的领导者，之前的青岛冰箱公司也由此重生为海尔。这些成功既不容易，也不神奇。张瑞敏认为，组织变革是一种持续努力，而非断断续续的过程，是远大梦想（大胆的商业模式）和微小细节（掌握打造支持型组织文化所需的细微选择）的结合成果。40年来，张瑞敏不断作出新的尝试，但始终坚持这几条原则：优质的客户体验，创业能量的价值，以及与创造价值的人分享所创造的价值。

在海尔的整个转型历程中，张瑞敏秉承彼得·德鲁克的"呼吁全体员工把自己当成CEO"的精神，不断对海尔内部进行重新配置，以使几乎每一个员工都能真正把自己当成CEO，并付诸行动。他发现，员工会欣然接受自己被赋予的不同寻常的自治权。在这个过程中，海尔的基本工作单位变得越来越小，并在如今成了一个真正的微型企业。海尔旗下GEA的首席执行官凯文·诺兰（Kevin Nolan）观察到，自己的工作就是让组织单位变得更小，而这就需要有更多的领导者。

张瑞敏观察到，"我们正在进入一个管理控制消退的时代"，他话语中的部分含义是指员工不再是过去那种接受和执行命令的传统角色，而是要在一个市场体系里为了自己的未来而主动承担责任。因此，对员工的管理和控制便由每个员工的企业家梦想所取代。这一结果有助于组织产生出更大的能量、更高的员工参与度、更多的新奇想法，以及更高地发挥员工才能的可能性。企业不再是员工灵魂的监狱，而是实现其梦想的载体。

海尔在重新思考组织方面的胆量，以及它在建立全球市场领先企业方面的成功，并没有被商业媒体和学术观察家忽视。哈佛商学院的第一个海尔案例写于1998年，到了2015

年，其又增加了 16 个海尔案例，而如今，这一数字已升至 27 个，更不用说包括 IMD、IESE 和沃顿商学院在内的其他商学院所撰写的案例了。

张瑞敏认为，虽然海尔内部有很多初创企业，但其本身并不算是初创企业。海尔是许多初创企业的加速器，它已经成为帮助人们尝试并推动其想法获得成功的平台，而这个过程也会加快可扩展性学习的速度。当今世界的不确定性因素日益增长，由于技术和个性化的融合，客户期望也越来越复杂。

在张瑞敏的预期里，海尔将在正确的时间、正确的地点发展壮大，这不是因为它能更好地预测不可预测的事情，而是因为它能更容易接触到不同的专业领域，并由此能比其他企业更明智地进行押注。他坚信，其中一些押注对象很可能最终会成为市场赢家。这种运作方式需要更多的领导者和自治的微型企业，而不是在组织里建立官僚金字塔，因为在后者体系下的管理者既不是领导者，也不会和执行有紧密关系。事实上，张瑞敏把海尔设计成了一个无边界的学习型组织，并握有一系列的机会。如今，公司战略是在有客户参与的第一线制定的，而不是让特权员工在遥远的公司总部进行俯视。

这是一种领导型的组织模式，在这种模式下，每个员工都可以把自己想象成一个真正的领导者。这种模式产生了丰富的能量、洞察力、创造力，并更好地发挥了员工的才能。在传统组织里，管理往往耗费劳动力，还减缓事项进度，而张瑞敏的实践表明，复杂的组织可以成为经济性和个人成长的引擎，而管理的交接也不再是一个问题，因为这种事情在各个地方和各个时间点都在发生，已经成为一种自然现象。

# 第三节　领导方式与理论

在了解领导的性质和理想领导者的素质之后，我们将深入研究领导方式及理论。

领导方式涉及领导者如何与团队互动，如何指导、激励和管理团队成员。不同的领导方式可能会在不同的情境下产生不同的效果。

## 领导方式的基本类型

### 一、权威型领导

（一）定义

权威型领导是一种领导者控制所有决策的领导风格，并明确指示下属应该做什么。在这种领导方式下，领导者对团队成员的反馈和意见很少给予重视。

（二）特点

1. 决策集中：所有的决策权集中在领导者手中，团队成员在没有征求意见的情况下被告知要做什么。

2. 严格的监控：领导者对团队成员的工作进展进行严格的监控。

3. 缺乏反馈渠道：团队成员很少有机会向领导者提供反馈或参与决策。

（三）优点

1. 在紧急情况下或必须迅速作出决策的环境中效率较高。

2. 对于需要高度监控和指导的新员工或复杂任务有益。

（四）缺点

1. 可能压制团队成员的创造性和积极性。

2. 长期使用可能导致团队成员满意度下降及流失。

## 二、民主型领导

（一）定义

民主型领导，又称参与型领导，是一种领导者与团队成员共同参与决策的领导风格。在这种领导方式下，领导者会征求团队成员的意见并考虑他们的反馈。

（二）特点

1. 决策共享：领导者不是单独作出决策，而是与团队成员共同讨论和决策。

2. 鼓励反馈：鼓励团队成员提供反馈，并真正考虑他们的观点。

3. 促进团队凝聚：通过共同参与决策，增强团队的合作和凝聚力。

（三）优点

1. 促进团队成员的创造力和满意度。

2. 改善团队的沟通和合作，强化团队文化。

（四）缺点

1. 在需要迅速决策的情况下可能效率较低。

2. 如果没有明确的领导和责任划分，可能导致决策混乱。

## 三、放任型领导

（一）定义

放任型领导，又称自由型领导，是一种相对宽松的领导模式。在这种领导方式下，领导者给予员工较大的自由度，让他们自主决策和解决问题。

（二）特点

1. 自主权重：放任型领导强调员工的自主性和创造性，领导者对团队成员的工作干预较少。

2. 以信任为基础：此领导方式要求领导者对团队成员的能力和判断充分信任。

3. 强调结果：相对于过程的管理，放任型领导更关注工作结果的实现。

（三）优点

可增强团队成员的自我管理能力和创造性。

（四）缺点

如果缺乏有效的监控和反馈，可能会导致团队方向偏离或效率下降。

### 四、变换型领导

（一）定义

变换型领导是一种以鼓舞和激励为核心的领导方式。这种领导方式着重于与团队成员共同建立愿景，通过激发团队成员的积极性和激情来实现目标。

（二）特点

1. 愿景引领：变换型领导者通常能构建并传达清晰的未来愿景，将团队成员聚集在共同目标下。

2. 激发激情：此领导方式强调通过激励和鼓舞来增强团队的积极性和参与度。

3. 个人关注：变换型领导者会关注团队成员的个人成长和需求，提供必要的支持和指导。

（三）优点

能有效提高团队凝聚力和动力，推动组织变革和成长。

（四）缺点

过度依赖领导者的魅力和影响力，可能导致团队对领导者过度依赖。

## 领导方式的理论

### 一、特质理论

特质理论是领导学中的一种传统理论，强调个人固有的特点或特质对领导效果的影响。特质理论最早可以追溯到 20 世纪初，当时的研究者相信成功的领导者具有一些共同的、固有的特质。

（一）主要特质

特质理论主张成功的领导者具有以下几种关键特质：

1. 智力能力：包括分析问题、理解复杂情况和解决问题的能力。

2. 自信：相信自己的判断、决策和能力。

3. 决策能力：在压力下做出明智的决策。

4. 创业精神：愿意承担风险，寻求和抓住机遇。

（二）特质理论的评价

虽然特质理论为我们理解领导者的内在特质提供了有价值的见解，但它也受到了一些批评。主要的批评之一是这一理论假设领导特质是固定不变的，忽略了领导者特质可能随着时间和环境的变化而变化。

（三）特质理论在现代组织中的应用

特质理论在人力资源管理、领导者选择和培训等方面具有实际应用价值。通过识别和培养具有所需特质的领导者，组织可以更有效地发展和实施领导战略。

特质理论提供了一个框架，用于理解和识别成功领导者的关键特质。然而，作为一个复杂的现象，领导不能仅仅通过固定特质来解释。现代的领导理论通常结合了特质、行为和情境等多个因素，以更全面地解释领导的本质。特质理论的价值和局限性提醒我们，有效的领导需要的不仅是固有特质，还需要灵活的领导行为和对不同情境的适应能力。

## 二、行为理论

行为理论是一种领导理论，强调领导者的行为而不是其固有特质或外部情境。这一理论的基础是，领导能力可以学习和培养，它不是天生的。

### （一）行为风格的分类

行为理论将领导者的行为风格分为两大类：任务导向和人际关系导向。任务导向风格强调组织和执行工作，以达成特定的目标。人际关系导向风格则强调建立和维护与团队成员的良好关系。

1. 任务导向风格：任务导向的领导者将重点放在目标的设定、工作的组织、工作进度的监控及效率的提高等方面。此种风格强调清晰的指导和期望，以及对团队成员执行任务的监督。

2. 人际关系导向风格：人际关系导向的领导者关注团队成员的需求、感受和动机。他们倾向于提供支持和鼓励，建立一种积极、合作和相互尊重的工作环境。

### （二）行为理论的实用性

行为理论为组织提供了一种灵活的领导框架，允许领导者根据团队需求和特定情境调整他们的风格。理解这些风格可以帮助领导者更有效地与团队互动，提高团队的凝聚力、满意度和绩效。

行为理论强调领导者的行为和方式，提出了一种复杂但实用的领导模型。通过理解任务导向和人际关系导向的风格，领导者可以更好地加强团队凝聚力，从而促进团队的整体成功。

## 三、情境理论

情境理论是一种领导理论，它强调了领导者的行为应该根据其所处的特定情境来调整。不同的团队成员、任务、组织文化和环境条件可能需要不同类型的领导风格。

### （一）情境理论的基本概念

情境理论认为，领导者的有效性取决于他们对特定情境的响应，而不是坚持一种单一的领导风格。这一理论体现了领导能力的灵活性和多样性。

### （二）情境因素

1. 团队成员的能力和动机：领导者必须评估团队成员的技能和动机，以确定合适的领导策略。

2. 任务复杂性：任务的复杂性和明确性可能影响领导风格的选择。

3. 组织文化和价值观：组织内部的文化和价值观也是决定领导风格的关键因素。

### （三）情境理论在实践中的应用

情境理论在许多现代组织中得到广泛应用。领导者使用情境理论分析团队、任务和组织文化，以便采用适当的领导策略。这有助于提高团队的凝聚力、生产率和满意度。

情境理论强调了领导风格的灵活性和适应性。理解和运用情境理论可以帮助领导者更好地了解他们的团队，以及如何根据不同的情境因素来调整自己的领导策略，从而实现更有效的团队管理和组织效能。

### 四、变换型领导理论

变换型领导理论主张领导者能够通过广泛的视野和共同的目标，激发团队成员的激情和创造力，从而实现组织的目标和价值的转型。这种理论的核心在于促进团队成员超越自身的利益，追求更高的目标。

（一）特点

1. 激励和鼓舞：变换型领导者通过积极的激励、挑战和鼓舞，调动团队成员的激情和活力。

2. 愿景和目标的设立：设立和传达清晰、具有远见的组织愿景和目标，使团队成员理解并认同。

3. 人际关系的深化：通过建立深厚的人际关系和信任，创建开放和合作的团队文化。

（二）优势和挑战

1. 优势：能够激发团队成员的创造性思维和协作精神，促进组织的持续创新和成长。

2. 挑战：过度地关注愿景和激情可能忽略细节和实际执行，需要与其他领导方式相结合以获得平衡。

（三）实际应用

变换型领导理论已被广泛应用于多个行业和组织。例如，在许多初创企业中，创始人通常运用变换型领导方式，通过共享愿景，鼓舞团队追求卓越。

# 选择适当的领导方式

选择适当的领导方式是一项复杂的任务，涉及许多变量和因素。领导者必须了解自己的团队，明确任务需求，熟悉组织文化，并灵活应对不同的情境。以下是选择适当领导方式的一些关键因素。

### 一、团队成员的技能和动机

选择适当的领导方式必须考虑团队成员的技能和动机，有助于领导者采取适当的战略来推动团队前进。

（一）高技能和高动机的团队

1. 放任型领导：对于这样的团队，放任型领导可以推动团队的创造性和自主性，使成员有足够的自由度去探索和实现目标。

2. 案例分析：许多技术创新公司采用这种方式来鼓励创新。例如，谷歌的"20％时间"政策。

（二）低技能和高动机的团队

1. 权威型、民主型领导：领导者提供明确的指导和支持，同时鼓励团队成员参与，提高技能水平。

2. 案例分析：新成立的团队或初创公司可能需要采取这两种领导方式来确保团队方向的一致性，以及提高技能。

（三）高技能和低动机的团队

1. 变换型领导：这种领导方式强调共享愿景和激励，能激发团队的兴趣和热情。

2. 案例分析：长期从事重复工作的团队可能会受益于这种领导方式的激励效果。

## 二、任务性质

任务性质包括复杂性、紧急性和重要性，是选择领导方式的另一个关键因素。不同类型的任务可能需要不同类型的领导。

（一）简单和紧急的任务

1. 权威型领导：此时需要迅速做出决策并执行，权威型领导能快速传达指令和期望。

2. 案例分析：危机响应团队，如消防队、急救团队等，通常采用这种方式确保迅速反应。

（二）复杂和长期的任务

1. 民主型、变换型领导：这些任务需要团队成员的深入参与和创新思维。

2. 案例分析：许多研究和开发项目，例如药物开发、新产品开发，需要这两种领导方式来促进创造性思考和团队协同。

## 三、组织文化

组织文化对于选择适当的领导方式起着重要作用。组织文化是一个组织的价值观、信仰、习俗和行为规范的共享体系。以下是一些可能影响领导方式选择的组织文化因素。

（一）创新导向的文化

在鼓励创新和自由思考的文化环境中，放任型、变换型领导可能更适合，因为这两种领导方式鼓励团队成员积极参与并贡献自己的想法。

（二）等级和规程导向的文化

在更加保守或等级制度严格的组织中，权威型领导可能更受欢迎。这种文化下的领导者通常会设立明确的规则和程序，确保团队成员遵循。

（三）以人为本的文化

在重视人际关系和员工福利的组织中，民主型领导可能更有效。这种领导方式强调团队合作和共同决策。

（四）跨文化考虑

全球化组织需要考虑不同文化背景下的领导方式。例如，在某些亚洲文化中，权威型领导可能更为普遍，而在某些西方文化中，民主型领导可能更受欢迎。

领导方式及其理论为我们提供了理解和实践领导的多种途径。通过了解不同的领导类型和理论，领导者可以更有针对性地选择适当的方法和策略来激励团队，促进团队的成长和成功。领导的艺术在于找到与特定团队和情境相匹配的最佳领导方式，并灵活运用它们以实现组织的目标。

**【案例】金百利的奇迹**

1971 年，一个名叫达文·史密斯、性情温和的人获得提名，接任老牌制纸公司金百利总裁。当时的金百利经营步履蹒跚，20 年来股价表现落后于一般市场高达 36％。原来担任金百利律师的史密斯心中充满怀疑，觉得董事会做错了决定。当时还有董事将史密斯拉到一旁，指出他其实条件不足。但史密斯还是当上了总裁，而且一做就是 20 年。

在这不可思议的 20 年里，史密斯带领金百利进行令人震惊的转型，摇身变成世界知名的消费纸用品大企业，甚至超过史谷脱与宝洁两大公司。金百利的累计股票报酬率比整体股市高出 41 倍，即便惠普、3M 与通用电气等模范企业也相形见绌。

史密斯再造金百利的故事，堪称 20 世纪企业领导人引导企业由平庸走向伟大的优秀范例之一。然而，没有多少人认识史密斯，他自己可能也宁愿隐身幕后。史密斯正是典型的第五级领导人，融合极度谦逊个性与强烈专业意志的组织领袖。

**[点评]**

第五级是管理能力的最高层级，也是企业领导者所追求的最高境界。达到这一层级的领导者，已经具备了出色的战略眼光、领导力、管理能力和人际交往能力，他们能够引领企业在竞争激烈的市场环境中不断创新、发展壮大。

然而，即使领导者已经拥有了前四级的管理能力，企业仍然难以从平庸走向卓越。因为拥有前四级管理能力的领导者虽然可以带领企业取得一定的成功，但很难在企业的长远发展中创造持续的价值，更难以在竞争激烈的市场环境中脱颖而出。

第一级领导能力是基础管理能力，即领导者必须掌握基本的管理技能和知识，能够组织和安排员工的工作，并确保企业运营的正常进行。

第二级领导能力是运营管理能力，即领导者需要深入了解企业的业务流程和运营模式，能够高效地管理企业的资源和运营风险，带领企业实现稳健的发展。

第三级领导能力是战略管理能力，即领导者需要具备出色的战略眼光和规划能力，能够制定科学合理的发展战略和计划，带领企业在竞争激烈的市场环境中不断创新和发展。

第四级领导能力是变革管理能力，即领导者需要善于应对变革和不确定性，能够带领企业在变革中寻求机遇和发展，同时保持企业的稳定运营和员工的士气。

而第五级领导能力的核心在于让企业实现卓越的跨越，这需要领导者不仅具备前四级领导能力，还需要具有极强的远见卓识、领导力、创新能力和文化塑造能力。第五级领导者能够引领员工共同追求卓越，建立高效的团队协作关系，激发员工的创新和创造力，为企业创造持续的价值。因此，第五级领导能力的重要性毋庸置疑。如果没有第五级领导者的掌舵，企业很难从平庸走向伟大。

# 第四节　领导艺术

　　领导艺术的深远含义超越了单纯的管理和指挥，它体现了一种能够争取众人信任和合作的综合能力。本节将通过以下几个方面探讨领导艺术的精髓。

## 领导与信任

　　信任是领导艺术的基石，是领导者与团队成员之间关系的核心。无论是在小团队还是在大型组织中，信任的建立都对推动工作效率和促进正面关系有着决定性的作用。本节将深入探讨领导与信任之间的关系，以及如何建立和维护这一重要的纽带。

### 一、建立信任的方法

（一）透明沟通

领导者应提供准确、及时的信息，确保团队成员理解决策和方向。

（二）保持一致性

领导者的言行一致性有助于树立信任。承诺必须兑现，规则必须一视同仁。

（三）展现可靠性

领导者应证明自己是可信赖和可依靠的，通过承担责任和遵守承诺来展现正直品质。

（四）亲自参与和支持

领导者与团队成员的亲密互动和支持可以加强彼此之间的信任关系。

### 二、维护和恢复信任

即使在最坚实的信任关系中，也可能出现裂痕。关键在于如何维护和恢复信任。

（一）及时解决问题

一旦发现信任被破坏，应立即解决问题，寻求和解和理解。

（二）道歉和弥补

如果领导者犯了错误，应诚实承认并寻求弥补。

信任是领导成功的关键因素之一。通过明智、敏感和有原则的行为，领导者可以建立和维护与团队成员之间的信任关系，从而促进团队合作和卓越表现。

## 启发式领导

　　优秀的领导者不仅指导和指挥，还鼓励团队成员探索和创新。通过提出挑战和提供支持，领导者可以激发团队的积极性和创造力，促进个人和团队的成长。

### 一、创建愿景

领导者的任务之一是创建一个富有吸引力的未来愿景，并将之与团队的任务和目标紧密结合。一个清晰的愿景可以激发团队成员的积极性和投入，并引导他们共同努力实现这一目标。

## 二、提供挑战和支持

优秀的领导者了解如何提供合适的挑战，激发团队成员的潜能。同时，他们也提供必要的支持和资源，帮助团队成员克服难题和挫折，以实现更高的成就。

## 三、培养自主性和创造力

启发式领导鼓励团队成员自主工作和发挥创造力。通过授权和信任，领导者可以培养团队成员的责任感和自信，并促进他们的创新和探索。

## 四、强调学习和成长

领导者应该创造一个不断学习和成长的环境，鼓励团队成员积极探索新知识和技能。通过提供学习资源、反馈和机会，领导者可以促进团队成员的个人和职业发展。

## 五、进行有效沟通

沟通是启发式领导的关键。领导者需要与团队成员保持开放和真诚的沟通，听取他们的意见和需求，共享信息和决策过程。有效的沟通能够增强团队的凝聚力和合作精神。

## 六、予以奖励和激励

领导者应该发现和表彰团队成员的努力和成就。通过合适的奖励和激励机制，领导者可以增强团队成员的满足感和归属感，进一步增强其对组织目标的奉献。

启发式领导是一种复杂但非常有效的领导方式。通过创建愿景、提供挑战和支持、培养自主性和创造力、强调学习和成长、有效沟通、奖励和激励等手段，领导者可以塑造一支充满活力和创造力的团队。在组织行为学大背景下，启发式领导的实践有助于促进团队的凝聚力和协作效率，为组织的发展和成功提供坚实的支撑。

# 跨文化领导

随着全球化的推进，领导者越来越需要掌握跨文化交际的能力。这包括理解不同文化背景下的沟通习惯、价值观和期望，以及如何将这些知识运用到实际管理中。

## 一、文化敏感度

文化敏感度是指对不同文化价值观、信仰、行为习惯和沟通风格的理解和尊重。领导者需要开展跨文化培训，增强对不同文化特点的理解，避免误解和冲突。

## 二、沟通策略

跨文化沟通可能存在许多障碍，如语言差异、非言语信号的误解等。领导者需要采取有效的沟通策略，如使用清晰的语言、倾听的技巧，以及借助翻译或解释服务来促进沟通。

## 三、适应和整合

领导者不仅要理解不同文化，还要适应和整合这些文化。这可能涉及调整管理风格，以适应不同文化背景下的成员的需求，或者促进团队中不同文化背景的成员之间的合作和整合。

## 四、价值观和道德准则

跨文化领导还涉及确立和维护共同的价值观和道德准则。即使在文化差异显著的情况下，领导者也可以通过强调共同的目标和价值观，如公平、尊重和责任感，来促进团队的凝聚力。

## 五、管理实践

具体的管理实践，如决策、激励和冲突解决，可能需要在跨文化环境中进行调整。了解不同文化背景下的成员如何看待权威、激励和合作，可以帮助领导者采取更有效的管理方法。

## 六、全球视野

在全球化时代，领导者需要具备全球视野，了解全球市场、经济和政治环境，以及如何将全球策略与地方实践相结合。

跨文化领导是一项复杂但至关重要的能力。通过增强文化敏感度、采取有效的沟通策略、适应和整合不同文化、确立共同的价值观和道德准则、调整管理实践、培养全球视野，领导者可以在跨文化环境中成功地引导和管理团队。这不仅有助于提高团队的效率和凝聚力，还有助于塑造更加包容和多元化的组织文化。

领导艺术不仅是一门科学，更是一种艺术。它涉及许多复杂和微妙的人际技能，需要时间、努力和自省来掌握。通过领导与信任、启发式领导、跨文化领导等方面，领导者可以真正实现他们的潜能，将团队引向成功。在团队激励与沟通的全局视野中，领导艺术的掌握为实现组织卓越的目标奠定了坚实的基础。

## 【讨论】

"踢猫效应"描绘的是一种典型的坏情绪的传染过程。

例如，父亲在公司受到了老板的批评，回到家就把沙发上跳来跳去的孩子臭骂了一顿；孩子心里窝火，就狠狠地踹了身边打滚的猫；猫逃到街上，正好有一辆卡车开过来，司机赶紧避让，却把路边的孩子撞伤了。最终的承受者，是无辜的孩子。

一般而言，人的情绪会受到环境及一些偶然因素的影响。当一个人的情绪变坏时，潜意识会驱使他选择下属或无法还击的弱者发泄；受到上司或者强者情绪攻击的人，又会去寻找自己的出气筒。这样就会形成一条清晰的愤怒传递链条。

美国社会心理学家费斯汀格有一个著名的判断，被称为费斯汀格法则：生活中的 10% 的事情由发生在你身上的事情组成，而另外的 90% 则由你对发生的事情如何反应所决定。换言之，生活中的 10% 的事情是我们无法掌控的，而另外的 90% 却是我们能掌控的。有兴趣的朋友可以在网上搜搜这个故事，若能运用好费斯汀格法则，就能尽量避免"踢猫效应"系列事件发生了。

# 第十六章　人才梯度与培养

　　在前面的章节中，我们深入探讨了团队建设、创新、领导与管理等方面的核心理念和策略。这些要素相互交织，共同构筑了一个强大而灵活的团队体系。然而，任何卓越团队的长远成功都离不开人才的持续涌现和发展。人才是团队的灵魂，他们的锻炼和成长是决定团队可持续性的关键。

　　本章将引导我们进入一个全新而至关重要的领域——人才梯度与培养。人才的层次和质量直接关系到团队的战略目标和长远规划。通过建立合理的人才梯度，不仅可以确保团队的持续发展，还可以激发成员的潜能，提升整体绩效。

　　在本章中，我们将详细探讨人才梯度的概念、后备人才梯队的构建、人才培养计划的制定及梯队管理建设的关键方法。这些内容将为我们提供一个全面的视野，帮助我们理解如何有效地识别、培养和利用人才，为团队的未来打下坚实的基础。

## 第一节　人才梯度概述

　　人才梯度是一个组织内部对人才的层次划分和梯队建设的重要概念。它涉及了从基层员工到中高层管理人员的全方位培养与提升。人才梯度的建设不仅是一个战略性的人力资源管理任务，而且是组织未来发展的关键支撑。下面我们将详细探讨人才梯度的定义、特点和建设思路。

### 人才梯度的定义

　　人才梯度是现代企业人力资源管理中的核心概念之一，涉及对组织内部不同层次和不同领域人才的精细划分和有序培养。

#### 基本含义

　　人才梯度指的是组织中按照人才的职业发展阶段、能力水平和特长，将其分层次、分阶段进行培养和管理的过程。这一过程旨在确保组织各级人才的连续供应和合理使用。

# 人才梯度的特点

## 一、层次性

人才梯度强调的是人才的分层培养，从基层员工到中层管理再到高层领导，每个层次都有其特定的培养计划和目标。层次性体现了人才培养的逐步性和渐进性。

## 二、阶段性

人才梯度还强调人才的分阶段培养。根据人才的职业生涯阶段，可以将其划分为新入职、初级成长、中级成长、高级成长等阶段，每个阶段有其特定的培养内容和方式。

## 三、定向性

人才梯度不是盲目的人才培养，而是根据组织战略、业务需求和人才特长进行定向培养。例如，对于有潜力的管理人才，组织会重点培养其领导能力和战略思维。

## 四、动态性

人才梯度不是固定不变的，而是随着市场变化、组织战略调整和人才自身成长而动态调整的。人才梯度的调整需要敏锐地洞察市场和组织的变化趋势，并及时做出响应。

## 五、整合性

人才梯度还涉及将组织内外的人才资源进行整合，确保人才的全面发展和有效利用。整合性体现了人才梯度不仅是人力资源部门的任务，还需要全组织的参与和支持。

人才梯度是一种科学、有序、有针对性的人才培养和管理模式。它旨在通过精细化的人才划分和培养计划，确保组织有能力适应市场变化，实现组织战略目标，同时促进员工的职业成长和满意度。

# 人才梯度的建设思路

人才梯度的建设是一个复杂而又系统的过程，涉及组织战略、人力资源规划、培训与发展、激励机制等多个方面。以下是构建人才梯度的主要思路。

## 一、明确人才需求

（一）分析组织战略

理解组织的长期发展方向和战略目标，从而识别不同阶段的人才需求。

（二）确定人才标准

为各层次和各岗位设立明确的能力和素质标准，确保人才梯度的质量及一致性。

（三）调查现有人才库

评估现有人才的能力和潜力，以便于了解人才缺口和培训需求。

## 二、制定培养计划

（一）设计培训方案

根据人才需求和标准，设计针对不同层次人才的培训方案和课程。

（二）确定晋升通道

明确人才在组织内部的成长路径和晋升通道，使员工看到自身发展的可能性。

（三）制定时间规划

设立合理的培养周期和时间表，确保人才培养计划的实施效率。

## 三、实施激励机制

（一）提供培训机会

通过内外部培训、项目参与等方式，提供人才成长的机会。

（二）设立激励政策

根据人才的成长和贡献，设置合理的激励政策，如薪酬、晋升、股权等。

（三）建立反馈机制

及时向人才反馈其发展的进展和评价，增强激励的针对性和有效性。

## 四、评估与调整

（一）定期评估

通过定期的绩效评估、潜力评估等手段，了解人才梯度的实施效果和人才发展情况。

（二）及时调整

根据评估结果，及时调整人才培养方案、激励政策和培训内容，确保人才梯度的实际效果。

（三）反馈与沟通

与人才进行充分沟通，了解他们的需求和期望，使人才梯度更贴近个人和组织的实际需求。

人才梯度建设涉及多方面的内容和考虑，需要组织全方位、多角度地进行规划和实施。有效的人才梯度不仅可以提升人才的能力和忠诚度，还可以为组织的长期发展提供坚实的人才支撑。

人才梯度是现代组织管理的重要组成部分，通过有效的人才梯度建设，组织不仅可以确保人才的持续供应，还可以增强人才的忠诚度和满意度，从而促进组织的持续竞争优势。

### 【案例】华为

华为要求：干部要培养下属的下属，保证有人能随时接替你的下属的工作，你才能升迁。

培养下属的下属，从正面角度来想，是帮公司培养了人才；从不太正面的角度来想，不仅没有威胁到自己的位置，反而是对直属下级的"反制"，培养人的心理负担没有了，就会尽心尽力。

除此之外，华为还从公司的角度对人才进行"分级"，即针对某个岗位，把公司的所有人才分为三个梯队：

第一梯队是准备完全，可以随时升职上任的；

第二梯队是稍有欠缺，但在短期内提升一下就能胜任的；

第三梯队是欠缺较大，要两年或更长时间才能胜任的。

所以，华为各层级的干部，都叫"后备干部"，在任的干部就是上一级的后备干部。

### 【案例】字节跳动

字节跳动的人才梯队采取"3+2模型"，这套人才梯队模式，帮助字节跳动在短短不到10年的时间，员工人数从0迈到10万人大关。

所谓3，就是操作原则：

1. 面试要三轮。

2. 人才选择要三思。

3. 人才培养要三生三世。

所谓2，就是用人哲学：

1. 我吃下了，别人就吃不到了。

2. 招进来以后，哪怕暂时用不上，也起码杜绝了竞争对手用上的可能性。

### 【案例】阿里巴巴

在阿里巴巴的发展过程中，人才梯队培养起到了至关重要的作用。

#### 一、新员工培训

阿里巴巴对新员工的培训非常重视，设立了名为"百年阿里"的新员工培训课程。这个培训课程不仅涵盖了公司的历史、文化、价值观，还包括了业务流程、工作规范等方面。通过这样的培训，新员工能够更快地融入公司，理解阿里巴巴的商业模式和企业文化。

#### 二、领导力培训

阿里巴巴有一套自己的领导力培训体系，名为"阿里巴巴管理三板斧"。这个培训体系针对潜在的领导者，通过课堂培训、实践锻炼、导师辅导等方式，帮助他们提升领导力、团队管理能力和战略思考能力。阿里巴巴的许多高层领导都是通过这个培训体系成长起来的。

#### 三、专业技能培训

针对不同岗位和职级，阿里巴巴提供了丰富的专业技能培训。例如，对于技术人员，阿里巴巴有专门的技术学院，提供最新的技术培训和认证；对于销售人员，有专门的销售学院，提供销售技能和客户管理的培训。

#### 四、轮岗和晋升机制

阿里巴巴鼓励员工跨部门轮岗，了解不同部门的业务模式和工作流程。这不仅有助于提升员工的综合素质和适应能力，也有助于发现员工的潜力和特长。同时，阿里巴巴有明确的晋升机制，员工可以通过定期的绩效评估获得晋升。

#### 五、员工关怀与留任机制

为了吸引和留住优秀的人才，阿里巴巴建立了一系列的员工关怀和留任机制。例如，他们提供了丰富的员工福利，包括健康保险、员工股票购买计划、员工子女教育等。同时，阿里巴巴也重视员工的工作与生活平衡，提供了弹性工作时间、远程工作等灵活的工作方式。

总的来说，阿里巴巴的人才梯队培养体系是一个综合的、长期的过程，注重员工的全面发展。通过新员工培训、领导力培训、专业技能培训，以及轮岗和晋升机制等多种方式，阿里巴巴成功地培养了一批批优秀的人才，为公司的长远发展提供了有力的人才保障。

# 第二节　后备人才梯队

后备人才梯队是组织人才管理的关键组成部分，涉及一系列有针对性的培训和发展计划，旨在确保组织在各个层级都有合适的人才来填补潜在的空缺。后备人才梯队的重要性不仅体现在人才的连续供应上，更关系到组织的稳定、健康和可持续发展。

## 后备人才梯队的概念

后备人才梯队是一种长期、系统的人才培养模式。它涉及从组织内部或外部识别具有潜力的人才，然后通过个性化的培训和发展计划，使他们逐步具备担任更高层级职责的能力。

### 一、定义与特点

后备人才梯队是一个有组织的、系统的人才培养与选拔过程，致力于确保组织关键职位的连续供应，避免因人才缺乏造成的运营中断。它具有以下特点。

（一）长期性

人才培养是一个长期过程，需要精心规划和耐心执行。

（二）系统性

涉及多个阶段和环节，包括人才发现、评估、培训、晋升等。

（三）针对性

培养计划针对个人的特长和组织的需求。

（四）灵活性

随着组织和市场的变化，人才梯队的规划也需要灵活调整。

### 二、目的与价值

后备人才梯队旨在保障组织未来的领导力需求。其主要价值体现在以下几个方面。

（一）确保连续性

通过培养内部人才，确保关键职位的顺利更替。

（二）促进忠诚

通过提供职业发展机会，提高员工的满意度和忠诚度。

（三）增强竞争力

通过不断提升员工能力，提高组织的整体竞争力。

## 三、组成部分

后备人才梯队主要由以下几个部分组成。

（一）人才库

识别并收集具有潜力的内部或外部人才。

（二）培训体系

根据组织需求和个人特点，制定培训计划。

（三）晋升通道

明确晋升路径，为人才提供发展空间。

（四）绩效评估

通过定期评估，确保人才的持续成长与组织目标的契合。

后备人才梯队是一种战略人才管理工具，有助于确保组织的长期成功和稳定。通过有效的规划和实施，组织可以更好地预测和满足未来的领导力需求，同时为员工提供有意义的职业成长机会。

# 培养方式

## 一、评估与定位

（一）能力评估

使用全面的评估工具，如 360 度反馈、绩效评估等，确定候选人的现有能力和潜力。

（二）职业兴趣测评

了解候选人的职业兴趣和倾向，以便将他们引导至合适的职业发展路径。

（三）潜在岗位匹配

基于评估结果，与候选人共同确定适合的潜在岗位和职责。

## 二、个性化培训

（一）培训需求分析

针对每个候选人的特点和发展需求，分析所需的培训内容。

（二）培训计划制定

制定详细的个人培训计划，包括培训课程、时间表等。

（三）培训实施

通过内部培训、外部课程、在线学习等方式，提供所需培训。

## 三、实际操作经验

**（一）工作旋转**

让候选人在不同部门和职位中轮换，积累多元化经验。

**（二）挑战性项目分配**

分配一些具有挑战性的项目，促进候选人的快速成长。

**（三）现场指导**

为候选人提供现场支持和指导，确保他们能够从实际工作中学习和成长。

## 四、导师制度

**（一）导师选择**

选择经验丰富、愿意分享的高级职员作为导师。

**（二）导师培训**

为导师提供培训，确保他们能有效地指导和支持候选人。

**（三）定期沟通**

组织导师和候选人的定期沟通和反馈会议，确保导师制度的有效运作。

## 五、跟踪与反馈

**（一）进展跟踪**

通过定期审查和讨论，跟踪候选人的发展或进展。

**（二）绩效反馈**

提供关于候选人在各个阶段的绩效和进展的反馈。

**（三）持续改进**

基于反馈和评估结果，持续改进培养计划和方式。

后备人才梯队的培养不仅需要精心设计和计划，还需要持续的注意和支持。每个阶段都需要组织的全面参与和承诺，以确保后备人才的成功培养和成长。这一过程涉及多个部门和层级的协同合作，是组织长期战略规划的重要部分，具有对组织未来稳定和成功的深远影响。

### 【案例】长安汽车

长安汽车公司针对引进外部讲师存在的不足，成功地开发出一套操作性强的内部培训师培养体系，以快速建立精英型内部培训师队伍。这一体系主要由内部培训师速成"五步法"、分级管理法及"四维度"评价考核机制三部分组成。

**一、内部培训师速成"五步法"**

1. 选拔与招募：通过严格的选拔标准，从企业内部员工中筛选出具备潜质的候选人。招募公告明确说明职位要求和职责。

2. 基础培训：为选拔出的候选人提供基础培训，包括教学技巧、课程设计和成人学习原理等内容。

3. 实践与观摩：安排候选人在资深培训师的指导下进行实际教学，同时观摩其他优秀培训师的课程。

4. 反馈与指导：对候选人的教学实践进行反馈，提供具体的改进建议和指导。

5. 认证与上岗：经过评价考核后，认证合格的候选人，被正式任命为内部培训师。

### 二、分级管理法

1. 将内部培训师分为四个层级：资深培训师、一级培训师、二级培训师和三级培训师。

2. 每个层级设定明确的胜任标准，包括教学经验、课程设计能力、教学评价等。

3. 不同层级的培训师承担不同的教学任务和培养新人的责任。

### 三、"四维度"评价考核机制

1. 教学质量：评估培训师的教学能力、学员满意度和学习成果。

2. 课程设计：评价培训课程的完整性、实用性和创新性。

3. 团队合作与贡献：衡量培训师在团队协作、知识分享等方面的表现。

4. 业务影响：考察培训课程对企业实际业务产生的积极影响。

为了配合分级管理，长安汽车还制定了一套科学合理的评价考核机制和激励机制来支撑。这些措施旨在确保内部培训师队伍的质量，并持续提高其教学水平，提升企业影响力。

# 第三节　人才培养计划

人才培养计划是团队成功的关键因素之一，它涉及员工的职业发展和团队的长远目标。良好的人才培养计划能确保团队拥有合适的人才储备，满足不断变化的业务需求。以下是人才培养计划的主要方面。

## 人才培养计划的定义

人才培养计划在当今快速变化的社会中占据着关键地位。随着市场竞争的加剧和技术的迅速发展，对人才的需求也在不断变化。一个有效的人才培养计划能够确保组织拥有满足这些需求的合适人才。

### 一、概念与重要性

人才培养计划是一个组织长期战略的组成部分，涉及员工的职业发展和组织的未来成功。它是一种系统的方法，旨在确保关键职能和岗位拥有合适的人才储备，无论是现有员工的能力提升还是未来领导者的培养。

人才培养计划的重要性不言而喻。它能够提高员工的工作满意度和留任率，促进员工的职业成长，还可以增强组织的竞争力。

## 二、人才培养的核心要素

人才培养计划的核心要素包括确定目标、分析人才需求、设计培训课程、评估效果等。这些要素相互关联，共同构成了一套完整的人才培养体系。

（一）确定目标

明确人才培养计划的目的和预期成果，比如提高特定技能、培养新一代领导者等。

（二）分析人才需求

了解组织的业务战略和市场趋势，确定关键岗位和所需技能。

（三）设计培训课程

基于人才需求分析的结果，设计合适的培训课程和教学方法。

（四）评估效果

通过定期评估，了解培训的效果和员工的进展，必要时进行调整。

## 三、与其他人力资源管理活动的关系

人才培养计划不是孤立的，而是与组织的其他人力资源管理活动紧密相连。例如，通过绩效管理了解员工的能力和需求，通过招聘选择具有潜力的候选人，通过薪酬和福利激励员工参与培训。

# 培训内容和方法

人才培养计划的核心部分之一就是培训内容和方法的设计与实施。合理的选择可以确保员工能力的全方位提升，与组织目标紧密结合。以下是培训内容和方法的详细分析。

## 一、培训内容的确定

培训内容必须与团队目标和员工需求相一致，应包括以下方面。

（一）专业技能培训

侧重于增强员工在特定岗位上的专业能力，例如编程、销售技巧、项目管理等。

（二）软技能培训

包括沟通、团队协作、时间管理等能力，以提高员工的人际交往和组织适应能力。

（三）领导力培训

针对潜在的未来领导者，提供领导理论、决策制定、团队激励等方面的培训。

（四）文化和价值观培训

传递企业文化和价值观，强化员工对组织使命和愿景的认同。

## 二、培训方法的选择

选择适合的培训方法对于培训效果至关重要。以下是一些常用的培训方法。

（一）课堂教学

通过讲师面对面地教学，进行理论知识和基础技能的传授。

（二）在线学习

通过网络平台提供的学习资源，进行自主学习和远程培训。

（三）导师制培训

通过资深员工一对一指导，为新员工提供实际操作经验和职业生涯指导。

（四）实战演练

通过模拟实际工作场景，培养员工的实际操作能力和紧急应变能力。

（五）小组讨论和工作坊

通过小组互动和讨论，促进团队提高协作能力和创造性思维。

### 三、培训效果的监控

培训内容和方法的选择需要定期检查和评估，以确保其与组织目标和员工需求保持一致。通过问卷调查、面谈、观察等方式收集反馈，及时调整培训内容和方法。

培训内容和方法的选择是人才培养计划的核心环节。只有深入了解组织的需求、员工的期望，并灵活运用各种培训方法，才能确保人才培养计划的成功实施。在全球化和数字化的背景下，人才培养方式更需要多元化、个性化，以应对不断变化的商业环境和人才市场。

# 结合业务需求

人才培养计划应与团队的业务需求紧密相连。了解业务战略和市场趋势有助于确定关键岗位和所需技能，从而确保人才培养与组织的长远发展相匹配。

### 一、了解业务战略

（一）确定关键岗位和技能

分析组织的业务战略和市场趋势，识别关键岗位和必需技能，使培训与实际需求紧密结合。

（二）适应市场变化

随着市场和技术的不断变化，培训计划也需灵活调整，以适应新的挑战和机遇。

### 二、与组织文化相结合

（一）培训内容符合文化价值

确保培训内容与组织的文化价值和理念相匹配，增强团队凝聚力。

（二）激发员工积极性

通过与公司文化相结合的培训计划，激发员工的工作热情和归属感。

### 三、长远发展的视角

（一）未来领导者的培养

识别和培养潜在的领导者，为组织的长远发展做好准备。

（二）可持续发展

构建可持续的人才培养体系，确保组织能够持续满足未来的人才需求。

人才培养计划不仅是一项战略任务，也是一门艺术。通过深入理解团队的需求、精心设计培训内容和方法、严格评估和反馈，人才培养计划可以成为推动团队不断进步的强有力工具。这一过程需要管理层、人力资源部门和员工之间的紧密合作和共同努力。在人才竞争日益激烈的今天，有效的人才培养计划无疑是团队成功的重要保障。

**【案例】中国银联**

中国银联支付学院举办的"银联杯创新创业大赛"，提供了一个"项目化实施、团队化运作、成果化展现"的平台，切实帮助银联发现并培养了创新人才。大赛分别设立了商业创新、产品创新及人工智能建模三个赛道，并制定了符合各赛道实际的比赛标准。中国银联鼓励来自不同部门、不同专业背景的员工一起组队参赛，特别是产品创新赛道，技术部门员工与其他部门员工交叉组队，真正体现了技术与商业的有效碰撞。

对创新项目的评价，中国银联采用的是全球领先的评价标准——衡量方案的"用户渴望度、落地可行性、商业盈利性"，同时，也十分关注项目与公司业务的契合度。

在注重大赛产出能否推动公司业务发展的同时，中国银联支付学院也非常关注员工通过大赛获得了怎样的成长。员工只有在大赛中动态地开阔视野、收获知识、习得技能，才能学以致用，不断地激发创造力，迭代出更棒的产品与方案。

根据"以赛代训、赛训结合"的培训思路，中国银联支付学院在大赛的不同阶段开展了"创新创业小课堂""工作坊马拉松"等培训活动，帮助员工成长。

与此同时，中国银联支付学院会借助举办成果孵育交流会、内部创业小平台、活用外部资源等多种渠道促进项目落地。大赛中的获奖项目，已有4个申请到了国家专利，一半以上的项目在陆续投产。

**【案例】中广核**

在中广核集团大亚湾核电人才培养基地有八个醒目的大字："核电发展，人才先行"，这八个字是中广核集团遵循的人才培养理念。建站初期，中广核管理层就充分意识到企业竞争的核心就是人才竞争，从培养"黄金人"中可见一斑。

20世纪80年代，由于当时中国经济的发展对电力的需求强劲，公司不惜花重金派出113名人员赴法国电力公司核电站进行培训。

当时每个人的培训费用平均高达130万法郎，约200万元人民币，如果按当时的金价折算成等值的黄金，其重量接近一个成人的体重，"黄金人"的称呼便由此而来。

思路决定出路，有了"黄金人"的人才培养基础，中广核通过30余年的积累和沉淀，不断吸收国际先进人才的培养经验，最终形成了授权上岗、全员培训、终身教育、知行合一、"培训就是生产力"、"培养人而不仅仅是培训人"等人才培养理念。

中广核健全了覆盖全员的人才培养体系，为每个岗位的员工都规划了培养路线图，让他们清晰地看到自己的成长路径。因此，只要肯学，员工就能不断成长，而成长的速度完全掌握在他们自己手中。

员工从进入中广核到培养成为一名合格的技术人员，直至培养成高端科研与技术人才，或者部分人员被培养成管理人才，中广核都会为其成长的每个阶段提供全面系统的人才培养计划。

# 第四节　梯队管理建设

梯队管理建设是团队未来发展的关键支柱。它确保团队能够持续发展，不仅依靠现有的管理层，还能从中不断培养新一代的领导人才。梯队管理建设的核心在于平衡当前的业务需求与未来人才的发展要求，从而形成一个稳健的、多层次的管理梯队体系。

## 梯队管理体系的建设思路

梯队管理的概念超越了单纯的人才培养，它关乎团队的稳定性和持续成长能力。一个有效的梯队管理体系能够确保团队在关键岗位出现空缺时，有足够的备选人员可以迅速填补。这不仅减少了人员流动带来的干扰，还增强了团队的应对突发事件的能力。

梯队管理体系的建设并不是一蹴而就的过程，而是一个涉及多方面和多层次的复杂工程。

### 一、需求分析

（一）确定梯队结构

根据团队的战略目标和长期愿景，确定梯队的层次结构和关键岗位需求。

（二）技能和能力评估

明确每一层级的关键能力和技能要求，确保梯队成员与其对应的角色匹配。

（三）资源分配

评估培训和发展梯队所需的资源，包括时间、预算和人力资源。

### 二、人才识别

（一）现有人才评估

通过性能评价、360度反馈等方式，评估现有人才的能力和潜力。

（二）潜力人才挖掘

在团队内外寻找具有潜力的人才，考虑他们的专业技能、领导潜能和团队协作能力。

（三）人才分类

将识别出的人才按照他们的潜力和能力分配到不同的梯队层次。

### 三、培训与发展

（一）个人发展计划

为每个梯队成员制定个人化的发展计划，确保其在关键技能和能力方面的成长。

（二）培训项目选择

根据梯队成员的需求选择合适的培训项目，例如领导力培训、沟通技能工作坊等。

（三）实际工作挑战

提供实际工作中的挑战机会，让梯队成员在实际环境中应用和增强所学技能。

（四）导师和辅导员指导

安排经验丰富的导师或辅导员协助梯队成员的成长，提供指导和反馈。

## 四、性能评估

（一）设定评估标准

明确梯队成员的评估标准应与其角色和发展阶段相匹配。

（二）定期评估

通过定期的评估和反馈，确保梯队成员与其发展计划保持一致，及时调整计划。

（三）多角度反馈

从同事、下属、上级等多个角度收集对梯队成员的反馈，以全面了解其表现。

## 五、激励机制

（一）明确晋升通道

为梯队成员设立清晰的晋升通道，使他们了解自身的发展方向和目标。

（二）设置激励措施

通过物质和非物质激励，如奖金、表彰、职业发展机会等，鼓励梯队成员努力成长。

（三）建立透明机制

确保梯队管理体系的透明度和公平性，增强成员对体系的信任和认同。

梯队管理体系的建设需要团队内外的合作与支持，通过这以上五个方面，团队可以构建一个反映其价值观、符合其目标、支持其战略方向的健康梯队管理体系。

# 梯队管理与团队管理之间的关系

梯队管理不仅是人才培养的战略，更是团队管理的一个重要组成部分。它与团队的文化、目标、组织结构紧密相连。一个健康的梯队管理体系能够反映团队的愿景和方向，同时也能够通过培养内部人才来增强团队的凝聚力和稳定性。

## 一、文化相容性

梯队管理要与团队的整体文化保持一致。团队的价值观、使命、愿景都应该反映在梯队管理的方案中。这种文化相容性确保了梯队成员能够融入团队，共同推动团队的目标。

## 二、人才发展与团队目标的整合

梯队管理的目标是培养符合团队未来发展需要的人才。团队的长期战略规划、业务方向、市场定位等都应该体现在梯队管理的方案中，确保人才的发展与团队的需求紧密相连。

## 三、激励机制与团队凝聚力

梯队管理中的激励机制可以增强团队的凝聚力。通过透明、公平的晋升机制，梯队成员能够看到自己在团队中的发展空间，从而更积极投入工作。此外，与目标紧密结合的激励措施也能够提升整个团队的协作精神。

## 四、组织结构的适应性

梯队管理需要适应团队的组织结构，与其层级、部门设置、管理流程等相匹配。这种适应性确保梯队管理可以在现有的组织架构中顺利实施，避免因为结构不匹配而产生的冲突和障碍。

## 五、梯队管理的可持续性

梯队管理是一个持续的过程，需要不断地与团队的实际情况、市场变化、技术发展等因素相适应。通过与团队管理紧密结合，梯队管理能够实现这种可持续性，并随着团队的变化和成长而不断调整和完善。

梯队管理与团队管理之间的关系是复杂而紧密的。团队的文化、目标、组织结构等各个方面都与梯队管理有关，需要细致地分析和整合。只有实现了这种紧密的关联，梯队管理才能真正发挥其在人才培养和团队发展方面的作用，为团队的未来成功提供坚实的支持。

### 【案例】SLIM 522 战略

2008 年底，某大型企业集团电磁炉公司确定了未来 5 年发展新战略——SLIM 522 战略：用 5 年时间，实现 2 个增倍（规模增倍、效益增倍），2013 年再造一个电磁炉公司。在战略实施过程中，一方面，快速发展的战略带来人才需求的剧增；另一方面，公司前期在后备人才选拔和培养方面缺乏系统规划，导致后备人才匮乏。人才供给的短缺将难以支撑未来战略的发展。

人才需求剧增和人才供给短缺之间的落差如何调整？如何达成人力需求与供给之间的平衡？人力资源如何支持新战略的顺利达成？

基于此背景，公司精心策划、建立了人才梯队建设体系，主要有以下四个特点。

**一、转换**

成功运用战略分解、素质模型等方法，将新战略转换成实际可行的人力资源计划。

**二、评测**

运用 360 度测评等方法，发掘了一批优秀的中高层后备人才，并测评出人员能力短板。

**三、方式**

创新运用轮岗、行动学习法、动态学习法等多种培养方式，将人才培养由理论落实到实践中。

**四、课程**

开发和沉淀了一系列符合公司业务需要的课程体系（如制造、营销体系），可在集团内部推广。

人才梯队建设体系的搭建和实施，帮助公司发掘了一批有潜质的后备人才，培养了未来的管理者和核心专业人员，为公司 SLIM 522 战略的实现提供了强有力的智力支撑。

## 【案例】美的集团

美的集团是一家知名的家电制造商，其成功的背后离不开梯队管理与团队管理的有效实施。

### 一、梯队管理

#### （一）人才培养与储备

美的集团注重人才培养与储备，通过校园招聘、社会招聘等多种渠道吸引优秀人才。美的集团建立了完善的人才培养体系，包括新员工培训、专业技能培训、领导力培训等，帮助员工提升能力和职业素养。

#### （二）梯队建设

美的集团重视梯队建设，建立了多个层级的人才梯队，包括基层员工、中层干部、高层领导等。每个层级都有明确的职责和晋升机会，员工可以根据自己的能力和绩效晋升到更高的层级。

#### （三）关键岗位备份

为了避免关键岗位人才流失对企业运营造成影响，美的集团实行关键岗位备份制度。他们为每个关键岗位选定备份人选，并进行相应的培训和培养，确保在关键岗位人员离职时能够迅速补充。

#### （四）激励机制

美的集团通过制定合理的薪酬体系、提供丰富的员工福利、设立奖励机制等方式激励员工积极工作，为企业的长远发展作出贡献。

### 二、团队管理

#### （一）团队文化

美的集团倡导积极向上、团结协作的团队文化，鼓励员工相互支持、共同进步，营造和谐的工作氛围。

#### （二）目标管理

美的集团实行目标管理制度，为每个团队设定明确的目标和任务。美的集团通过定期的绩效考核和评估来跟踪团队的工作进展，确保目标的实现。

#### （三）决策机制

美的集团注重团队的决策参与性和自主性。美的集团鼓励团队成员积极参与决策过程，提出建设性的意见和建议，提高决策的科学性和有效性。

#### （四）沟通与协作

美的集团重视团队内部的沟通与协作。美的集团建立了多个沟通渠道和协作平台，促进团队成员之间的信息交流与合作。

总之，美的集团的梯队管理与团队管理是相互补充、相互促进的。通过有效实施梯队管理，美的集团为自身的长远发展储备了人才；通过团队管理，美的集团提高了团队的凝聚力和执行力，推动了企业的持续发展。

## 【案例】专业顾问团队的建议

某电力设计公司始建于 1950 年，隶属于世界 500 强企业、国务院国资委直属特大型企业——中国电力建设集团有限公司。伴随着我国电力事业的蓬勃发展，该公司成为具有勘察设计、咨询、监理、环评、安评、水土保持和总承包资质的国有大型电力咨询企业，并已占据中国电力建设集团有限公司勘测设计成员企业前三强的重要地位。

该公司针对企业发展所面对的内外部环境，不断总结，逐步形成了有自身特色的企业发展理念。该公司从单一的设计咨询行业逐步发展成为工程总承包的全产业，由此迈上了新的台阶。随着在发展过程中的逐步转型，该公司对人才也提出了不同的要求，对人才的需求也发生了相应变化。针对目前的人才需求，该公司决定构建人才梯队工作，盘点企业人才现状，挑选部分人才进行角色转型，即从当前的方案设计角色转变为项目管理角色或市场业务角色。这就对企业人才建设提出了新的课题。什么样的人是发展所需的人才，怎么评价人才，是当前该公司极为关注的问题。

随着发展定位的改变和战略上的调整，该公司的员工也要做出相应改变，以符合企业未来的发展需要。这就需要该公司对现有员工进行盘点、甄别，构建企业人才梯队，选拔更为适合的人才进行转型培养，以满足企业发展对人才的需求。但在人才梯队建设过程中出现了一些问题，具体如下。

### 一、人才的标准定义不清晰

在人才选择标准的制定上，只有大概的方向，没有明确的标准，也没有合理的依据和方法，使得该公司对什么类型的人才最适合转型没有明确清晰的概念，也没有统一的标准，造成该公司选拔出的人才类型各异、差异较大，出现如下情况：部分人才不适用或不胜任，在原来岗位干得还不错，但是到了新的岗位却没办法应对，经常出问题；部分人才在原岗位不胜任，但具备转型后岗位的要求和能力，但是因为与目前工作的匹配度不够，领导看不到成绩，也不会选择这样的人到新的岗位去，导致人才的埋没。

### 二、人才的选拔方式不明确

人才选拔的过程中，更多的是靠领导凭感觉、经验去选择，不成体系，缺少明确的选拔方式和评价方法。被选拔的员工往往是上级领导比较熟悉的，而有些能力比较强，但领导相对接触少、不熟悉的员工，往往会被忽略。员工在选拔过程中感受不到科学性和公平感，很多埋头苦干的员工看不到希望，积极性被挫伤，干劲慢慢也被打消了。

### 三、员工长期处于安逸区，转型欲望不强

企业大部分员工对目前的工作满意度较高，对转型过程中需要付出的努力和需要应对的困难准备不充分，认为做好自己的本职工作就可以了，公司的转型和自己没什么关系，而且对个人转型后能否适应新角色、适应新环境表现出担忧和不确定，害怕自己如果转型后不胜任，还不如保持现状比较安全。

### [分析]

作为一家实力较强、人员素质较高、人才储备力量雄厚的大型电力设计公司，应该根据企业发展的转型需要，激活和挖掘企业内部人才的潜力，更好地发挥内部人才的作用，

构建人才梯队，为公司人才成长提供一个更为广阔的平台。华恒智信顾问团队建议：在人才梯队构建的过程中，需要建立明确的人才选拔标准，形成完备的人才选拔机制。

在人才库的建设与维护的过程中，把握动态管理原则，制定人才培养的相关配套体系与制度，不断深入优化，促进人才梯队的建设与更新，形成人才选拔与人才培养的联动机制，促进企业人才的良性循环和长期发展。具体建议如下：

1. 采用科学系统的人才素质指标提炼方法，选取适用于企业的素质指标。

企业选取、确定适宜的人才选拔标准，是企业选拔人才、建设人才库的前提。企业往往在选取指标的过程中，没有一套系统的体系方案，觉得什么合适就用什么，觉得什么有用就用什么，评价出的结果往往会与现实存在偏差或考虑不周。应对指标进行提炼和选择，制定出一套完整的人才素质培养方法，内容涉及指标模型建立、指标提取、归类分析、整合提炼等多个环节，并且结合企业目前发展过程中的需要与企业自身人才特点，不仅体现企业的人才特点，也体现企业现阶段对人才的需求方向。

2. 建立科学适用的选拔体系，确定操作简易的评价方法。

在人才选拔标准确定的基础上，在如何降低企业管理成本的前提下，设计出一整套完备、科学的选拔方法。企业往往对评价方法没有系统的认识，而是以主观评价为主。因此，应在方案设计的过程中，结合企业的现实条件，既要保证评价过程透明公开、方法易操作，也要保证结果准确无误，能达到人才选拔的目的。最终设计出评价成本较低且准确度高的积分制评价法，作为核心的评价工具应用于人才梯队建设中。人才积分法不仅可对各个标准进行量化考核，并且可从硬指标、动态指标、软指标三个方面更为直观地体现出各类人才的不同特点，评价结果更为客观准确。

3. 增加对人才的引导机制。

针对选拔出的人才转型欲望不强的现状，可采取引导机制和办法。首先，作为企业的高层领导要起到身先士卒的作用，通过组织各类活动，让员工感受到高层领导对人才转型的重视程度。其次，进行员工的意愿度调查和相关培训，了解员工目前的转型意愿，并针对转型中的难点进行相关培训，为员工解决技能短板问题。最后需要对员工进行合理的职业生涯规划引导，让员工可以在转型之后明确自己未来的发展，并进行定期的职业辅导和跟踪，与人才库的维护形成联动效应。

[点评]

构建人才梯队的基础是提取企业实际需要的人才选拔标准，制定易操作、可评价的人才评价方法，使最终的人才评价结果能真正作用于企业选拔人才的实际工作中，发挥良好的作用，促进人才的提升和企业的发展，实现人才与企业的双赢效果。应针对企业的实际问题，进行深入研究和分析；同时结合企业实际情况，在标准制定、方法设计、结果应用、日常维护等方面形成一整套完备的构建人才梯队方案，切实解决企业"选人难、用人难"问题。

# 参考文献

[1] 余世维. 有效沟通 [M]. 2 版. 北京：北京联合出版公司，2022.

[2] 托马塞洛. 人类沟通的起源 [M]. 北京：商务印书馆，2018.

[3] 奥伯. 商务沟通 [M]. 7 版. 北京：清华大学出版社，2010.

[4] 洛克. 商务与管理沟通 [M]. 10 版. 北京：机械工业出版社，2013.

[5] 杜慕群，朱仁宏. 管理沟通 [M]. 4 版. 北京：清华大学出版社，2023.

[6] 张志学. 管理沟通：领导力与组织行为的视角 [M]. 北京：高等教育出版社，2022.

[7] 迈尔斯. 社会心理学 [M]. 11 版. 北京：人民邮电出版社，2016.

[8] 罗宾斯. 组织行为学 [M]. 北京：中国人民大学出版社，2006.

[9] 科特. 领导变革 [M]. 北京：机械工业出版社，2014.

[10] 龙涛. 中国式沟通 [M]. 北京：经济管理出版社，2016.

[11] 卡斯特. 网络社会：跨文化的视角 [M]. 北京：社会科学文献出版社，2009.

[12] 陈晓萍. 跨文化管理 [M]. 3 版. 北京：清华大学出版社，2016.

[13] 张莉. 管理沟通 [M]. 4 版. 北京：高等教育出版社，2021.

[14] 安德森. 演讲的力量 [M]. 北京：中信出版社，2016.

# 后　记

落下最后一笔，完成这本《团队激励与沟通》的时刻，我的心中充满了激动和感慨。这不仅仅是一本教材的完成，更是我过去二十年教学与商业经验的融合与总结，也是我对团队合作、团队沟通和团队激励的不断深入思考和探索的结果。

回想起编写这本书的初衷，我深深地感到，团队的合作、沟通与激励，无论是在教学还是在商业实践中，都是无法或缺的重要元素。然而，目前国内关于此课程的教材，要么内容过于分散，要么过于理论化，缺乏生动的案例和实践性的内容。这使我深感必须有所改变，于是我决定动手写这本书，希望能够提供一本真正能够帮助学生理解和应用团队激励与沟通的教材。

这本书的编写过程并不容易，我几易其稿，常常熬夜奋战。但是，每当想到这本书能够帮助更多的同学和职场人士理解和掌握团队激励与沟通的真谛，我就觉得所有的付出都是值得的。我相信，这本书将对相关专业的学生、在职场上工作的团队管理者们有所帮助。

本书中的内容基于最新的研究理论和我个人的实践经验，以互动式、案例式的教学方式呈现，旨在帮助学生更好地理解和掌握团队激励与沟通的知识和技巧。本书不仅提供了大量的理论知识，还分享了许多真实的商业案例和实践经验。希望通过这种方式，能够帮助学生更好地理解团队激励与沟通的实际应用和价值。

此外，也希望这本书能够激发读者对管理学的兴趣和热情。在我看来，管理学不仅仅是一门学科，更是一种生活哲学和处世智慧。无论是在学习还是在工作中，我们都需要学会如何与他人合作、如何有效地沟通、如何激励自己和他人。这些技能和素养不仅能够帮助我们在职场上取得成功，更能够让我们的生活更加和谐和幸福。

本书虽经多番修订，但因时间有限，本书未能尽善尽美地展现所有案例、实践经验以及图表。团队管理领域的多样性与时代的变迁使得这本书在面对未来的挑战时需要不断改版。

管理领域的变化迅速，每一次社会变革都可能带来新的挑战和解决方案，团队管理与沟通的理论和实践也会随之改变。因此，本书将成为一个不断演进的工具，需要持续更新与完善。未来，期待将更多最新案例、新兴理论以及前沿技术融入这本书中，使其始终保持与时俱进的特性。

若您有任何关于本书的看法或建议，欢迎您随时通过以下方式与我联系：

电子邮箱：*liukun@hnjt.edu.cn*

再次感谢您的阅读和支持！愿您在学习和工作的道路上越走越远、越走越宽广！

共成长之！

刘　昆

2023 年 11 月于广州中山大学